문 학
공간의
미 학

김선기(金善基)

- 1961년 전남 목포 출생
- 목포 영흥고등학교 졸업
- 전남대학교 국문학과 문학박사
- 현재, 시문학파기념관 관장

■ 주요 저서

- 『시문학 공간과 문화콘텐츠』 (전남대출판부, 2013)
- 『남도 현대 시문학의 산책』 (전남대출판부, 2007)
- 『전라도 성터 이야기』 (보림출판사, 2006)
- 『전라도 정자 기행』 (보림출판사, 2003)

■ 주요 논문

- 「국내 문학관 콘텐츠 개발 방안 연구」 (한국문학관협회, 2016)
- 「근대 문학 자료 보존과 문학관 운영」 (서울대, 2014)
- 「문학 아카이브의 구축과 활용 방안」 (국립중앙도서관, 2014)
- 「시문학 공간의 문화콘텐츠 연구」 (전남대, 2012)
- 「김영랑 시문학 공간 연구」 (전남대, 2011)
- 「김남주 시 연구」 (전남대, 2006) 외 10여 편

문학공간의 미학

2018년 8월 1일 인쇄
2018년 8월 10일 발행

지은이 | 김선기
펴낸이 | 정병석

펴낸곳 | 전남대학교출판문화원
주소 | 61186 광주광역시 북구 용봉로 77
전화 | (062) 530-0571~3 팩스 | (062) 530-0579
등록 | 1981. 5. 21. 제53호
홈페이지 | http://www.cnup.co.kr
이메일 | cnup0571@hanmail.net

값 17,000 원

ISBN 978-89-6849-521-2 (93800)

이 도서의 국립중앙도서관 출판예정도서목록(CIP)은 e-CIP홈페이지(http://www.nl.go.kr/ecip)와
국가자료공동목록시스템(http://www.nl.go.kr/kolisnet)에서 이용하실 수 있습니다.
(CIP제어번호: CIP2018024366)

문학 공간의 미학

김선기 저

조셉 프랭크는 1945년 근대문학의 주요한 패러다임으로 '공간의 형식' 이라는 새로운 개념을 제기했다. 이후 많은 학자들이 다양한 관점에서 문학공간에 대한 연구 성과를 내고 있으며, 저자 역시 이에 대해 큰 관심을 갖고 있다. 문학작품에 드러난 공간의 의미 규명은 작품 연구와 구분해서 다룰 수 없는 또 다른 가치를 내포하기 때문이다.

전남대학교출판문화원

■ 책머리에

조셉 프랭크는 1945년 근대문학의 주요한 패러다임으로 '공간의 형식'이라는 새로운 개념을 제기했다. 이후 많은 학자들이 다양한 관점에서 문학공간에 대한 연구 성과를 내고 있으며, 나 역시 이에 대한 꾸준한 관심을 갖고 있다. 문학작품에 드러난 공간의 의미 규명은 작품 연구와 구분해서 다룰 수 없는 또 다른 가치를 내포하기 때문이다.

『문학공간의 미학』을 세상에 내 놓는다. 2013년 『시문학공간과 문화콘텐츠』에 이은 다섯 번째 저작물이다. 이 책은 지난 10여 년 간 각종 학술지와 서울대를 비롯한 국립중앙도서관, 한국문학관협회 주최 학술심포지엄에서 발표한 연구 논문을 한 데 묶은 것이다.

이 책은 글의 성격에 따라 모두 3부로 구성했다. 제1부 「문학과 공간, 그리고 문화콘텐츠」에서는 남도 현대시문학의 태동과 변모양상, 그리고 1930년대 시문학파로 활약했던 김영랑과 박용철, 김현구 시의 문학공간을 탐색하여 이를 문화콘텐츠로의 연결 고리를 찾고자 했다.

제2부 「시대의 현실과 문학」에서는 문학을 무기삼아 온몸으로 1980년대 암흑기를 관통했던 김남주의 삶과 문학, 그리고 그의 작품 속에 담겨져 있는 서정성을 밀도 있게 다뤘다.

제3부 「문학관 운영과 문학자료 활용」은 문학관의 경영적 측면에서 다룬 글들이다. 먼저, 국내 문학관의 운영 실태를 면밀히 분석한 뒤 21기형 새로운 문화 패러다임으로 부상한 문학콘텐츠 개발 방안에 대해 서술했다. 아울러 문학관 전시물의 필수항목으로 꼽히는 근대문학자료의 개념과 보존, 그리고 문학자료 아카이브에 대한 효용성을 곁들였다.

1988년 지방자치법 제정 이후 문화 복지를 담당하는 문학

공간이 속속 건립되고 있다. 특히 최근에는 기존의 문화시설물 개념에서 벗어나 문학 촌·문학테마파크·문학테마타운 등의 복합문화공간적인 특성을 가진 문학 공간 건립사업이 활발하게 전개되고 있다. 제3부는 이러한 시대적 흐름에 발맞춰 쓴 21세기형 문학관 경영의 지침이 될 만한 글들이다. 아무쪼록 이 책이 문학공간에 관심 있는 이들과 문학관 종사자들에게 조금이나마 도움이 되었으면 좋겠다.

내가 오늘까지 책을 잡을 수 있었던 것은 순전히 가족들의 힘이다. 스물 셋에 결혼하여 이 순간까지도 내 뒤치다꺼리에 여념이 없는 정경란, 어느 날 문득 어른이 되어버린 김솔과 김호, 그리고 한없는 격려와 응원을 보내준 가족이 그들이다. 고맙다. 사랑하는 나의 소중한 사람들에게 이 책을 바친다.

2018년 여름

용봉캠퍼스가 바라다보이는 책방에서

김선기

■ 차례

제1부

문학과 공간, 그리고 문화콘텐츠

1

남도 시문학의 문학사적 위상과 가치

들어가는 말

지금까지 지역 문학에 관련한 연구물을 살펴보면 동인지의 출간을 중심으로 연대기적인 변천과정만을 기술하였거나, 작품적 가치와 문학사적 가치를 별개로 다루는 접근방법은 미흡하였던 게 사실이다. 또한 용어의 개념도 현대문학의 제 특질을 바탕으로 한 가치개념 없이 시대개념의 연대기적인 성격으로 1910년대, 20년대, 30년대만을 몇몇 연구자들에 의해 정리되었을 뿐이다.

특히 해방공간과 1950년대에 호남지역에서 발간된 『예술문화(藝術文化)』를 비롯한 『호남문화(湖南文化)』, 『청춘수첩』, 『젊은이』, 『신문학(新文學)』, 『갈매기』, 『시정신(詩精神)』 등에 관한 문학사적 가치에 대해서 언급한 글들은 좀체 찾아보기 힘든 실정이다. 문학사는 문학 작품사이고 민족의 정신사이기 때문에 지역에서 간행된 동인지들의 문학사적 가치와 작품에 대한 평가는 연구되어야 마땅할 것이다. 방대한 문학사의 기술은 한 사람의 연구만으로 이루어지기 어렵다. 따라서 우리 문학사에서 누락된 전남지역 문학사를 정리하고 평가하는 일은 한국문학사의 공백을 메우는 데 귀중한 단초가 될 것이다.

본 논문은 남도 현대 시문학의 변모 양상을 살피고, 한국 시문학사에서 남도 시문학이 차지하고 있는 문학사적 위상과 그 가치를 밝히는 데 목적이 있다. 논문의 목적 실현을 위하여 개화기 이후 싹을 틔웠던 남도 현대 문학의 태동과 영광 조운으로부터 시작한 1920년대 지역 문학, 강진 출신 김영랑·김현구와 광산 출신 박용철의 주요 활동 무대였던 1930년대 『시문학』의 문학사적 성과 등을 통시적으로 고찰할 것이다. 아울러 1940년대 해방공간과 1950년대로 이어져 온 남도 시문학의 변모 양상 등을 살펴서 남도 현대 시문학에 대한 문학사적 위상을 정립코자 한다.

예부터 남도를 '예향'으로 일컫고 있다. 이 지역이 '예향'이 될 수 있었던 것은 자연풍토적 요인이나 문화적 요인도 있겠으나, 조선조까지 화려하게 꽃피웠던 문학예술의 전통이 오늘에까지 면면히 계승되고 있는 데에서 그 연원을 찾을 수 있을 것이다. 이러한 남도의 자생적인 문학적 전통은 오늘날까지 통시적으로 연계되어 맥을 잇고 있다.

우리의 시문학은 1920년대까지 김소월, 한용운, 이상화 등 몇몇 시인을 제외하고는 서구문학의 충격에 비틀거리는 형국이었다. 그러다가 1930년 전남 출신 김영랑(강진), 박용철(광산), 김현구(강진) 등의 시문학파가 등장함으로써 서구 문학의 충격과 자생적인 시문학의 내재적 전통이 융합되는 경향이 일반화되기에 이른다. 이에 따라 1930년대부터 남도의 시인들로 말미암아 한국 시문학은 다양성과 주체성으로 화려하게 만개되었던 것이다. 김영랑과 박용철, 김현구가 1920년대 감상적 낭만 시 경향과 프로문학을 반대하고 순수시 운동을 통해 보여준 시의 예술적 표상은 우리 시의 현대성을 꽃피우는 계기가 되었다.[1)]

따라서 남도 시문학의 어제와 오늘을 탐색하고, 그 안에서 남도 현대 시문학이 갖는 문학사적 위상과 가치를 찾고자 하는 이 글은 나름의 의미를 지닌다고 하겠다.

남도 현대 시문학의 변모 양상

■ 남도 현대 문학의 태동

우리 근대문학의 싹틔움은 개화기와 밀접한 관계가 있다. 우리나라의 개화는 일제의 식민화 정책의 일환으로 서울과 항구도시(목포, 군산, 부산, 인천 등)를 중심으로 이루어졌고, 서구의 선교사들에 의해 이북 지방(특히 평안도)이 일찍부터 개화되었다. 그러나 전남은 개화의 중심지인 서울에서 멀리 떨어져 있었고, 그때까지 정치적으로 소외되었기 때문에 서구 문화의 충격도 그만큼 늦게 받을 수밖에 없었다. 그래서 근대 문학의 형성기에는 전남 출신 문인이 참여한 경우가 한 사람도 없게 된 것이다. 오히려 전통 판소리 문학이나 한 시가 그 공백을 메우고 있었다. 광산 출신 명창 임방울과 1932년 <목포시사(木浦詩社)>라는 정자를 지어놓고 전국 규모의 한시 백일장을 봄과 가을에 실시했던 무정 정만조, 이 무렵 여수 동정(洞亭)에 <종산시사>를 두고 전국 백일장을 개최하여 입선 작품들을 모아 『충민시단』(1934.5.5.)을 펴낸 정문식 등의 활동이 이를 반증한다.[2)]

흔히 호남은 예로부터 문학예술의 고장으로 일컬어져 왔다. 기록에 의하면 백제 때의 노래 「방등산가」, 「무등산가」, 「선운산가」, 「지리산가」, 「정읍사」 등이 모두 이 지역의 노래이며, 조선시대 때의 윤선도는 「오우가」·「산중신곡」·「어부사시사」 등 시조문학의 텃밭을 일궜다. 그리고 전북 태인의 정극인은 가사문학의 틀을 세웠으며, 정철이 담양에 머물면서 쓴 「성산별곡」·「사미인곡」 등은 가사문학의 백미로 꼽힌다. 또한 장흥의 백광홍은 「관서별곡」, 고창의 신재효는 판소리 정리로 각각의 조선시대의 국문학을 대표하는 이들이다.[3)]

특히 한말 당대 학자이자 시인이며 우국지사로 인구에 회자되었던 광양 출신 매천 황현의 <절명 시> 4편은 오늘날 사회의식이 강한 참여시를 대변하는 효시가 됐다. 이러한 문학적 배경과 분위기 속에서 호남 문학은 전통적 연계성을 갖는다. 하지만 호남권 문학이 고전과 현대의 통시적 흐름 속에서 전통의 연계성을 논한다는 것은 간단한 일만은 아니다. 왜냐하면 전통의 현대적 연계성은 비록 일관성 있는 정신의 흐름의 가치를 가졌다손 치더라도 고전문학의 특질들이 어떻게 이어져 내려와서 오늘의 현대 문학까지 영향되었는가의 물음에 대해 법칙성과 함께 전통의 연계성을 실증으로 전개해야 하기 때문이다.

하지만 한국 문학사의 맥을 조감해보면, 단가와 장가를 비롯하여 모든 장르의 문학적 뿌리가 호남권 문학을 통해서 자랐다고 해도 과언이 아니다. 뿌리 없는 나무가 있을 수 없듯, 전통과 근원이 없는 지역문학은 존재할 수 없기 때문이다. 전통이야 말로 오늘의 우리에게 정신적 지주가 되고 있다는 것을 감안할 때, 우리가 전통을 새롭게 인식하는 자세라는 점에서 당위성을 갖는다. 따라서 전남의 현대문학사도 고전문학과의 연장선상에서 조명되어지는 것은 당연한 일이다.

남도 현대시문학은 1922년 영광중학원 작문교사로 부임한 조운(曺雲, 1898~1956)으로부터 발아하기 시작한다. 조운은 문학서클 『자유예원(自由藝園)』을 조직하여 매주 두 차례 행사를 갖고, 이 때 장원한 작품을 뽑아 개벽사(開闢社)가 발행하는 여성잡지 『부인(婦人)』에 실릴 수 있도록 하였다. 1922년 교원으로 부임한 목포 출신 박화성이 이 잡지에서 세 번이나 장원하자 조운은 그의 작가적 소질을 발견하고 소설 쓰기를 권고하였다. 조운은 박화성이 쓴 「추석전야(秋夕前夜)」를 춘원 이광수에게 보내 『조선문단』 1월호에 추천·발표케 했다.[4] 이로써 박화성은 전남 최초로 중앙문단에 진출한 소설가가 되었다.

이에 앞서 조운은 1921년 『조선문단(朝鮮文壇)』 2호에 「초승달이 재를 넘을 때」라는 시조 작품을 발표하면서 중앙문단에 데뷔했다. 그 후 시조 작품은 『조운 시조집(曺雲 時調集)』에 73편과 『조선문단』 (1925.12.)에 발표한 「법성포 12경(法聖浦 12景)」 등이 전한다.

조운이 중심이 된 『자유예원』은 '전남문단의 새싹으로 발아된 기틀'을 만들었다. 그래서 박화성도 "내 문학의 온상이 영광(靈光)"에 있었음을 밝힌 바 있다.[5] 이것은 『자유예원』이 전남 현대 시문학의 태자리가 되었음을 뒷받침하고 있는 근거가 되고 있다.

이 시기에 목포에서는 1926년 요절했던 수산(水山) 김우진(金祐鎭, 1897~1926)에 의하여 시와 희곡이 선보여졌다. 김우진은 연극동우회를 조직하는 등 신극 발전에 힘쓰다 요절했지만, 시 40여 편과 희곡 5편을 남겼다. 그의 노력은 1930년 『호남평론(湖南評論)』으로 연결되었다.[6]

■ 남도문학과 1930년대 시문학파

주지하다시피 1930년대 시문학파의 탄생은 한국 현대 시문학사에 순수 서정시의 우의를 다시 세운 역사적인 사건이다. 1930년 3월 5일 『시문학(詩文學)』 창간을 주도한 사람은 당시 문학적 지명도가 없었던 강진의 영랑 김윤식과 광산의 용아 박용철이었다. 실제적인 자금조달 역할은 용아가 했지만, 용아에게 글쓰기를 권하며 모든 문학적 방향을 구상한 사람은 영랑이었다고 할 수 있다. 이 점은 "내가 시문학을 하게 된 것은 영랑 때문이여"[7]라고 말한 용아의 고백에서 단적으로 드러난다.

동향인 영랑과 용아는 동경 유학시절부터 같은 학교(청산학원)에 다니면서 서로 친해졌다. 영랑은 문학에 뜻을 둔 영문학도였고, 용아는 수학의 천재로 불리던 이학도였다. 그러한 용아를 영랑이 문학에 뜻을 두도록 집요하게 부추김으로써 용아는 결국 문학에의 길로 들어서게 된다. 이렇듯 용아는 중도에서 문학으로 전향한 만큼 시적 안목이나 창작 등 모든 면에서 영랑의 자문이 필요했던 것이다.

용아는 또한 처음엔 순수 문학보다 프로문학에 경도됐던 것으로 짐작된다. 그래서 1927년 9월 영랑과 함께 금강산을 다녀올 무렵 유점사에서 고성 삼일포에 이르는 동안 정치주의의 가부를 가지고 얼굴을 붉히며 싸운 적이 있고, 그 당시를 풍미하던 사조에 벗(박용철)도 사로잡혔었다고 술회한 바 있다. 그 때 풍미하던 '사조'란 당시 유행하던 정치주의적 프로문학임을 쉽게 짐작할 수 있다. 이러한 생각을 가지고 시골에 틀어박혔던 용아가 영랑의 표현을 빌면 '훌륭한 시인'[8]으로 변신한다. 영랑의 이 '훌륭한'이라는 표현은 용아가 순수시에 대한 이해와 확신이 깊어졌음을 의미한다고 볼 수 있다. 이러한 용아의 변화는 당연히 영랑의 자극에 힘입은 바 크다고 할 수 있으며, 1928년 1월말부터 새롭게 시작한 문학공부의 결과라고 볼 수 있다. 그가 새롭게 시작한 공부란 영랑의 자문을 받으며 시 창작에 몰두하는 것과 어학실력을 향상시켜 외국 시를 감상하고 변역하는 일이었다. 그래서 용아는 영랑에게 다음과 같은 고백을 하기에 이른다.

> 지난 번 時調의 評과 修正도 자네 意見을 따르네. 再現說과 情緖를 폭 삭후라는 것도 알어드렀네. 나는 이즘 와서야 그것들을 차츰 깨달아가네. 좀 늦지만 어쩔 수 없지. 느끼는 것이 없이 생각해 理解할랴니까. 그 前에는 詩(뿐만 아니라 아무 글이나) 짓는 奇巧(골씨)만 있으면 거저 지을 셈 잡었단 말이야. 그것을 이새 와서야 속이 덩어리가 있어야 나오는 것을 깨달았으니 내 깜냥에 큰 發見이나 한 듯 可笑[9]

이는 영랑이 당시 민족문학파인 절충파의 소박한 문학관을 견지하고 있던 용아에게 낭만주의적 순수시에 대해 자문을 했던 것을 용아가 새로운 공부를 통해 이를 뒤늦게 깨닫고, 그 깨달은 바를 주저 없이 영랑에게 털어놓은 편지 내용이다. 여기에서 보면, '생각'과 '기교'는 절충파의 내용과 형식 논쟁을 의미하는 것이며, '정서를 폭삭후라는 것'과 '속에 덩어리가 있어야 나오는 것'은 낭만주의적 순수시론의 핵심내용이라 할 수 있다. 이렇듯 용아는 지금까지 견지했던 자신의 문학관을 반성하고 나서야 영랑과의 의견 조율이 가능해지고, 영랑은 그때서야 비로소 용아에게 동인회 구성 및 동인지 발간계획을 제의한 것으로 보인다. 따라서 시문학파의 모든 문학적 방향은 이미 오래 전부터 영랑의 머릿속에서 정해져 있었다고 보아도 무방할 것이다.[10)]

김영랑이 『시문학』을 통해서 시단에 처음 등장했던 것은 널리 알려진 사실이다. 뿐만 아니라 이 『시문학』은 영랑과 박용철과의 교유에서 태동한 것임은 두 사람이 주고받은 서신에서 알 수 있다.

> 梁柱東君의 文藝公論을 平壤서 發刊한다고 말하면 이에 妨害가 될 듯 싶네 그러나 通俗 爲主일게고 敎授 品位를 發揮할 모양인가 보니 길이 다르이 何如間 芝溶 樹州 中 得其一이면 始作하지 劉玄德이 伏龍 鳳추에 得其一이면 天下可定이라더니 나는 芝溶이가 더 좋으이. 文藝公論과 特別한 關係나 맺지 않었는지 몰르지 서울거름은 해보아야알지.… (중략) …지명 丹弓(丹을 赤과 같이 볼 사람도 있는가) 丹鳥·玄燈(너무 신비적)·시령 우리말 단어가 좋은 게 있으면 제일 좋겠는데….[11)]

위의 인용문은 박용철이 1929년 3월 26일 강진에 있는 김영랑에게 보낸 편지의 일부다. 여기에서 용아는 『시문학』지의 창간 멤버를 자신과 영랑을 포함한 지용까지 세 사람으로 한정하고 있다. 그리고 '양주동의 『文藝公論』과는 길이 다르다'는 것은 절충파와 시문학파의 문학적 방향이 다르다는 것을 의미한다. 그리고 '지용·수주 중 득기일'에서 수주의 순수시관[12] 즉 이데올로기문학에 대한 반성의 의지와 지용의 시와 같은 새로운 시에 대한 욕구가 박용철의 심저에서 작용했다는 것을 알 수 있다.

또한 새로운 잡지의 이름을 '丹弓·丹鳥·玄燈'을 생각한 것은 한국의 전통적 순수시관 즉 도교적 자연관이 그의 심저에 자리 잡고 있었음을 말해주며, 이것은 전통 지향성과 모더니티 지향성의 변증법적 발전에 의한 새로운 문학의 성취 욕구를 보여준 것이라고 할 수 있을 것이다. '丹을 赤과 같이 볼 사람도 있는가'에서는 용아의 카프파에 대한 염려를 읽어낼 수 있으며, '우리말 단어가 좋은 게 있었으면…'에서는 그의 국어에 대한 자각이 나타난다.

이 시기에 김영랑, 박용철과 함께 활동했던 시문학파로는 강진 출신의 김현구(1903~1950)가 있다. 김영랑의 권유로 시를 쓰기 시작한 김현구는 김영랑과 박용철이 주관하는 『시문학』 2호에 「임이여 강물이 몹시도 퍼렇습니다」, 「물 위에 뜬 갈매기」, 「거룩한 봄과 슬픈 봄」, 「적멸(寂滅)」 등 4편을 발표하고, 그 뒤 『文藝月刊』과 『文學』지를 통해 1934년 4월까지 8편의 시를 더 발표하였다. 그 후 낙향하여 계속 시를 썼으며, 그것을 묶어 『無常』이라는 제목의 시집 발간을 준비했으나 6·25전쟁 중에 사망함으로써 좌절되었다.

1970년에 유가족 등에 의해 『玄鳩詩集)』(유고 70편, 발표작 12편 등 82편 수록)이 비매품으로 출판되었다. 그 후 이 시집을 계기로 김용직, 김학동 등에 의해 연구논문이 발표됨으로써 세상에 알려지게 되었다. 이들을 통해 알려진 바에 의하면 "현구는 대표적인 간판 시는 없으나, 또한 졸작도 없이 모두 일정한 수준의 작품을 남겼다. 시문학파에서 특히 영랑 시의 높은 음악성이 평가되나 현구의 시어(詩語)는 그보다 폭이 넓고 유연하며 감각이 섬세하다"고 평가하였다.

시문학파가 중앙문단에서 활동하고 있을 무렵, 전남에서는 일찍부터 개화가 진행되고 있는 목포에서 『호남평론(湖南評論)』을 중심으로 시문학의 기반을 닦았다.

『호남평론』은 김우진의 동생 김철진이 사장이고, 배치문(裵致文)이 주간이었으며, 여기에 참가한 동인은 이덕, 정철, 나천수, 박동화, 김일로, 이영해, 심인섭, 그리고 「목포의 눈물」을 작사한 문일석 등이었다. 『호남평론』의 편집실은 목포 문단의 구심체였고, 박화성의 단편 「궁긋날」도 1938년 여기에 실리게 되었다. 그러나 『호남평론』 동인들은 뚜렷한 문학적 성과를 거두지 못하고 해방을 맞게 되었다.

이와 함께 월북 작가로 알려진 순천 출신 임학수(1911~1982)는 일본 경성제대 영문과를 졸업하고 1931년 『동아일보』에 「우울」, 「여름의 일순」을, 1947년 『신생』에 「나그네의 꿈」, 1949년 「피리 흘러오는 밤에」 등을 발표하며 조선문학가동맹에서 활동하다가 1950년 월북했다.

임학수의 초기 시편들은 자연에 대한 친화성을 바탕으로 그 신비와 구원을 추구하며 탐미적 경향을 보였다. 후기에는 중국의 거대한 자연에 주목하여 광막호탕(廣漠豪宕)한 시경과 일종의 호연지기를 노래하는 현실 초탈의 시풍으로 변모하였다. 시집으로는 『석류』(1937), 『팔도풍물시집』(1938), 『후조』(1939), 『전선시집』(1939), 『필부의 노래』(1948) 등이 있다.

남도 현대시문학사에서 빼놓을 수 없는 시인은 단연 다형(茶兄) 김현승(金顯承·1913~1975)이다. 목사인 그의 부친(김창국)의 고향이 광주였고 자신은 아버지의 전근에 따라 평양에서 출생했다. 그러나 7세 때 광주에 정착했고 이후 1여 년 간의 소년시절을 광주에서 보내면서 숭일중학을 다녔다. 1932년 다시 평양으로 이주해 그 곳에서 숭실전문학교 문과를 졸업하였다. 교지에 투고한 「쓸쓸한 겨울 저녁이 올 때 당신들은」이라는 시가 양주동에게 인정받아 『동아일보』에 발표(1934)됨으로써 시단에 데뷔하여 「새벽은 당신을 부르고 있습니다」, 「아침」, 「황혼」, 「새벽 교실」 등을 계속 발표, 민족적 낭만주의의 경향을 나타내어 주목을 끌었다.

다형은 일제강점기 말에는 붓을 꺾고 침묵을 지키다가 8·15광복 후 1949년부터 다시 작품을 발표, 「내일」, 「동면(冬眠)」 등 지적이고 건강한 시들을 잇달아 내놓았다. 1951년부터 조선대학교 문리대 교수로 있으면서 박 흡(朴洽)·장용건(張龍健) 등과 함께 계간 『신문학(新文學)』을 6집까지 발행, 호남 현대 시문학 발전에 기여하였다. 1957년에 처녀시집 『김현승 시초(金顯承 詩抄)』를 간행하고, 1963년에 제2시집 『옹호자(擁護者)의 노래』, 1968년에 제3시집 『견고한 고독』, 1970년에 제4시집 『절대 고독』을 간행하였다.

그의 시는 초기에는 자연의 예찬을 통한 민족적 낭만주의의 경향을 띠었으나, 8·15광복 후에는 인간의 내면세계를 추구하는 기독교 신앙을 바탕으로 한 세계를 보여 주었고, 말기에는 사랑과 고독 등 인간의 본질을 추구하였다.

특히 그의 시는 실로 엄격하리만치 절제된 언어의 품격으로 자기 부정도 자기 망각도 보여주지 않는다. 그리고 사조의 물결에 휩쓸리는 천박함도 없었으며 기계문명에서 도출된 과학주의 내지는 상대주의적인 색채도 없었다. 이것은 초월적 보편주의로 특징화 할 수 있는 기독교 정신의 태도에서 찾을 수 있다. 그리고 이 같은 과정이 모두가 영원이라는 관념을 자기화 시킨 연속적 각성이나 다름 아니었다.

김현승이 남도 문학사에 남긴 업적은 그가 가르치고 배출한 시인만도 박성룡, 박봉우, 윤삼하, 이성부, 주명영, 정현웅, 박홍원, 문병란, 손광은, 진헌성, 주기운, 문순태, 정규남, 박경석, 임보 등 주로 1950~60년대를 풍미했던 시인들로 30여명에 이르고 있다.

1930년대 등단한 전남 출신 시인은 김영랑(시문학), 박용철(시문학), 김현구(시문학), 임학수(동아일보), 정소파(개벽), 김현승(동아일보), 조종현(동아일보, 시조), 고정흠(동아일보, 시조), 조남령(문장·조선일보, 시조) 등을 들 수 있다.

■ 해방공간과 1950년대 시문학

1940년대 들어서면서 전남 현대 시문학은 공백기에 접어든다. 이것은 비단 전남만이 국한된 일은 아니었다. 이 시대의 전반은 일제의 암흑기와 겹쳐 있었고 나머지 절반은 이데올로기의 갈등과 이어져 있었다. 이 같은 공백 상태는 6·25를 넘어서는 1950년대 초반까지 이어졌다.

해방 직후인 1945년부터 1949년까지 해방의 흥분과 좌우 갈등 속에서 김영랑, 노산 이은상(당시 호남일보 사장)이 중앙 문단에서 활동하였으며, 1945년 목포에서 창간된 예술종합지 『예술문화(藝術文化)』는 전남 문학의 기반을 다지는 초석이 되었다. 여기에 참여한 동인으로는 이동주, 이화삼, 엄심호, 정철, 심인섭, 장병준, 박기동, 강지순, 김석주, 이해동, 조희관 등이다. 『예술문화』는 1947년 3월 12일 한국문화단체총연합회가 발족한 그해 봄 이동주가 발행처를 광주로 옮겨 제2권 5호까지 발행했는데, 이것이 전남의 최초의 문예지가 되었다. 1948년에는 『호남신문』에서 활약하고 있던 임병주가 광주에서 편집인 겸 발행인이 되어 5월 1일 『호남문화(湖南文化)』 창간호를 냈으나 이것이 종간호가 되었다.

해방공간에서 『청춘수첩』이 조선대 문과 이태호에 의해 나왔으며 또 『광주신보』에서 1946년 9월 창간 1주년 기념사업으로 문예작품 현상 모집이 있었는데, 여기에 이해동, 김성오, 정소파 등이 당선되어 시작활동을 하였다. 또 1950년 초 종합문화월간지 『젊은이』가 백완기에 의해 발간되다가 6·25를 맞게 되었다.

남도 현대 시문학이 제2의 전성기를 맞은 것은 1951년 광주에서 발간된 『신문학(新文學)』과 목포에서의 『갈매기』 창간, 그리고 1952년에 나온 『시정신(詩精神)』 등 순문예지의 발간기이다. 『신문학』 창간호는 김현승 등 동인의 힘으로 출간되었고 제2집부터는 박용철의 부인 임정희의 재정적 후원으로 이루어졌는데, 광주문화사 백기완 발행으로 김현승이 편집을 맡았다. 여기에 참여한 시인은 김현승, 박흡, 이석봉, 손철, 장용건, 승지행, 최태웅, 이동주, 이수복 등이다. 특히 김현승과 박흡은 후학들을 가르치면서 전남 시단을 이끌어 지역 문단에 큰 기여를 하였다.

『신문학』은 지령 4호로 그쳤지만 남도 현대 시단의 구심점이었을 뿐만 아니라, 6·25 이후 한국 최초의 순수문예지였다는 점에서 문학사적으로 의미가 있다. 이 잡지는 범 문단적 성격을 띠어 황순원의 단편 「소나기」와 서정주의 시 「무등을 바라보며」 등의 작품과 이은상, 조연현, 이진모 등의 글이 실리게 되었다. 이 무렵 서정주가 김현승 집에 기거하면서 시작(詩作)활동을 하였는데, 그 때부터 전남은 '시인의 도시'로 인식되었다.13)

그리고 목포에서 창간된 『갈매기』는 제4집까지 발간되었는데, 참여한 시인은 김현승, 조희관, 이수복, 박 흡, 이석봉, 박순자, 임성순, 장병준, 이동주, 정소파, 조영암, 조병화, 허연, 김평옥, 차재석, 장덕, 장병준, 이가형, 백상건, 이진모 등이다.

『갈매기』 역시 『신문학』과 마찬가지로 범 문단적인 작품 발표의 성격을 띠고 있었으며, 당시 『갈매기』와 『신문학』의 교류는 훗날 전남 현대 시단을 이룩하는데 밑받침이 되었다.

1956년에는 목포에서 서정주, 차재석 등이 시전문지 『시정신(詩精神)』을 창간했다. 이 문예지는 온갖 유파의 혼란, 기교의 혼류 속에서 시 정신을 확립하고 시의 정도를 세우고자하는데 그 목적이 있었다. 창간호부터 이병기, 신석정, 서정주, 김현승, 박흡, 이동주 등 무게 있는 중견시인들의 작품이 발표되고 박용철의 시가 재 수록되면서 문단의 관심을 모았다. 이것은 비록 5집까지 밖에 나오지 못했으나 서정주의 「학(鶴)」, 김현승의 「눈물」 등 대표작들이 발표됨으로써 한국 시사에 큰 족적을 남겼다.14)

이 시기에 등단한 시인으로는 허연, 이수복, 김재희, 권일송, 기노을, 박정온, 송석래, 윤삼하, 최봉희, 황양수, 윤종석, 정규남, 안도섭, 김종옥, 최은하, 이성부, 정진홍, 박휜, 정일진, 전승묵, 박경훈, 김해성, 정재완, 박홍원, 진헌성, 손광은, 문병란, 김재흔, 박성룡, 황길현 등이다.

■ 남도 시문학의 문학사적 가치

한국 시문학사에서 동인지 혹은 시지(詩誌)가 중요한 에포크 메이킹을 했던 사례는 어렵지 않게 찾아볼 수 있다. 가령 1910년대에 간행되었던 『창조』가 그렇고, 1920년대에 간행되었던『백조』와 『폐허』가 그러하였다. 특히 김영랑과 박용철이 1930년 3월에 창간한 『시문학』은 우리 시사(詩史)에서 1920~1930년대 문학사를 가르는 분수령이 되었으며, 경향파의 비순수성을 배격하고 예술의 순수성을 표방하여 한국 서정시의 발전에 한 획을 그었다.[15]

1930년대 초 형성된 '시문학파'는 한국 서정시의 원점에서 조금도 비켜서지 않고 일관되게 시세계를 발전시켜 나갔으며, 향토적인 것들을 의미로 형상화하여 한국 현대시의 세계를 확장시킨 문학유파[16]로 자리매김하였다.

따라서 1930년대 시문학파의 시적 무대는 크게 보면 전라도, 작게 보면 강진이라고 할 수 있다.[17] 김현은 시문학파를 대표하는 영랑·용아·현구 세 시인을 묶은 『韓國現代詩文學大系·7』 (지식산업사, 1981)에서 이들을 '강진시파'라고 처음으로 별칭하고 있다. 그가 정지용·신석정·이하윤 등 시문학파의 다른 동인들이 있음에도 불구하고 이들 셋만을 묶어 굳이 '강진시파'라고 별칭 한 것은 문학의 지역 분파주의를 조장하기 위함은 아닐 것이다.

그것은 첫째, 이들의 고향이 전라도(엄격히 말하면 전라남도)라는 점이다. 물론 강진이 고향인 영랑·현구와는 달리 용아의 고향은 송정리(지금의 광주광역시 광산구)이긴 하지만, 지역적으로 그리 멀지 않은 거리에 있다는 점에서 큰 무리가 없으며, 둘째, 『시문학』 창간을 주도한 용아가 사전에 영랑을 만나기 위해 수시로 강진을 오갔었다는 점, 셋째, 시문학파 동인들 중 이들 셋만이 창간 당시 무명이었으며 끝까지 시문학파로서만 충실했던 점, 넷째로는 무엇보다 용아가 순수시운동의 이론적 기반을 마련했다면 영랑과 현구가 이를 작품으로서 충실하게 구현시켰다는 점에서 충분히 그 이해가 가능하다.[18]

그러나 일부에서는 '순수'를 앞세워 창간한 『시문학』에 대한 비판도 없지 않았다. 그들이 추구한 언어적 미감은 일제 강점기였던 당시의 시대상을 담아내지 못했다는 지적이 그것이다. 하지만 시문학파는 그 같은 비판에도 아랑곳 하지 않고 드러나게 '순수시' 만을 고집했었다. 순수시란 19세기 프랑스 상징주의 시인들에 의해 친숙해진 개념인데, 사전적 정의로도 '일체의 문학 외적인 것들은 비본질적 의미에서 지양하고 본질적인 것만을 추출하여 창작한 시'를 지칭한 것이다.

따라서 시문학파의 지향점은 그들의 '선언'에서 여실해진다. 그들은 "한 민족의 언어의 발달은 어느 정도에 이르면 단어로서의 존재에 만족하지 아니하고 문학의 형태를 요구한다."는 것이며, "문학의 성립이 그 민족의 언어를 완성시키는 길"(『시문학』 창간호 후기)이라고 주장한다. 그러면서 그들은 "우리의 감각이 여릿여릿한 기쁨을 일으키게 하는 자극을 전하는 미, 우리의 심회에 빈틈없이 푹 들어안기는 감상, 우리가 이러한 시를 추구하는 것은 철저한 언어의식의 소산임"(『시문학』 3호)을 밝히고 있다.

특히 김영랑은 임종국이 『친일문학론』에서 쓰고 있듯 "단 한 줄의 친일 문장도 쓰지 않은 영광된 작가"에 오를 만큼 조신한 시인으로, 이의 구체적 사실은 창씨개명과 신사참배의 거부 등에서도 드러나고 있다. 1930년대 후반기의 공백기를 거치고 해방 후까지 직접적 저항의식을 담은 「춘향」, 「오월의 한」 등의 작품이 성공하지 못한 것은 그의 대부분의 시편에서 볼 수 있는 준수한 서정성이 남달리 성공했던 것과의 상대성 때문일 것이다.[19)]

김영랑의 시적 위상과 가치는 전남 문학사를 뛰어넘어 한국 시문학사에서 순수 서정시의 한 전통을 형성하였다. 김영랑은 일제의 문화적 탄압이 극도로 심해지고 있을 무렵 외국의 서투른 모방보다 한국어의 재래적인 가치를 보존하고 그것을 예술적으로 다듬는 것이 시인의 중요한 임무라고 생각한 것이다. 그는 주어진 상황의 압력이 너무 거대하다고 인식했기 때문에, 윤동주나 이육사처럼 저항의 길을 가지 않고 사라져가는 한국적인 것의 아름다움이나 연약한 생의 애잔함을 노래하였다. 그의 감정의 주된 기조 음은 애잔함의 리리시즘이다.

김영랑의 시는 자기 망각적 세계 인식이 투영되어 있어 상황과의 갈등이 차단된 서정성이 주조를 이룬다고 할지라도, 그 어떤 시보다도 탁월하게 멸망하여 가는 것의 아름다움이 묘사되어 있다. 그리고 남도의 사투리를 이 지역의 정조와 결합시킴으로써 시어의 확장과 조탁된 시어의 예술성을 구현하였다. 그러므로 김영랑은 윤선도의 뒤를 이어 전남지방의 서정적 자연 묘사를 예술적으로 성공시킨 민족 시인이라고 할 수 있다.[20)]

우리 시사(詩史)에서 『시문학』에 대한 평가는 다섯 가지[21)]로 나눌 수 있다. 첫째, 순수서정을 노래했다는 점이다. 이들의 서정은 투명하고 자연발생적이었다. 어떤 특정된 감정에 편향성을 띄지 않은 것이다. 그들의 시는 메시지 전달이라기보다는 자기 독백이었으며, 가능한 어떤 의도성이나 작위성을 배제하려 했다는 점에서 순수하다.

둘째, 지적인 요소가 가능한 배제되어 있다는 점이다. 주제 면에서 볼 때 시문학파의 시는 모더니즘의 문명비판이나 내면 성찰, 생명파의 생의 근원적 고뇌, 청록파의 자연인식과 같은 의미의 형이상학적인 지평이 없다. 즉 이념이나, 이지적 판단이나, 철학적 메시지 같은 것을 찾아보기 힘들다는 것이다.

셋째, 그 표현이 여성적이다. 언어가 부드럽고 섬세하며 또한 곱다. 이는 모더니즘 시의 남성적 터치나 생명파의 소위 '직정(直情)언어'(본능 그 자체의 직접호소)에 비추어 볼 때 보다 확연해진다.

넷째, 1930년대 다른 유파들의 시들과 같이 시의 언어에 대해 높은 가치를 부여하고 따라서 언어의 감각성을 추구하는데 남다른 노력을 기울였다. 그들의 시어는 매우 세련 조탁되어 있었다. 가령 김영랑의 시를 예로 들어보면, "향 맑은 옥돌에 불이 달어 / 사랑은 타기도 하오련만", "밧게 봄은 벌써 재앙스럽소", "창랑에 잠방거리는 섬들을 길러", "가슴엔듯 눈엔듯 또 핏줄엔듯", "마음은 갈안즌 앙금줄같이" 등과 같은 언어표현이 보여주는 특징들이다. 이는 박용철의 다음과 같은 언급이 뒷받침하여주고 있다.

> 한 민족의 언어가 발달의 어느 정도에 이르면 구어로서의 존재에 만족하지 안이하고 문학의 형태로 요구한다. 그리고 그 문학의 성립도 그 민족의 언어로 완성시키는 길이다.(박용철 『시문학』 창간호 1930 후기)

특히 시문학파는 그 어휘 조사(措辭)에 있어서만큼은 문명어, 도

시어를 가능한 배제하고자 했다. 참신한 감각성의 추구에도 불구하고 그 소재 선택이나 어휘구사는 전통적인 것을 지향하고 있었던 것이다.

다섯째, 유미주의적 태도와 미(美)의 자율적 규범에 대한 인식이다. 이성에 의해서 오염되거나 절제되거나 재구성되는 감정이 아니라 시인이 대상(세계)을 접할 때 주관이 객관과 일치되는 순간의 느낌으로 다가오는 감정 그 자체를 말한다. 영랑에게 있어서 그 같은 감정은 특별히 속되지 않으며 맑고 고결하다. 시문학파의 이 같은 시작 태도 역시 박용철의 다음과 같은 언급에서 주장된 바 있다.

> 미(美)의 추구-우리의 감각에 여릿여릿한 기쁨을 일으키게 하는 자극을 전하는 미, 우리의 심회가 빈틈없이 폭 들어 안기는 감상, 우리가 이러한 시를 추구하는 것은 현대에 있어서 흰 거품 몰려와 부딪히는 바위위의 고성(古城)에 서 있는 감이 있습니다. 우리는 조용히 걸어 이 나라를 찾아볼까 합니다. (박용철의 『시문학』 3호 후기, 1931)

나오며

이상과 같이 남도 현대 시문학의 변모 양상을 시대별로 고찰하고, 그 문학사적 위상과 가치를 살폈다. 우리 근대문학의 싹은 서울과 항구도시를 중심으로 이루어졌다고 해도 과언 아니다. 그러나 전남은 개화의 중심에서 벗어나있었고 정치적으로 소외되어 서구 문화의 충격이 그만큼 늦게 받을 수밖에 없었다. 그럼에도 한말 당대 학자이자 문인으로 회자되었던 광양 출신 매천 황현의 <절명 시> 4편은 오늘날 사회의식이 강한 참여시를 대변하는 효시가 되었다.

아울러 남도 현대 시문학의 태동은 1922년 영광의 조운이 중심이 된 『자유예원』에서 비롯되었음을 논거를 통하여 확인 하였다. 그리고 박화성이 자신의 문학적 온상이 영광(靈光)이었음을 밝힌 바 있어, 조운의 『자유예원』이 전남문학의 태자리가 되었음을 뒷받침하고 있다.

남도 현대 시문학은 1920년대 조운의 『자유예원』에 이어 1930년대 들어서면서 르네상스를 맞는다. 1930년 3월 『시문학』 창간의 핵심적 인물은 강진의 김영랑과 광산의 박용철이었고, 강진 김현구가 『시문학』 2호(1930.5.20.)에 참여하면서 이들은 시문학파의 중심으로 자리매김하였다.

따라서 시문학파의 탄생은 한국 현대 시문학사에 순수 서정시의 우의를 다시 세운 역사적인 사건이 아닐 수 없다. 특히 박용철은 『시문학(詩文學)』 창간에 이어 『문예월간(文藝月刊)』(1931.11.), 『문학(文學)』(1934.1.) 등의 문예지를 속속 발간하면서 당시 프로문학에 대항하는 순수문학 운동의 선봉에 섰다.

시문학파가 중앙문단에서 활동할 무렵, 목포에서는 『호남평론』을 중심으로 시문학의 기반을 닦았다. 『호남평론』의 편집실은 목포 문단의 구심체가 되었고, 박화성의 단편 「궁굿날」 게재로 문학사적 가치와 의미를 지닌다.

남도 현대 시문학사에서 빼놓을 수 없는 시인은 단연 다형 김현승이다. 숭실전문학교 시절 교지에 투고한 그의 시 「쓸쓸한 겨울 저녁이 올 때 당신들은」이 양주동에게 인정받아 『동아일보』에 발표(1934)됨으로써 시단에 데뷔하였다. 그 후 다형은 「아침」, 「황혼」,

「새벽 교실」 등을 계속 발표하면서 민족적 낭만주의의 경향을 나타내어 주목을 끌었다.

그리고 해방공간과 1950년대 전남 현대 시문학은 일제의 암흑기와 겹쳐 이데올로기의 갈등과 이어졌다. 이 같은 사회적 분위기는 6·25를 넘어서는 1950년대 초반까지 이어졌다. 그럼에도 1945년 목포에서 창간한 예술종합지 『예술문화』는 전남 문학의 기반을 다지는 초석이 되었다. 『예술문화』는 1947년 3월 이동주가 발행처를 광주로 옮겨 제2권 5호까지 발행했는데, 이것이 전남 최초의 문예지가 되었다.

남도 현대 시문학의 제2 전성기는 1951년 광주에서 발간한 『신문학』과 목포에서의 『갈매기』 창간, 그리고 1952년에 나온 『시정신』 등 순문예지의 발간기이다. 『신문학』 지령 4호로 그쳤지만 전남 현대 시단의 구심점이었을 뿐만 아니라, 6·25 이후 한국 최초의 순수 문예지였다는 점에서 문학사적 의미를 갖는다. 이 잡지는 범 문단적 성격을 띠어 황순원의 단편 「소나기」와 서정주의 시 「무등을 바라보며」 등의 작품과 이은상, 조연현, 이진모 등의 글이 실리게 되었다. 이 무렵 서정주가 김현승 집에 기거하면서 시작(詩作)활동을 함으로써 그 때부터 전남은 '시인의 도시'로 인식되었다.

그리고 목포에서 창간된 『갈매기』 역시 『신문학』과 마찬가지로 범 문단적인 작품 발표의 성격을 띠고 있었으며, 당시 『갈매기』와 『신문학』의 교류는 훗날 전남 현대 시단을 이룩하는 중요한 밑받침이 되었다.

1956년에는 목포에서 서정주, 차재석 등이 시전문지 『시정신』을 창간하였다. 이 문예지는 온갖 유파의 혼란, 기교의 혼류 속에서 시

정신을 확립하고 시의 정도를 세우고자하는데 그 목적이 있었다. 『시정신』은 비록 5집까지 밖에 나오지 못했으나 서정주의 「학(鶴)」, 김현승의 「눈물」 등 대표작들이 발표됨으로써 한국 시사에 큰 족적을 남겼다.

한국 시문학사에서 동인지 혹은 시지(詩誌)가 중요한 에포크 메이킹을 했던 사례는 어렵지 않게 찾아볼 수 있다. 특히 김영랑과 박용철이 1930년 3월 창간한 『시문학』은 우리 시사(詩史)에서 1920~1930년대 문학사를 가르는 분수령이 되었으며, 경향파의 비순수성을 배격하고 예술의 순수성을 표방하여 한국 서정시의 발전에 한 획을 그었다. 따라서 1930년대 시문학파의 시적 무대는 크게 보면 전라도요, 작게 보면 강진이라고 할 수 있다. 김현은 시문학파를 대표하는 영랑·용아·현구 세 시인을 묶어 '강진시파'라고 명명하였다.

우리 시사(詩史)에서 『시문학』에 대한 평가는 다섯 가지로 정리할 수 있다. ① 순수서정을 노래했다는 점, ② 지적인 요소가 가능한 배제되어 있다는 점, ③ 표현이 여성적인 점, ④ 언어의 감각성을 추구하였다는 점, ⑤ 유미주의적 태도와 미(美)의 자율적 규범에 대한 인식 등을 꼽을 수 있을 것이다. ■

2

영랑 김윤식과 1930년대 시문학파

김영랑의 생애

■ 시인의 고향 강진

훗날 '1930년대 전반기 우리 시문학의 가장 큰 빛'의 하나로 찬사를 받게 되는 시인 영랑 김윤식은 1903년 1월 16일 전남 강진군 강진면 남성리 탑골 마을의 북산 아래에서 태어났다. 영랑의 아버지 김종호는 500석 정도를 거두어들이는 상당한 규모의 지주로서 경제적으로 여유가 있는 강진 고을의 유지였다. 강진 고을 부농의 5남 3녀 중 맏아들로 태어난 영랑은 유년기에 동네친구들과 어울려 뒷산의 바위나, 집 주위의 감나무 밭이나 동백나무 숲을 놀이터로 삼아 성장하였다. 영랑은 1909년 봄부터 북산골에 있는 서당에 다니기 시작하였고, 그로부터 2년 후인 1911년에는 강진공립보통학교에 입학하여 1915년에 졸업하였다. 그의 나이 열세 살 때인 1916년에 김은초와 결혼하였으나 다음해에 곧 사별하게 된다.

영랑의 생애와 문학에 있어서 그의 고향 강진이 차지하는 비중은 매우 크다. 영랑은 그의 생애 중에서 7년 정도의 유학 기간과 말년의 2년간 서울 생활을 제외하면 40년 가까운 세월 동안 고향 강진 땅에 살면서 주옥같은 서정시를 써낸 대표적인 '강진시파' 시인이다.

강진 지방은 남도 특유의 고유문화를 독자적으로 꽃피운 지역으로 강진 고을의 자연과 삶은 영랑의 시세계에 지대한 영향을 미친 것으로 보인다. 강진의 '이상적 남국 풍토'는 영랑의 시문학을 탄생시킨 모태에 해당되며, 「찬란한 슬픔의 봄」(1981)이라는 글에서 비평가 김현이 평한 바와 같이 전라도 사투리는 영랑의 시에 적절하게 수용됨으로써 우리 현대시의 중요한 자산으로 자리 잡게 된다.[1)]

■ 휘문의숙 재학 시절

1916년 2월 초에 상경하여 1년 정도 기독청년회관에서 영어를 공부한 바 있는 영랑은 이듬해인 1917년 3월 휘문의숙에 진학하게 된다. 3학년 재학 중이던 1919년 봄에 영랑은 고향(전남 강진)으로 내려가 독립 만세운동을 모의하다가 검거되어 대구형무소에 복역하였다. 이 과정에서 결국 휘문의숙을 중퇴하기에 이른다.

휘문의숙은 영랑의 문학적 생애에 있어서 뿐만이 아니라 우리 현대문학사에서도 매우 중요한 위치를 차지하는 중등 교육기관이었다. 영랑이 재학하고 있던 1910년대 후반기 당시 휘문의숙에는 장래 우리 문단을 이끌게 될 우수한 인재들이 여러 명 재학하고 있었다. 영랑의 바로 위 학년에 월탄 박종화가, 그 위 학년에는 노작 홍사용이 있었다. 그리고 영랑의 바로 아래 학년에는 정지용이, 그 아래 학년에는 이태준이 재학하고 있었다.

휘문의숙 출신 문인들과 함께 1920년대 이후의 우리 문단을 이끌었던 대표적인 또 다른 학맥으로 배재고보 출신 문인들을 빼놓을 수 없다. 나도향, 김기진, 박영희, 박용철, 김소월 등이 대표적인 배재고보 출신 문인들이다. 이들 중에서 당대 문단에 커다란 영향력을 미쳤던 문인으로 비평가였던 김기진, 박영희, 박용철이 특히 주목된다. 박영희와 김기진은 1920년대 중반기 이후 우리 문단에서 프로문학 운동을 이끌어 가는 중심인물로 자리를 굳혀 갔다. 그러나 그들과 동기생이었던 전남 광산 출신 박용철(1904-1938)은 오히려 휘문의숙 출신이었던 영랑과 더 가까운 사이가 된다. 동경 유학 시절에 영랑과 박용철은 청산학원 중학부 동기생으로 맺어지는 것이다.

■ 동경 청산학원 중학부 유학 시절

1919년 가을 휘문의숙을 중퇴한 영랑은 고향 강진에 내려가 지내게 된다. 그해 10월 하순경에 영랑은 금강산을 여행하게 된다. 1920년 9월은 영랑에게 있어서 생애 최대의 전환기였다. 아버지의 뜻에 따라 일본 동경에 있는 청산학원 중학부 3학년에 편입학하게 되며, 그의 문학적 동반자이자 최대의 후원자가 되는 박용철을 만나게 된다. 박용철과 같은 하숙방에서 지내면서 아주 친한 사이가 되고 이러한 깊은 우정은 당시 문학에 관심이 적었던 박용철로 하여금 문학의 길로 접어들게 만드는 결정적인 계기를 제공하게 된다.

1921년 7월 하기 휴가를 맞이하여 잠시 귀향한 영랑은 부모에게 음악을 전공하고 싶다는 뜻을 밝히고 승낙을 구했으나 완고한 아버지에게 거절당하고 다시 일본으로 돌아가게 된다.[2] 그리하여 그해 9월 이후 영랑은 학교 도서관에 묻혀서 문학 서적을 읽기 시작한다. 이듬해에 청산학원 인문과에 진학하게 된 영랑은 영문학을 전공하고 서양문학을 본격적으로 탐독하게 된다. 이 시절에 영랑은 키이츠와 셸리 등 천재적인 낭만주의 시인들에 흠뻑 젖어 있었다.

이렇게 자리가 잡혀가던 영랑의 동경 유학 생활은 1923년 9월 1일에 발생한 관동대지진의 여파로 인해 그해 11월에 중단되고 영랑은 동경에서 얼마 동안 방랑하다가 이듬해 봄에 귀국한다. 그리하여 3년여에 걸친 영랑의 일본 유학 생활이 막을 내리고 만다. 비록 일본 유학 기간은 3년 정도에 불과했지만 이 시기는 영랑의 문학적 생애에 있어서 매우 중요한 의미를 갖고 있다. 청산학원 중학부 시절에 처음 만나 깊어진 박용철과의 우정은 훗날 시문학파가 태동하게 되는 결정적인 계기가 되었고, 『시문학』지 창간을 통하여 영랑이 문단에 등장하게 되는 발판이 이 시기에 마련되고 있었던 것이다.

■ 문학 수업기

일본 유학을 중단하고 고향 강진으로 돌아온 영랑은 청년회소비조합에 관여하는가 하면 <청구>라는 향토문학 동인회를 조직하여 활동하기도 한다. 박용철과 편지를 주고받으며 문학적 교류를 지속하였다. 1924년 가을에 영랑은 동경 유학 시절에 사귀게 된 친구 최승일의 여동생으로 훗날 최고의 미인 무용가로 이름을 날리게 되는 숙명여고 재학생 최승희와 교제한 끝에 서로 결혼을 약속한다. 그러나 양쪽 집안의 반대로 결혼은 좌절된다. 1925년 5월 초 영랑은 개성 호수돈여고 출신으로 당시 원산 루시아여고에 근무하고 있던 안귀련(1906-1989)과 재혼, 이듬해 장녀 애로를 낳게 된다.

1927년 9월 말 영랑은 박용철과 함께 금강산 여행을 떠난다. 금강산 여행 체험은 뒷날 그의 시작품「불지암 서정」(1934)과「강선대 돌바늘 끝에」(1935)를 창작하게 만든 계기가 된 것으로 보인다. 1929년 중순경 금강산 여행에서 돌아오며, 이해 겨울에 영랑은 고향에서 야학을 개설하여 아이들을 가르치기도 하였다.[3] 1929년 영랑은 박용철을 만나 시 잡지 출판에 대한 결정적인 의논을 하게 된다. 그해 10월 하순에 영랑과 박용철은 일본 동지사대학 영문과 출신으로 그 당시 모교인 휘문고보에서 영어 교사로 재직하면서 참신한 모더니즘 계열의 시작품들을 발표하여 인기를 끌고 있던 정지용을 찾아가 만난다. 정지용을 만난 자리에서 두 사람은 그 동안 자신들이 계획해 왔던 순수 시 잡지 창간에 그도 함께 참여해 줄 것을 요청하였는바, 정지용은 이들의 요청에 쉽게 동의하였다.

■ 시문학파 활동기

1930년 영랑은 박용철의 집에서 정지용, 이하윤 등과 함께 저녁식사를 하게 되는데 이 자리에서 동인지 창간 문제를 다시 거론하게 된다. 그로부터 2개월 후인 3월 5일 우리 현대시문학사에 획기적인 순수 시동인지『시문학』이 박용철에 의하여 발간되기에 이른다. 영랑과 박용철은『시문학』창간 동인으로 정지용, 이하윤, 정인보, 변영로, 등 기성 문인들을 영입하였다.『시문학』지에는 김영랑, 정지용, 박용철의 시작품들이 매 호마다 발표되었고, 이하윤과 박용철의 번역시들 또한 매 호마다 게재되었다.

영랑의 시작품은『시문학』지에 29편,『문학』지에 8편이 발표되었다. 두 잡지에 발표되었던 37편과 16편이 새로 추가되어 모두 53편의 시작품이『영랑시집』이라는 이름으로 1935년 11월에 시문학사에서 발간된다. 박용철은 영랑의 시작품 원고를 가지고 다니면서 가까운 문인들에게 이것을 보여주고 촌평을 부탁할 정도로 영랑 시에 대하여 각별한 애정을 갖고 있었다.

1936년 가을에 영랑은 훗날 그의 문학에 대한 최고의 이해자가 되는 서정주를 처음으로 만난다.『시인부락』지 발간 문제에 관하여 자문을 구하기 위해 무명의 신인에 불과하였던 서정주가 당시 명 편집인으로 이름난 박용철의 집을 찾아가게 되는데 그 자리에서 영랑을 만나게 되는 것이다. 영랑과 서정주의 이 우연한 만남은 문학사적 사건의 하나로 기억될 만하다. 시문학파를 대표할 만한 시인으로 첫 시집도 이미 낸 바 있었지만 영랑은 해방 전에 비평가들의 관심을 거의 끌지 못하였다. 해방 후에야 비로소 서정주가 그동안 문단의 관심 밖에 소외되어 있었던 영랑의 시에서 문학적 가치를 새롭게 발견해 내어 우리 현대시문학사에 뚜렷한 성좌의 하나로 자리매김해 주게 된다. 이것은 전라도 출신 후배 시인 서정주의 높은 문학적 감식안이 유감없이 발휘된 결과라고 할 만하다.

■ 문학적 저항과 침묵

시집을 발간한 1935년 11월 이후 영랑은 다시 문학적 침묵기에 들어간다. 연보에 의하면 영랑은 그의 문학 활동 기간 중에 세 차례의 침묵기를 보낸 것으로 되어 있다. 첫 번째 침묵기는 1931년 11월부터 1933년 12월까지 2년 2개월 동안 지속되었다. 두 번째 침묵기는 1935년 12월부터 1938년 8월까지 2년 9개월 동안에 이른다. 그리고 세 번째 침묵기는 1940년 9월부터 1946년 11월까지 6년 3개월 동안으로 되어 있다. 세 차례의 침묵 기간을 종합해 볼 때 영랑은 1930년 3월에 등단한 이후 마지막 작품을 발표한 1950년 6월까지 20년 3개월 동안 모두 11년 2개월간이나 침묵을 지킨 것이 된다.

1939년 1월호 『조광』지에 「거문고」를 발표한 것을 시작으로 하여 영랑은 두 해 동안 15편의 시작품을 『여성』, 『조광』, 『문장』, 『인문평론』지에 발표하게 된다. 이들 잡지 중에서 『문장』지는 특별히 주목할 만하다. 그 이유는 이 잡지에 발표된 3편의 작품 「오월」, 「독을 차고」(1939)와 「춘향」(1940)이 모두 이 시기 영랑의 대표작에 해당되기 때문이다.

1940년 9월에 발표한 「춘향」을 마지막으로 하여 영랑은 6년여의 오랜 침묵기에 들어간다. 이 오랜 침묵은 영랑의 문학적 저항의 한 모습으로 해석될 수 있다. 영랑은 일제말 군국파시즘 체제가 강요하였던 신사참배와 창씨개명을 끝까지 거부한 몇 안 되는 우리 문인 중의 한 사람이었다. 뿐만 아니라 당시 일제가 강요하였던 삭발을 끝까지 거부하였는가하면, 한복만 즐겨 입고 다니는 등 체제 저항적인 태도를 견지하였다. 당시 대다수의 이름 있는 우리 문인들이 친일 행각을 벌였던 일제말 배반의 시대에, 영랑은 끝까지 지조를 지켰던 시인이었다. 작품 「독을 차고」에는 영랑의 매서운 선비 정신이 잘 드러나 있다. 이 작품보다 앞서 「감나무에 단풍 드는 전남의 9월」(1938)에서 영랑은 고산 윤선도의 시조와 다산 정약용의 유적지 등 우리의 전통문화에 대하여 깊은 관심을 표명한 바도 있다. 이 글이 발표된 1938년 당시 일본에서는 국가총동원령이 제정 공포되고, 한반도에서는 지원병제도가 실시되는가 하면 국민정시총동원조선연맹이 조직되는 등 한반도 전체가 전시체제로 급박하게 휩쓸려 들어가고 있었다. 이 험난한 일제말 암흑기에 우리의 자랑스러운 산하와 유적과 선조들에 대하여 이처럼 공개적으로 애착을 표명한 것은 영랑이 기개와 용기 있는 선비 정신의 소유자였음을 말해 준다. 영랑의 시와 산문 속에서 검출되고 있는 이러한 몇 가지 사실들은 일제말 암흑기 영랑의 오랜 침묵을 문학적 저항의 한 표현으로 해석하게 한다.

■ 사회 참여기

영랑은 1946년 2월 초에 조직된 대한독립촉성국민회[4]의 강진군 선전부장과 청년단장을 맡는 등 적극적으로 사회 활동에 참여하기 시작한다. 4월에는 당시 공산당의 지령에 따라 움직이는 조선문학가동맹에 대항하여 우익 반공 민족진영의 젊은 문학인들이 결성한 조선청년문학가협회 결성대회에서 '추대'로 뽑히는 등 해방 이후 문단 좌우 이데올로기의 첨예한 대립 속에서 민족진영의 중진으로 활약하였다.

그의 나이 45세가 되던 1948년 5월에 고향에서 제헌국회 초대 민의원 선거에 출마하였으나 낙선의 고배를 마신다. 10월 중순에 영랑은 전남 여수에 주둔하고 있던 국군 제14연대 소속 군인 일부가 일으킨 여순반란사건의 현장을 답사하고 오열하였다. 시 「새벽의 처형장」(1948)에서 영랑은 여순반란사건의 만행을 통렬하게 고발하고 있다.

1949년 8월에 공보처 출판국장에 취임하여 출판문화의 확립에 노력하게 된다. 영랑의 생애에 있어서 유일한 공직 생활이었으나 겨우 8개월 동안 재직하고 4월에 물러나게 된다.

영랑의 문학적 생애에 있어서 1949년은 특별한 해이다. 그해 봄에 영랑은 시인 서정주를 직접 찾아가서 자신의 시선집을 추려 주고 발문도 써 줄 것을 부탁하였다. 그 결과 10월 하순에 중앙문화사에서 『영랑시선』이 발간되기에 이른다. 1950년 6월 한국전쟁이 터지자 미처 피난을 못 떠난 영랑은 9월 27일 서울 탈환 전투 중에 날아온 유탄에 맞아 복부상을 입고 치료도 해 보지 못한 채 29일 사망하게 된다. 그의 나이 47세, 한참 더 일할 아까운 나이에 생을 마감하게 된 것이다. 이것은 곧 순수 서정시인 영랑이 맞이한 비극적인 최후였다.

김영랑과 시문학파 시인들

■ 시문학파의 형성 배경

시문학파가 형성된 1930년은 일제의 문화통치(1920년대)에서 무단통치로의 전환기이다. 따라서 국내의 문단 상황은 일제에 대한 저항이라는 목적의식은 같았지만, 사회주의식 문학운동과 순수민족 문학운동간 심각한 대립 양상을 보였다. 이것이 곧 1925년을 기점으로 1935년까지 10년 간 지속된 프로문학파와 민족문학파간의 대립이다.

이러한 1920년대의 문단현실에 1927년부터 해외문학파가 순수문학론을 들고 나옴으로써 문학논쟁은 한층 가열되는 계기를 맞았다.

해외문학파에서 발아된 순수문학 운동은 시문학파에 이르러 구체화되었고, 이후 구인회와 모더니스트, 그리고 『시원』과 『시인부락』으로 이어지면서 1930년대 한국 현대시의 맥을 형성하였다.

■ 시문학파의 경향

시문학파는 조선프롤레타리아 예술가동맹(KAPF)의 정치적 경향시에 반발하여 문학에서 정치성이나 사상성을 배제한 순수 서정시를 지향하고자 한 점이 가장 중요한 특색이다.

1920년대의 감상적 낭만주의 시나 민요시 또는 KAPF의 경향시가 모두 자유시의 특성에 대한 자각을 보여주지 못했던 데에 반해, 『시문학』에 실린 김영랑, 정지용, 박용철 등의 작품에서는 내용과 형식의 유기적 조화에 의한 자유시가 씌어지고 있음을 확인할 수 있다. 특히 시에서 언어의 조탁이라는 면에 그들이 의식적으로 노력을 경주하였다는 것은 주목할 만하다.

또 다른 중요한 특색으로 시문학파의 시에서 은유와 심상이 비로소 제 기능을 발휘하고 있다는 사실을 들 수 있다. 물론 1920년대의 시에도 은유나 심상이 없는 것은 아니지만, 시문학파의 그것과는 근본적이고 질적인 차이를 보이고 있다. 즉, 1920년대 은유나 심상은 자연발생적인 것이 대부분인데 비하여, 시문학파의 은유나 심상에는 의식적으로 활용하고자 한 흔적이 뚜렷하게 나타나고 있다.

■ 시문학파 동인

시문학파의 활동 시기는 1930년에서 1935년까지 보는 것이 학계의 정설이다. 이는 『시문학』 1~3호와 『문예월간』 1~4호, 『문학』 1~3호가 발간된 시기로, 이 세 잡지를 통한 활동상에서 동인들의 성분과 성격이 확연하게 드러난다. 세 잡지를 통해 발표된 동인들의 창작 시와 번역시를 살펴보면 다음과 같다.

먼저, 시문학파의 핵심인물로 꼽히는 김영랑은 창작 시 37편과 번역시 2편을 발표한 것으로 나타나 있다. 이는 시문학파 9명의 동인 가운데 가장 많은 작품을 발표한 것으로써, 김영랑이 『시문학』지를 주도했음을 말해준다. 박용철은 창작 시 18편, 시조 11편, 번역시 35편을 발표하고 있다. 그리고 이하윤은 창작 시 2편과 번역시 9편에 그치고 있다. 이것으로 보아 편집실무와 저널리즘 쪽에 기여한 동인이라고 할 수 있다. 『문예월간』의 창간사를 이하윤이 썼고, 그 필진이 거의 해외문학파였다는 점에서 『문예월간』의 편집 실무는 이하윤이 맡았던 것이 확실하다.

정지용은 창작 시 18편, 번역시 2편을 발표하고 있다. 정지용은 1935년에 『정지용 시집』을 시문학사에서 발간함으로써 작품적 성과를 시문학파의 업적으로 정리했다. 정인보는 고전시 번역 세 편, 변영로는 창작 시 한편으로 시문학파와 관련된 활동이 끝났음을 알 수 있다. 김현구는 창작시 12편, 신석정은 6편, 허보는 9편을 발표하고 있다. 이들은 창작 시 이외의 다른 활동은 전혀 없다. 이로 보아 이상의 세 시인은 동인의 성분과 활동이 일치하고 있다고 할 수 있다. 시문학파 동인은 다음과 같다.

■ 김영랑(金永郞)

영랑(永郎) 김윤식(金允植, 1903.1.16.~1950.9.29.)은 전남 강진군 강진읍 남성리 211번지에서 부친 김종호와 모친 김경무 사이에 3남 3녀 중 장남으로 태어났다. 1915년 3월 강진보통학교를 졸업한 그는 이듬해 상경하여 기독청년회관에서 영어를 수학한 후 휘문고보에 진학하였다.

휘문고보 재학시절이던 1919년 3월 1일 기미독립운동이 일어나자 영랑은 자신의 구두 안창에 독립선언문을 숨겨 넣고 강진에 내려와 독립운동(강진 4·4운동)을 주도하다가 일본 경찰에 체포되어 대구형무소 등에서 6개월간의 옥고를 치렀다.

1920년 일본으로 건너가 청산학원(靑山學院)에서 수학한 그는 용아 박용철 등과 친교를 맺었다. 1923년 관동 대지진으로 학업을 중단하고 귀국한 후에는 시 창작활동에 몰두하였다.

영랑은 1930년 3월 창간한 『시문학』지를 중심으로 박용철, 정지용, 이하윤, 정인보, 변영로, 김현구, 신석정, 허보 등 당대 최고의 시인과 더불어 우리 현대시의 새 장을 열었다. 1934년 4월 『문학』지 제3호에 불후의 「모란이 피기까지는」을 발표하였으며, 1935년 『영랑시집』을, 1949년에는 『영랑시선』을 출간하였다.

영랑은 조국 해방이 이루어질 때까지 창씨개명과 신사참배 및 삭발령을 거부한 채 흠결 없는 대조선인으로 외롭고 의롭게 살았다. 광복 후 신생 정부에 참여해 공보처 출판국장을 지냈던 그는 1950년 한국전쟁 때 부상당하여 9월 29일 서울 자택에서 47세를 일기로 타계하였다. 영랑은 생애 87편의 시를 남겼으며, 정부에서 2008년 금관문화훈장을 추서하였다.

한편, 현재의 영랑생가는 1948년 선생이 서울로 이사한 후 몇 차례 전매되었으나 1985년 12월 강진군이 매입, 1986년 2월 전라남도 지방문화재로 지정되었으며, 2007년 10월 국가지정문화재로 승격되었다.

■ 박용철(朴龍喆)

용아(龍兒) 박용철(朴龍喆, 1904.6.21.~1938.5.12.)은 광주광역시 광산구 송정동에서 태어났다. 그는 1916년 광주보통학교를 졸업하고 이듬해 휘문고보에 입학했다가 바로 배재학당으로 전학, 1920년 졸업을 몇 달 앞두고 자퇴했다. 그 뒤 일본 아오야마 학원(青山學院) 중학부를 거쳐 1923년 도쿄 외국어학교 독문과에 입학했으나 관동대지진이 일어나자 귀국했다. 귀국 후 연희전문에 입학했으나 몇 달 뒤 자퇴하고 문학에만 전념했다. 1938년 5월 후두결핵으로 타계(34세)했다.

그가 문학에 관심을 갖게 된 것은 아오야마 학원 시절 영랑과 사귀면서부터이다. 1930년 김영랑·정지용과 함께 시동인지 『시문학』을 창간해 편집과 재정을 맡아보면서 본격적인 문단활동을 하게 된다. 『시문학』 창간호에 「싸늘한 이마」, 「떠나가는 배」, 「비 내리는 밤」 등을 발표했다. 1931년 『문예월간』에 이어 1933년 『문학』지의 편집을 맡아보면서 번역가·비평가로 활동했다.

1935년 시문학사에서 일하면서 『정지용 시집』·『영랑시집』을 펴냈으며, 해외문학과 극예술연구회에 참여해 입센의 「인형의 집」 등을 번역하기도 했다. 특히 1935년 12월에 발표한 「올해 문단 총평」에서는 김기림과 임화의 시를 비판하고 정지용의 시를 옹호해 임화와 기교주의 논쟁을 벌이기도 했다.

뒤 발표한 평론 「시적 변용에 대하여」(『삼천리문학』, 1938.1.)는 그의 시론의 뿌리를 보여주는 평론으로서 계급주의와 민족주의 문학 모두를 배격하고 존재로서의 시론, 즉 선시적인 것에 더욱 의미를 두었다.

■ 정지용(鄭芝溶)

정지용(鄭芝溶, 1902.5.15.~납북)은 충북 옥천에서 한의사인 아버지 태국(泰國)과 어머니 정미하(鄭美河) 사이에서 맏아들로 태어났다. 12세 때 송재숙(宋在淑)과 결혼했으며, 1914년 아버지의 영향으로 가톨릭에 입문했다. 옥천보통학교를 마치고 휘문고보에 입학해서 박종화·홍사용·정백 등과 사귀었고, 박팔양 등과 동인지 『요람』을 펴내기도 했으며, 신석우 등과 문우회(文友會) 활동에 참가하여 이병기·이일·이윤주 등의 지도를 받았다.

1919년 3·1운동이 일어나자 이선근과 함께 <학교를 잘 만드는 운동>으로 반일(半日) 수업제를 요구하는 학생대회를 열었고, 이로 인해 무기정학 처분을 받았다가 박종화·홍사용 등의 구명운동으로 풀려났다.

1923년 4월 일본 도시샤대학(同志社大學) 영문과에 입학했으며, 유학시절인 1926년 6월 유학생 잡지인 『학조(學潮)』에 시 「카페 프란스」 등을 발표했다. 1929년 졸업과 함께 귀국하여 이후 8·15해방 때까지 휘문고보에서 영어교사로 재직했고, 독립운동가 김도태, 평론가 이헌구, 시조시인 이병기 등과 사귀었다. 1930년 김영랑과 박용철이 창간한 『시문학』의 동인으로 참가했으며, 1933년 『가톨릭 청년』 편집고문으로 있으면서 이상(李箱)의 시를 세상에 알렸다. 같은 해 모더니즘 운동의 산실이었던 구인회(九人會)에 참여하여 문학 공개강좌 개최와 기관지 『시와 소설』을 간행했다.

1939년에는 『문장』의 시 추천위원으로 있으면서 박목월·조지훈·박두진 등의 청록파 시인을 등단시켰다. 1945년 해방이 되자 이화여대로 옮겨 교수 및 문과과장이 되었고, 1946년에는 조선문학가동맹 중앙집행위원 및 『경향신문』 주간이 되어 고정란 「여적(餘適)」과 사설을 맡아보았다. 1948년 대한민국 정부수립 후에는 보도연맹에 가입하여 전향 강연에 종사했다. 1950년 6·25 전쟁 중에 납북되어 1953년 경 사망한 것으로 알려져 있다.

■ 정인보(鄭寅普)

위당(爲堂) 정인보(鄭寅普, 1893.5.6.~납북)는 서울 명동에서 명문가의 외아들로 출생하였다. 유명한 학자인 이건방에게 사사했으며, 1913년 상하이로 건너가 박은식, 신규식 등과 함께 동제사를 결성하였다.

귀국 후 연희전문에서 강의하는 한편 동아일보 논설위원으로 일하며 저술활동을 하였다. 일제 강점기 말기에는 창씨개명 등을 강요하는 분위기에 저항하여 산 속으로 은둔 생활을 하였다. 1945년 8월 광복이 되자 국학대학 초대 학장을 지냈다. 광복 초에 그는 「광복절 노래」를 짓기도 했다. 1945년 12월 23일 김구가 주관하는 순국선열 추념대회 위원으로 선출되었다. 김구가 모스크바 3상 회담에 반발, 강력한 반탁운동을 추진하자 12월 30일 신탁통치 반대 국민총동원 위원회 위원이 되었다.

1946년 『조선사연구』(서울신문사)를 저술했고, 그해 2월 14일 민주의원 결성대회가 열렸으나 정인보는 여운형, 함태영, 김창숙, 조소앙 등과 함께 민주의원 의원직을 거부하였다. 그는 1948년 정부수립 이후 이승만 대통령에 의해 삼고초려로 초대 감찰위원장에 선임되었으나 김영신의 독직 사건을 두고 이승만과 갈등을 빚고 물러났다.

1950년 한국전쟁 당시 7월 31일 서울에서 공산군에 의해 납북되었다. 한동안 그해 11월 사망한 것으로 알려졌으나, 공식 사망일은 9월 7일로 북행 직후 황해도에서 폭격을 받아 타계한 것으로 되어 있다.

■ 이하윤(異河潤)

연포(蓮圃) 이하윤(異河潤, 1906.4.9.~1974.3.12.)은 강원도 이천(伊川, 현재의 북한 강원군 이천)에서 태어났다. 1918년 이천보통학교를 거쳐 1년 동안 한문을 공부하고 1923년 경성제일고보를 마쳤다. 1926년 일본 호세이대학(法政大學) 예과에 입학해 1929년 같은 대학 법문학부 문학과를 마쳤으며, 유학하는 동안 프랑스어·이탈리아어·독일어를 두루 공부했다. 1926년 『해외문학』 동인과 1931년 『극예술』 동인으로 참가했다. 귀국하여 경성여자미술학교·동구여자상업학교 교사와 중외일보 기자, 경성방송국 편성계 근무, 콜롬비아주식회사 조선문예부장, 동아일보 학예부 기자 등을 지냈다.

8·15 해방 뒤에는 프롤레타리아 문학에 대항해 설립된 중앙문화협회 상무위원을 지냈으며, 1954년 전국문화단체총연합회 최고위원에 이어 민주일보·서울신문 논설위원을 지냈고 유네스코 아시아회의 한국대표로 참석하기도 했다. 1945년 혜화전문(현재 동국대) 교

수를 시작으로 성균관대 등에서 재직하다 1949년 서울대로 옮겨 1973년 정년퇴직했다.

1926년 시대일보에 시 「잃어버린 무덤」을 발표하여 문단에 나온 이후 초기에는 「애송(愛誦) 9편」(『해외문학』 1927.7.), 「노구(老狗)의 회상곡」(『자력』 1928.8.), 「물레방아」(『시문학』 1930.3.) 등을 발표했다. 이 시들은 서글픈 가락에 한국적 정서를 읊은 것이 특징이다. 이외에 그는 프랑스·미국의 서정시를 번역했는데, 번역시집 『실향의 화원』 (1933)은 이러한 성과들이 집약된 것으로 김억의 『오뇌의 무도』 (1923)에 비해 원전을 그대로 번역했고 양적으로도 더 방대하다. 시집으로 『물레방아』 (1939)가 있으며, 여기에는 「석양에 먼 길을 떠났드러니」, 「다듬이 소리」 등 총 109편이 실려 있다. 이 시들은 대체로 전통적인 서정세계를 정형시에 가까운 리듬으로 노래했다.

그밖에 수필 「고향회상」(『현대』 1958.4.) 등과 평론 「단편소설의 사적 연구」(『시대일보』 1926.7.5.~26.), 「현대시인연구」(『동아일보』 1930.11.2.~12.28.), 「근대미국문학의 발전과 그 동향」(『중앙일보』 1932.1.1.~18.) 등을 발표했다.

■ 변영로(卞榮魯)

수주(樹州) 변영로(卞榮魯, 1897.5.9.~1961.3.14.)는 경기도 부천에서 출생했다. 중앙학교(현재 중앙고등학교)를 졸업하고 이화여전 등에서 교편생활을 하다가 미국으로 건너가 캘리포니아 주립 산호세 대학에서 공부하였다. 신문학 초창기에 등장한 신시의 선구자로서 압축된 시구 속에 서정과 상징을 담은 기교를 보였다. 민족의식을 시로 표현하고 수필에도 재능이 있었다. 광복 후 성균관대, 해군사관

학교 교수 등을 지냈으며, 『대한공론사』 이사장으로 영자 일간지를 발간하였다. 1951년 제2회 서울시문화상을 수상했고, 1955년 제1대 한국 펜클럽 회장에 선출되었다. 1961년 3월 14일 인후암으로 사망했다. 대표작으로 「논개」, 「사벽송」 등이 있고, 수필집 『명정 40년』 등이 있다.

■ 김현구(金玄鳩)

현구(玄鳩) 김현구((金炫耈, 1903.11.30.~1950.10.3.)는 전남 강진군 강진읍 서성리 179번지에서 태어났다. 1930년 5월 영랑의 추천으로 『시문학』 2호에 「님이여 강물이 몹시도 퍼렇습니다」, 「물 위에 뜬 갈매기」, 「거룩한 봄과 슬픈 봄」, 「적멸(寂滅)」 등 4편을 발표하면서 문단에 나온 현구는 그 뒤 『문예월간(文藝月刊)』과 『문학(文學)』지를 통해 1934년 4월까지 8편의 시를 더 발표하였다.

1936년 시문학사에서 『정지용 시집』·『영랑시집』에 이어 『현구 시집』을 출간하려 했으나 박용철의 와병(1938년 사망)으로 무산되었으며, 1941년 시집 제목을 『무상(無常)』 으로 정하고 광명출판인쇄공사에서 재출간을 시도 했으나 출판사측과의 마찰(현구가 한사코 비매품 출간을 주장)로 역시 무산되었다.

뒤이어 1949년 공보처 출판국장으로 있던 영랑에게 시집 발간을 의뢰, 6·25가 터지자 또 좌절되었다. 그 후 1970년에 아들 원배(元培) 등에 의해 『현구시집(玄鳩詩集)』 (유고 70편, 발표작 12편 등 82편 수록)이 비매품으로 출판되었다. 이 시집을 계기로 세상에 알려지게 되었다.

■ 신석정(辛夕汀)

석정(夕汀) 신석정(辛錫正, 1907.7.7.~1974.7.6.)은 전북 부안군 부안읍 선은동에서 태어났다. 동국대 전신인 불교전문강원 국문학과에서 수학했다. 1931년 10월 『시문학』 제3호에 참여하면서 작품 활동을 본격화, 그해에 「선물」, 「그 꿈을 깨우면 어떻게 할까요」 등을 발표했고, 계속 「나의 꿈을 엿보시겠습니까」, 「봄의 유혹」, 「어느 작은 풍경」 등 목가적인 서정시를 발표하여 독보적인 위치를 굳혔다.

8·15 광복 후에는 시작과 후진양성에 전념했으며, 저서로는 초기의 주옥같은 전원시를 묶은 제1시집 『촛불』(1939)과 8·15 광복 전의 작품을 묶은 제2시집 『슬픈 목가』(1947), 이어 『빙하』, 『산의 序曲』, 『대바람 소리』 등의 시집을 간행했다. 그의 시풍은 잔잔한 전원적인 정서를 음악적인 리듬에 담아 노래하는 것이 특색인데, 그 맑은 시정은 읽는 이의 마음까지 순화시키는 감동적인 호소력을 지니고 있다.

■ 허보(許保)

허보(許保)는 평안북도 출신으로, 일본 호세이대학(政經大學)을 졸업하였다는 것만 알려졌을 뿐 그 외의 인적사항은 미상이다.

1931년 조선일보에 시 「성외(城外)의 낙조(落照)」를 발표하면서 등단하였다. 이후 『시문학』 3호부터 동인으로 참가하여 순수시 운동을 하였으며, 『가톨릭청년』, 『중앙』, 『신가정』, 『시원(詩苑)』, 『여성』, 『조광(朝光)』 등에 많은 시를 발표하였다. 주요 작품으로는 「검은 밤」, 「표박(漂泊)의 제1일(第一日)」, 「어머님의 장식(裝飾)」, 「여성(女性)」, 「조선(朝鮮)」, 「산타마리아」, 「발(足)」, 「나의 일생(一生)」, 「아침」, 「처

(妻)」, 「거품」, 「어린이」, 「지구(地球)」, 「산골길」, 「누가 누가 누가」, 「조선부인(朝鮮婦人)에게」 등이 있다.

작품경향은 허무주의적 인간관을 보여주기도 하지만, 한편으로는 모성애를 형상화하고 민족의식을 드러내는가 하면 삶과 죽음, 나아가 신의 문제까지도 관념화하고 있다. ■

3

김영랑의 시문학 공간 고찰

머리말

'공간'에 대한 논의가 처음 나타나기 시작한 것은 1890대 초 건축 분야에서다. 이 시점은 전 유럽적인 양상이었던 아르누보 운동의 시작 시기와 일치한다.[1] 이후 20세기 초 예술의 전반적인 분야에서 공간에 대한 관심이 증가하였다. 하이데거Heidegger는 '장소(공간)'는 인간의 실존이 외부와 맺는 유대를 드러내는 것이다.[2]고 주장했다. 우리가 일하고, 생활하는 모든 활동은 장소를 통해 가능해진다. 즉 장소는 인간의 모든 활동과 삶이 이루어지는 공간이다. 이는 문학에서도 마찬가지인데, 이를 역으로 생각해보면 인간의 삶의 조건을 형성시키는 요소로서 장소나 공간을 연구하는 것이 매우 중요함을 말해주는 하나의 근거가 될 수 있다.

독일의 비평가 레싱G.E. Lessing은 그의 저서 『라오콘Laokoon』에서 시는 시간의 지배를 받는 예술이라고 분류했다. 즉 공간적이고 동시적인 속성을 가지고 있는 조형예술에 비해서, 문학은 시간적이고 연속적인 속성을 가지고 있다는 것이다. 그러나 문학이 인간의 삶을 대상으로 한다는 사실이 변하지 않는다면, 이러한 분류는 극단적인 이분법에 지나지 않는다. 시간과 공간은 모두 인간의 삶을 이루는 중요한 요소들이기 때문에 두 가지 중에서 어느 한쪽만이 강조될 수는 없는 일이다.

현대 예술비평은 레싱 이후의 전통적 논리와는 다른 방향에서 예술작품의 시간과 공간 개념을 설명하고 있다. 즉 공간예술인 회화에서 공간적 매체에 내재한 한계들을 극복할 수 있는 방법으로 시간성의 개념이 활발하게 도입되고 있는 것을 예로 들면서, 여타 분야에서도 시간과 공간이 역사적으로나 절대적으로 구분되지 않고 함께 공존하고 있다는 주장이 제기되고 있다.

우리 문학사에서 공간에 대한 논의는 그리 활발하게 이루어지지 못했다. 설사 그 동안의 논의가 있다손 치더라도 작품에 내포된 역사인식과 현실비판인식을 지나치게 강조해 왔을 뿐이다. 이는 우리 현대사의 특수성에 기인하는 것으로 일본 강점기와 분단현실, 그리고 권력집단에 의해 강압적으로 진행된 산업화에 대한 대응수단으로 문학이 인식되어 온 때문이다. 물론 이러한 인식 자체에 문제가 있는 것은 아니다. 다만 역사인식과 현실비판의식이 강조되다 보니, 작품이 형식이나 구조에 대한 접근보다는 내용적인 측면이 부가될 수밖에 없었고, 이에 따라 역사의 시간적 속성만이 집중적으로 부각되었다는 사실이 문제다.

'공간'을 바꾸어 표현하면 '지형'으로 명기할 수 있다. 본래 '지형'이라는 개념은 지리학과 지구과학 분야에서 제시된 것이다. 지구과학에서는 우리가 살아가는 지구의 표면 형태를 조사하고 그 형성과정과 지역적 분포를 정리하여 지형을 통계적이며 체계적으로 이해하고자 하는 연구를 '지형학Geomorphology'이라고 한다. 이러한 연구결과를 지도 위에 도식화한 것이 지리학에서 사용하고 있는 '지형topographic map'이다.

문학에 있어서 이런 개념이 적용되지 않았던 것은 아니다. 1945년 조셉 프랑크Joseph Frank가 근대문학의 주요한 패러다임으로 '공간형식Spatial Form'이라는 개념을 제기한 이후, 다양한 관점에서 문학의 공간에 대한 논의가 이루어졌는데, 그 중에서도 특히 미첼W.J.T Mitchell의 논의가 주목된다. 그는 텍스트의 공간형식을 인쇄 공간, 텍스트 안에 재현·모방된 의미 공간, 구조 공간, 주제 공간 등으로 구분하고 있다. 이중에서 문학지형학에서 주목하는 것은 의미 공간, 즉 작가가 체험한 실제 공간을 작품 속에 어떤 형식으로 재현했는가 하는 점이다.[3)]

오랫동안 문학은 독서 행위를 통해서만 향유할 수 있는 것으로 인식되어 왔다. 그러나 최근 정보기술IT : information technology과 문화기술CT : culture technology 관련 산업이 발달함에 따라서 다양한 측면에서 문학의 새로운 향유방법을 찾으려는 노력이 활발하게 전개되고 있다. 이 과정에서 문학작품의 '공간'에 대한 문제가 주목받고 있다. 문학작품은 시간과 함께 공간을 기본적인 요소로 해서 창작되는데, 이것들은 우리의 삶을 구성하는 부분이기도 하다. 그 중에서도 특히 문학공간을 통해서 문학작품의 구체성이 확보되며, 이 과정에서 작가의 창조적인 역량이 발휘된다. 즉, 동일한 공간을 대상으로 한 작품일지라도 작가의 개인적인 체험이나 관심, 그리고 역사인식에 따라 사뭇 다른 양상으로 표현되고 있는 것이다. 가령, 이광수의 '대동강'과 김동인의 '대동강'이 같을 수 없고, 임화의 '종로'와 이상의 '종로'가 동일할 수 없으며, 신동엽의 '금강'과 박용래의 '금강'이 같을 수 없다.

그러므로 작품의 배경 공간을 찾아 돌아보는 활동은 작가의 창작적 원천을 탐색하는 작업이 된다. 문학 기행이 전통적인 창작 교육 방법으로 활용되었던 이유도 여기에 있다. 이 같은 측면에서 볼 때 문학공간은 이런 활동의 거점이 되는 공간임에 틀림이 없다. 특히 1988년 지방자치법이 제정된 이후부터 문예교실을 운영하고 문학 관련 행사를 개최하는 등 문화 복지 기능을 담당하는 문학공간이 속속 건립되기 시작했다. 최근에는 기존의 시설물 개념을 탈피하여 문학촌·문학테마파크·문학테마타운 등의 복합문화공간적인 특성을 가진 문학공간의 건립이 활발하게 추진되고 있다. 따라서 그동안 문학공간은 양적으로 괄목할만한 성장을 이루었다.

본 연구는 노버그 슐츠C.Noberg Schultz의 '실존적 공간이론'을 수용하여 김영랑 시의 문학공간을 문학사적 관점에서 고찰하고자 한다. 제Ⅱ장에서는 영랑 시의 원천이 된 그의 고향 강진의 인문 지리적 특성과 함께 1930년대 한국 현대시의 분수령을 이룬 시문학파와의 연관성을 살필 것이다. 또 제Ⅲ장에서는 영랑의 시가 강진이라는 공간에 어떻게 형상화 되었는지를, 제Ⅳ장은 제Ⅲ장에서 살핀 영랑 시의 문학공간에 대한 의미를 고찰할 것이다.

김영랑의 시문학 공간의 특수성

■ 인문 지리적 공간의 특성

영랑 김윤식의 태생지 강진은 전형적인 남도의 시골이다. 주지하다시피 강진은 유홍준의 『나의 문화유산 답사기』(창작과비평사, 2011)에 힘입어 '남도답사 1번지'로 부상하였다. 유홍준의 말[4]처럼 강진은 크기(면적)에 비해 유독 문화유산이 많은 지역이다. 그것도 남도를 넘어 우리나라를 대표할 만한 문화유산이 수다하다.

> 해남·강진은 남 해변, 우리나라 토양이 예부터 생산해 온 꽃에서는 가장 기름기 많고 풍요한 꽃이 우리 국토 중에서는 제일 많이 피는 곳이고 그 기름덩어리의 알맹이 과실 胡桃나무도 자라는 곳이고, 또 해안에 자라는 나무 넌출들도 이는 바람에 충분히 사람의 神바람을 일으킬 정도로 길게 너울거려 춤을 추고 있는 것들이 보이는 데고, 이 새 울음도 기름기가 번지르르한 데고, 날아다니는 풍뎅이 같은 것도 새파랗게 반 뼘씩은 되는 게 많이 사는 데고, 그렇게 모든 것이 伸展해 살 만큼 따뜻하고, 비옥하고, 物豐한 데다.[5]

> 멀리 서북쪽으로 月出山이 바라다 보이는 多島海를 끼고 康津灣을 거슬러 올라가면 기름진 평야가 도도히 흐르는 탐진강 줄기와 더불어 펼쳐진다. 어느 詩人이 하도 많은 多島海 섬이어서 도둑맞을까 걱정한 康津灣 앞 바다의 크고 작은 섬들이 봄날에는 마치 물오리 떼처럼 은빛으로 남실거리는 아지랑이 위에 떠 있는 것을 볼 수 있다. 海洋性 氣候라서 사철 溫暖하고 비가 유달리

많은 것이 이 고장 康津의 특징이다. 연평균 13.5도라니 기온은 좀체 영하로 내려가는 일이 없다고 한다. 그러기에 난대식물들이 무성히 자라고, 대숲 또한 이 고장의 색다른 풍정을 이루고 있는 것을 볼 수 있을 것이다.

어디를 가나 동백나무가 눈에 띄고 어떤 마을에는 거의 울타리 삼아 동백나무로 두루 가리고 있으니, 한 겨울 눈발이 선뜻 지내다가 마지못해 더러 흩뿌리는 속에 빨간 동백꽃이 검푸른 잎 사이에서 겨우내 피는 동안 시나브로 봄은 오는 것이다.[6)]

강진만의 바다는 따스한 요니(女陰)처럼 육지를 파고들어 조붓하고 아늑하였다. 등 푸른 여름 산맥들이 그 요니의 바다를 따라서 만의 하구로 치닫고 있었다. 공룡의 앞발을 치켜 올린 듯이 가파르고 사나운 봉우리들은 멀어서 아득하였고, 유순하고 올망졸망한 봉우리들과 헐거운 산허리들은 인간 쪽으로 다가왔다.[7)]

위의 인용문들은 영랑의 시적 소재로 등장하고 있는 강진의 아름다운 자연과 그곳의 남국적 이미지를 서술한 것들이다. 강진지역을 빙 둘러보면 대구면 도요지는 한국 예술의 최대 걸작품으로 손꼽히는 고려청자의 성지요, 병영면의 전라병영성은 조선조 500여 년간 전라도 육군의 총 지휘부이자 우리나라를 서양에 최초로 소개한 핸드릭 하멜[Hendrik Hamel](?~1692)[8)] 일행이 약 8년 동안 억류생활을 했던 곳이다. 또한 도암면의 다산초당은 이 땅에서 가장 추앙받는 학자요 사상가인 다산 정약용이 600여 권의 명저를 남김으로써 유배문화를 꽃피웠던 곳이며, 강진읍 영랑 생가는 남도의 소월로 불리는 영랑 김윤식이 빼어난 서정시를 낳은 문학의 공간이다. 그리고 성전면의 무위사는 '수월관음도' 등 불교 벽화의 보고요, 특히 백련사는 그 유명한 백련결사운동[9]의 본거지이다.

본래 강진(康津)이란 지명은 도강(道康)과 탐진(耽津)이라는 두 고을이 하나로 합해진 데에서 유래한다. 먼저 도강은 지금의 병영·작천·성전·옴천면 일대로서 백제시대에는 도무군, 통일신라에는 양무군, 고려시대에는 도강현으로 고쳐 부르다가 조선시대 태종 17년(1417) 광산현(현 광주시 광산구 영동리)에 있던 병마도절제사영을 도강현(현 강진군 병영면 성동리)으로 옮긴 후 탐진현과 합하여 강진현이 되었다. 그리고 탐진은 지금의 강진읍을 비롯한 군동·도암·신전·칠량·대구·마량면 일대로서 백제시대에는 동음현이었는데, 통일신라시대부터 탐진현으로 고친 뒤 계속 같은 이름으로 부르다가 조선시대 태종 17년에 이르러 역시 도강현과 합하여 강진현이 되었다. 강진현은 한말인 1895년 전국이 23부제로 행정구역이 개편되면서 나주부 관할 강진군이 된 뒤 오늘에 이르렀다. 강진군은 1읍 10면으로 이루어졌으며, 현재의 인구는 약 5만여 명에 이른다.[10]

영랑 문학의 산실인 강진의 인문 지리적 공간의 특성은 언론매체의 심층보도에서도 확인되고 있다. 다음은 『경향신문』 기사[11]의 일부다.

> …<중략>… 강진군 도암면 귤동마을 뒷산 다산초당은 그가 제자를 가르치고 저술을 했던 곳이다. 원래는 초가여서 그렇게 이름 붙였다. 그러나 일제 때 붕괴된 후, 50년대 후반 목조기와로 복원됐다. 현판 글씨는 추사체를 모아 판각한 것이다. 바로 옆에

집필실로 썼던 동암(東菴), '18제자' 등 문하생들이 밤새워 토론하던 공간 서암(西庵)이 있다. 초당 서쪽 뒤편에는 그가 직접 바위에 쓴 '丁石(정석)'이 남아 있다. 동암에서 조금 오르면 천일각이 있다. 흑산도로 유배를 간 둘째형 '약전'을 그리며 격한 마음을 달래던 곳이다. 200년 전 그의 흔적을 다산초당 아래 다산유물전시관에 모아뒀다.

이곳 출신 영랑 김윤식도 다산 못지않은 팬들이 많다. 읍내 탑동 마을에는 그의 생가가 1985년 복원돼 있다. 국가지정 중요민속자료 제252호다. 이곳에서 주옥같은 '한국 서정시'가 탄생했다. 국문학도나 문학가 지망생들이 날마다 줄지어 찾는다.

…<중략>…

한국을 서양에 알린 최초의 인물이 네덜란드 출신 헨드릭 하멜이다. 그는 네덜란드 동인도 회사 소속 상선을 타고 일본 나가사키로 가다 폭풍을 만나 제주도로 들어왔다. 효종 4년(1653)이었다. 그는 14년 동안 억류생활 중 무려 7년간을 강진 병영에서 살았다. 하멜은 그때 자신의 경험을 담은 『하멜 표류기(하멜보고서)』를 지어 조선의 지리, 풍속, 정치 등을 유럽에 처음 알렸다. 이 책은 그가 밀린 임금을 청구하기 위해 증거로 쓴 것이다. 책에는 강진 얘기가 수두룩하게 나온다.

…<중략>…

강진은 고려청자의 고향이다. 청자는 중세 예술을 대표하는 대표적인 문화재다. 고려왕실의 적극적인 후원으로 발전을 거듭하던 청자는 드디어 11세기 말 형태와 문양이 독창적으로 정립됐다. 그중에서도 강진 도요지는 왕실에 필요한 도자기를 굽는 곳이었다. 12세기엔 상감청자 이외에 철화청자, 진사청자 등 다양한 기법의 도자기가 등장하면서 꽃을 피워냈다. 그러나 조선이

들어서면서 백자가 들어서면서 시나브로 청자가 역사에서 사라지기 시작했다. 그러나 강진에는 고려청자 가마터 188곳이 남아 있었다.

흔히 강진은 한국이 낳은 영랑이라는 빼어난 서정시인과 최고의 학자요 사상가인 다산, 그리고 고려청자와 함께 강진의 대표적 상징으로 직결된다. 이들의 시와 학문, 그리고 예술을 있게 한 곳이 다름 아닌 강진이기 때문이다. 그러므로 강진은 그들의 문학과 학문, 그리고 예술을 풍요롭게 살찌운 어머니인 셈이다. 특히 영랑과는 달리 다산은 외지인으로서 비록 죄인이라는 서러운 이름표를 달고 살았지만, 그의 학문적 성과를 집대성할 수 있도록 감싸 안은 곳은 분명 강진 땅이다.

■ 『시문학』 지와의 관계성

1930년대 시문학파의 시적 무대는 크게 보면 전라도, 작게 보면 강진이라고 할 수 있다.[12] 김현은 시문학파를 대표하는 영랑·용아·현구 세 시인을 묶은 『韓國現代詩文學大系·7』(지식산업사, 1981)에서 이들 세 시인을 묶어 '강진시파'라고 처음으로 별칭하고 있다. 그가 정지용·신석정·이하윤 등 시문학파의 다른 동인들이 있음에도 불구하고 이들 셋만을 묶어 굳이 그렇게 별칭한 것은 문학의 지역 분파주의를 조장하기 위함이 아님은 물론일 것이다.

그것은 첫째로, 이들의 고향이 전라도(엄격히 말하면 전라남도)라는 점이다. 물론 강진이 고향인 영랑·현구와 달리 용아의 고향은 송정리(지금의 광주광역시 광산구)이긴 하지만, 지역적으로 그리 멀지 않은 거리에 있다는 점에서 큰 무리가 없으며, 둘째로 『시문학』 창간을 주도한 용아가 사전에 영랑을 만나기 위해 수시로 강진을 오갔었다는 점, 셋째로, 시문학파 동인들 중 이들 셋만이 창간 당시 무명이었으며 끝까지 시문학파로서만 충실했던 점, 넷째로는, 무엇보다 용아가 순수시운동의 이론적 기반을 마련했다면 영랑과 현구가 이를 시로써 충실하게 구현시켰다는 점에서 충분히 그 이해가 가능하다.[13]

주지하다시피 1930년대 시문학파의 탄생은 한국 현대시문학사에 순수서정시의 우의를 다시 세운 역사적인 사건이다. 시문학파를 주도한 사람은 당시 문학적 지명도가 없었던 무명의 영랑 김윤식과 용아 박용철이다. 그러나 실제로 역할은 용아가 했지만 용아를 자문하며 모든 문학적 방향을 구상한 사람은 영랑이었다고 할 수 있다. 이 점은 '내가 시문학을 하게 된 것은 영랑 때문이여'[14]라고 말한 용아의 고백에서 단적으로 드러난다.

동향인 영랑과 용아는 동경 유학시절부터 같은 학교에 다니면서 서로 친해졌다.[15] 그러나 영랑은 문학에 뜻을 둔 영문학도였지만, 용아는 수학의 천재로 불리던 이공학도였다. 그러한 용아를 영랑이 문학에 뜻을 두도록 집요하게 부추김으로써 용아는 결국 문학에의 길로 들어서게 된다. 이렇듯 용아는 중도에서 문학으로 전향한 만큼 시적 안목이나 창작 등 모든 면에서 영랑의 지도와 자문을 필요했던 것 같다. 이런 면에서 영랑은 용아의 문학적 동반자이자 스승인 셈이다.[16]

용아는 또한 처음엔 순수문학보다 프로문학에 경도됐던 것 같다. 그래서 1927년 9월 영랑과 함께 금강산을 다녀올 무렵 유점사에서 개잔령을 넘어서 고성 삼일포에 이르기까지 정치주의의 가부를 가지고 얼굴을 붉히며 싸운 적이 있으며, '그 때 세계를 풍미하던 사조에 벗도 사로잡혔었다'[17]고 술회한 바 있다. '그 때 풍미하던 사조'란 당시 유행하던 정치주의적 프로문학임을 쉽게 짐작할 수 있다. 이러한 용아가 영랑의 표현을 빌면 '훌륭한 시인'[18]으로 변신한다. 영랑의 이 '훌륭한'이라는 표현은 용아가 순수시에 대한 이해와 확신이 깊어졌음을 의미한다고 볼 수 있다. 이러한 용아의 변화는 당연히 영랑의 자극에 힘입은 바 크다고 할 수 있으며, 1928년 1월말부터 새롭게 시작한 문학공부의 결과라고 볼 수 있다. 그가 새롭게 시작한 공부란 영랑의 자문을 받으며 시 창작에 몰두하는 것과 어학실력을 향상시켜 외국시를 감상하고 변역하는 일이었다. 그래서 용아는 영랑에게 다음과 같은 고백을 하기에 이른다.

> 지난 번 時調의 評과 修正도 자네 意見을 따르네. 再現說과 情緖를 폭 삭후라는 것도 알어드렀네. 나는 이즘 와서야 그것들을 차츰 깨달아가네. 좀 늦지만 어쩔 수 없지. 느끼는 것이 없이 생각해 理解할랴니까. 그 前에는 詩(뿐만 아니라 아무 글이나) 짓는 奇巧(골씨)만 있으면 거저 지을 셈 잡었단 말이야. 그것을 이새 와서야 속이 덩어리가 있어야 나오는 것을 깨달았으니 내 깜냥에 큰 發見이나 한 듯 可笑[19]

이는 영랑이 당시 민족문학파인 절충파의 소박한 문학관을 견지하고 있던 용아에게 낭만주의적 순수시에 대해 자문을 했던 것을 용아가 새로운 공부를 통해 이를 뒤늦게 깨닫고, 그 깨달은 바를 주저없이 영랑에게 털어놓은 편지 내용이다. 여기에서 보면, '생각'과 '기교'는 절충파의 내용과 형식의 논쟁을 의미한다고 할 수 있으며, '정서를 폭 삭후라는 것'과 '속에 덩어리가 있어야 나오는 것'은 낭만주의적 순수시론의 핵심내용이라 할 수 있다. 이렇듯 용아는 지금까지 견지했던 자신의 문학관을 반성하고 나서야 영랑과의 의견 조율이 가능해지고, 영랑은 그때서야 비로소 용아에게 동인회 구성 및 동인지 발간계획을 제의한 것으로 보인다. 그러니까 시문학파의 모든 문학적 방향은 이미 오래 전부터 영랑의 머릿속에서 정해져 있었다고 보아도 좋을 것 같다.[20)]

이리하여 용아는 1930년 3월 5일 마침내『시문학』을 창간하기에 이른다. 여기까지가 시문학파의 핵심멤버인 영랑과 용아가『시문학』을 창간하기까지의 준비과정이다. 그러면 나머지 동인은 어떻게 구성하였으며, 그 성분은 어떠한지를 알아보자.

> 梁柱東君의 文藝公論을 平壤서 發刊한다고 말하면 이에 妨害가 될 듯싶네. 그러나 通俗 爲主일게고 教授 品位를 發揮할 모양인가보니 길이 다르이. 何如間 芝溶 樹州 中 得其一이면 始作하지 劉玄德이 伏龍 鳳추에 得其一이면 天下可定이라더니 나는 芝溶이가 더 좋으이. 文藝公論과 特別한 關係나 맺지 않었는지 모르지 서울거름은 해보아야 알지.… (중략) …지명 丹弓(丹을 赤과 같이 볼 사람도 있는가) 丹鳥·玄燈(너무 신비적)·시령 우리말 단어가 좋은 게 있으면 제일 좋겠는데….[21)]

위의 인용문은 용아가 1929년 3월 26일 강진에 있는 김영랑에게 보낸 편지의 일부분이다. 여기에서 용아는 창간 멤버를 자신과 영랑을 포함한 지용까지 세 사람으로 한정하고 있음을 알 수 있다. 그리고 '양주동의 文藝公論과는 길이 다르다'는 것은 절충파와 시문학파의 문학적 방향이 다르다는 것을 의미한다. 그리고 '지용·수주 중 득기일'에서 수주의 순수시관[22] 즉 이데올로기문학에 대한 반성의 의지와 지용의 시와 같은 새로운 시에 대한 욕구가 용아의 심저에서 작용했다는 것을 알 수 있다.

또한 새로운 잡지의 이름을 '丹弓·丹鳥·玄燈'을 생각한 것은 한국의 전통적 순수시관 즉 도교적 자연관이 그의 심저에 자리 잡고 있었음을 말해주며, 이것은 전통지향성과 모더니티 지향성의 변증법적 발전에 의한 새로운 문학의 성취 욕구를 보여준 것이라고 할 수 있다. '丹을 赤과 같이 볼 사람도 있는가'에서는 용아의 카프파에 대한 염려를 알 수 있으며, '우리말 단어가 좋은 게 있었으면…'에서는 그의 국어에 대한 자각의 일단을 볼 수 있다.[23]

> 雜誌의 일은 수얼스럽게 되는 듯도 하였으나 詩文學이라는 命名을 하였을 뿐 二十七日을 第一次 期日로 定해 보았으나 實行할 아모 재조도 없었다. 그동안에 芝溶에게서 金素雲을 알게 되였다 日本內地서 공들인 朝鮮民謠集을 낸 사람으로 마음속에 熱을 가지고 이 길에 精進하는 사람으로 뵈였다. 우리 일에 協力을 約束하였다.[24]

위의 인용문은 동인지 발간이 그들의 의욕만으로 쉽게 이루어지지는 않음을 보여주는 1929년 12월 23일자 용아의 일기의 일부다. 여기에는 동인지 발간의 필수 요건의 하나인 동인 구성의 어려움이 그대로 드러나 있다. 경비는 용아의 사재로 충당된 듯 보이나 동인 구성에 애로사항이 많은 것은 이들이 지명도가 없는 무명 문학도였다는 점에 기인한다. 그러나 이들은 용케 '정인보·변영로·정지용·이하윤' 등 4명의 동의를 얻어 동인 구성의 난관을 해결한다. 무명의 영랑과 용아가 대부분 당시 시단을 주름잡던 이들의 동의를 얻어낼 수 있었던 데에는 사전에 상호 면식이 있었던 점이 크게 작용했으리라 짐작된다. 이는 영랑이 휘문의숙 재학 시 하급반에 정지용이 있었으며, 용아가 동경에서 돌아와 연희전문을 다닐 때 변영로와의 인연과 정인보로부터 시조를 배웠던 점 등을 생각하면 쉽게 짐작이 간다.

그리고 정지용이 김소운을 천거한 것은 앞의 인용문에서도 알 수 있듯이 『朝鮮民謠集』을 낸 바 있는 사람으로서 전통성과 음악성을 중요시한 그들의 문학적 방향에 부합되는 인물이었기 때문이라고 볼 수 있으나 무슨 연유인지는 몰라도 종국엔 그가 제외되었음을 알 수 있다. 이렇게 하여 시문학파의 창단멤버는 총 6명으로 출발한다. 영랑과 용아는 주동 멤버이고, 지용과 수주는 전술한 바와 같이 애초부터 포섭 대상이었다.

다만 정인보와 이하윤이 문제로 남는다. '위당 정인보 선생과 수주 변영로 선배를 『시문학』의 동인으로 추대한 것은 그가 연희에 있었을 때 맺어진 인연이 깊었던 소이로 짐작된다.'[25]고 이하윤은 밝히고 있으며, 김영랑도 '용아의 문학은 시조로 시작되었다 함이 정당할 것이다. 위당의 영향으로 인하여서도 벗은 시조와 시를 한 시대에 같이 하여 왔었는데…'[26]라고 정인보와의 인연을 밝히고 있다. 그러나 정인보를 동인으로 추대한 것은 시조의 창작 외에 다른 뜻도 있는 듯싶다. 오히려 정인보가 한학자이며 민족주의자였다는 데에 더 큰 의미가 있었을 것으로 보인다.

그리고 이하윤에게서는 해외 시 번역과 창작 시, 그리고 편집 실무 등을 기대했던 것 같다. 이에 대해 김용직은 '이하윤의 등장 이면에는 세밀한 계산이 작용한 듯 보인다.'[27] 고 밝히고 있다. 이렇게 하여 1930년 3월『시문학』창간호가 나오게 된다. 창간호 목차는 다음과 같다.

동백닙에 빗나는 마음(詩十三篇) ………………………………… 김윤식
이른 봄 아츰(詩四篇) ………………………………………………… 정지용
물레방아(詩二篇) …………………………………………………… 이하윤
떠나가는 배(詩五篇) ………………………………………………… 박용철

<外國詩集>
폴·포-르(佛) 二題詩 ……………………………………………… 이하윤
핵토-르의 이별(獨 실레르) ………………………………………… 용 아
미뇬의 노래(獨 괴테) ……………………………………………… 용 아
편집후기 ……………………………………………………………………
투고규정 ……………………………………………………………………

『시문학』창간호에는 24편의 순수 창작 시가 발표됐다. 이 가운데 김영랑의 시가 13편으로 가장 많은 지면을 점유(54%)했고, 정지용 4편(16%), 이하윤 2편(8%), 박용철 5편(20%) 등의 점유율을 보이고 있다. 이 같은 비율로 보아『시문학』지의 창간은 결과적으로 영랑을 위한 것이 되었다. 창간호는 5인의 동인으로 시작된다. 그러나 박용철이「시문학 창간에 대하야」(조선일보, 1930.3.2.)에서 밝힌 내용을 보면 이상의 5인에 변영로까지 합해서 6인의 동인으로 구성되었음

을 알 수 있다.

『시문학』 2호는 예정대로 두 달 뒤인 1930년 5월에 나오게 되는데, 창작 시 란을 살펴보면 변영로의 시 1편과 김현구의 시 4편이 새로 소개된다. 여기서부터 무명의 김현구가 기존 6명의 멤버 외에 처음 새로운 동인으로 가담하게 됨으로써 시문학파의 구성원은 총 7명이 된다.

> 詩文學에 대한 期待가 컷슴인지 原稿를 보내주신 분은 意外로 만히 게셧습니다. 그러나 그 多數가 詩라는 形式은 가장 짧아서 가장 쓰기 쉬운 것이니 써본다는 態度에 갓가운 것은 서운한 일이엇습니다. 참으로 優秀한 作品을 만히 보내여 誌上에 실른 光榮을 주시기를 衷心으로 바람니다. 이번에 玄鳩氏의 作品을 처음 실게 된 것은 대단한 깃븜으로 녁입니다.[28]

위의 인용문은 투고한 원고에 대한 단평과 현구의 작품의 천거를 알리는 『시문학』 2호의 편집 후기이다. 현구의 동인 가담 경위에 대해서는 편집 후기에 나타난 '이번에 玄鳩氏의 作品을 처음 실게 된 것은 대단한 깃븜으로 녁입니다' 부분 외에 기록을 찾아볼 수 없다. 물론 용아는 처음부터 동인들의 가담 경위를 거의 기록으로 밝히지 않았다. 이 점은 나중에 가담하게 되는 신석정과 허보의 경우도 마찬가지다.

그러나 『시문학』의 발간은 순조롭게 이루어지지 못한다. 3호가 1년 반이나 늦은 1931년 10월 10일에야 나왔으며, 당초의 격월간을 계간으로 변경하기에 이른다. 3호가 늦어진 사유는 '同人들의 사정'

이라고 막연하게 밝히고 있지만, 창작 시 란을 가지고 동인들 간의 갈등이 있었으며, 특히 정지용과의 마찰이 컸던 것으로 보인다. 이 점은 용아가 영랑에게 보낸 私信에서 '詩文學이 탈났네, 芝溶은 詩가 못나오네. 어떻든 三號는 쉽게 내버리고, 明年부터는 陣容을 달리 하지'[29]라고 말한 것과, 영랑도 '하기야 누구보다 갓차운 芝溶兄과도 詩文學 三號 編輯을 싸돌고 內心 衝突이 있긴 했다'[30]고 밝힌 데서도 알 수 있다.

이렇게 『詩文學』 3호의 편집을 싸돌고 어려움을 겪을 무렵 신석정과 허보가 새로운 동인으로 가담하게 된다. 현구와 마찬가지로 이들에게서도 새로운 창작시를 기대했던 것 같다.[31] 그러나 영랑과 용아의 이러한 일련의 노력은 『詩文學』 후기에서 밝힌 연 4회의 발간 약속이 지켜지지 못함으로써 중단되고 만다. 『詩文學』은 그래서 3호를 마지막으로 종간된다. 여기에서 용아는 시적 재능에 한계를 절감하고 비평가로서의 변신을 생각[32]한 끝에 이하윤과 함께 1931년 11월 『문예월간』을 창간하기에 이른다. 그런데 『문예월간』은 '大衆的 一般 文藝趣味 月刊雜誌'로서 이미 동인지의 성격을 벗어나 있었으므로 시문학파의 동인의식은 와해되고 동류의식만을 간직한 채 각자의 문학 활동으로 접어들게 된다.

『문예월간』 2·3호는 예정대로 발간된다. 그러나 『문예월간』도 4호로써 끝나고 용아는 잠시 연극운동에 몰두하게 된다. 그리고 1934년 1월에 다시 『문학』을 창간하게 되는데, 용아의 와병으로 이 문예지도 3호로써 그 막을 내리고 만다. 그런 연후 용아는 1935년 10월 시문학사의 이름으로 『鄭芝溶 詩集』에 이어 『永郎 詩集』을 출간함으로써 시문학파의 작품적 성과를 마무리하게 된다.

김영랑의 시문학 공간의 형상성

김영랑 문학의 태 자리는 전남 강진읍 남성리 221번지(일명 탑골)이다. 영랑은 1903년 1월 16일 이곳에서 태어나 1930년 『시문학』 창간에 큰 역할을 했으며, 1948년 9월 서울로 이주하기 전까지 무려 46년 간 여기에서 시를 썼다. 생애 총 87편의 시를 남긴 김영랑은 해방 이후 창작된 몇 편을 제외하곤 거의 모든 시가 이곳에서 탄생했다. 즉 탑골은 영랑의 시를 낳은 문학공간이자 역사의 현장인 것이다. 그러므로 향토성이 짙은 그의 시는 향리 강진의 아름다운 자연 경관과 그의 생가의 풍물에서 결코 자유롭지 못하다. 따라서 영랑 시의 탄생지(생가)를 찾는 일은 그의 시 공간을 만나는 일로 통한다.[33)]

영랑 시의 요람이라고 할 수 있는 그의 생가에는 모두 6기의 시비가 있다. 이들 시의 공간은 하나같이 생가 안이라는 데 공통점이 있다.

> 내 마음의 어딘 듯 한편에 끗없는 강물이 흐르네
> 도처오르는 아침날빛이 빤질한 은결을 도도네
> 가슴엔 듯 눈엔 듯 또 핏줄엔듯
> 마음이 도른도른 숨어있는 곳
> 내 마음의 어딘 듯 한편에 끗없는 강물이 흐르네
>
> 「동백닙에 빗나는 마음」, 『시문학』 창간호, 1930.3.

영랑은 1930년 3월 『시문학』 창간호 첫 장에 위의 시 「동백닙에 빗나는 마음」 외 12편을 발표하였다. 그러므로 「동백닙에 빗나는 마음」은 한국 현대시의 신기원을 이룬 시문학파와 김영랑이란 시인의 탄생을 알린 최초의 작품인 셈이다. 이 시의 문학 공간은 영랑 생가의 안채와 사랑채 사이에 식재된 수령 300년 된 동백나무다. 물론 영랑 생가 이외에도 강진은 어디를 가나 쉽게 동백나무를 볼 수 있다. 옛날에는 집집마다 한 그루씩 있었다고 한다. 그래서 영랑은 그의 산문 「감나무에 단풍 드는 전남의 9월」에서 '나는 내 고향이 동백이 클 수 있는 남방임을 감사 하나이다'라고 고백하고 있다.

위의 시는 1935년 용아 박용철에 의해 시문학사에서 발간한 『영랑시집』 첫 머리를 장식했으며, 1939년 『현대 서정시선』에 재수록되었고, 같은 해 출간한 『현대 조선문학 전집』에는 「동백잎」이란 제목으로 바꿔 게재되었다. 영랑이 가고 없는 생가 울안엔 예나 변함없이 늙은 동백나무가 햇살에 빤질빤질하게 빛나고 있다.

쓸쓸한 뫼앞에서 후젓이 앉으면
마음은 갈앉은 양금줄 같이
무덤의 잔디에 얼굴을 부비면
넉시는 향맑은 구슬손 같이
산ㅅ골로 가노라 산ㅅ골로 가노라
무덤이 그리워 산ㅅ골로 가노라

「쓸슬한 뫼아페」, 『시문학』 창간호, 1930.3.

이 시의 창작 공간은 영랑 생가에서 15km떨어진 전남 해남군 계곡면 신평리 야산에 있는 김영랑의 첫 부인 김은초의 묘소다. 영랑은 조혼풍습으로 14세 때인 1916년 두 살 위인 강진 처녀와 결혼하였으나 그 이듬해에 부인이 병으로 세상을 떠났다. 이 시는 사별한 부인에 대한 애틋한 그리움을 담고 있다. 쓸쓸한 무덤 앞에 호젓이 앉아 옛 생각에 잠기면 마음은 가라앉은 양금 줄처럼 맑은 소리를 내는 듯하고, 무덤의 잔디에 얼굴을 기대면 영혼은 맑은 향기를 풍기는 섬섬옥수처럼 그렇게 깨끗한 모습으로 피어나는 것 같다.

그런데 그 무덤은 고향에 있지 않고 산골에 있다. 화자는 무덤이 그리워 산골로 간다는 말을 몇 번이나 반복하였다. 산골로 간다를 반복함으로써 아내가 있는 저승을 넘을 수 없는 화자의 안타까움이 절실하게 살아나고 있다.

돌담에 소색이는 햇발가치
풀 아래 우슴 짓는 샘물가치
내 마음 고요히 고운봄 길우에
오날 하로 하날을 우러르고 십다.

새악시 볼에 떠오는 붓그럼가치
詩의 가슴을 살프시 젓는 물결가치
보드레한 에메랄드 얄게 흐르는
실비단 하날을 바라보고 십다.

「돌담에 속삭이는 햇발같이」, 『시문학』 2호, 1930.5.

위의 「돌담에 속삭이는 햇발같이」의 시적 공간은 영랑 생가에 들어서기 전 처음으로 마주치는 돌담이다. 이 작품은 검인정 중학 1년 국어교과서 23종 가운데 12종에 실린 김소월의 「엄마야 누나야」에 이어 다음으로 많은 9종에 실려 있다. 그만큼 널리 애송되고 있는 국민 시다. 특히 이 시는 투박한 일상어를 섬세하게 갈고 닦아 음악적인 언어로 옮겨 시어의 미적효과를 극대화하고, 이른바 순수서정의 경지로 승화시켰다는 찬사를 받고 있다.[34] 80여 년이 흐른 지금도 영랑생가로 향하는 길목의 돌담은 여전히 정겹다. 특히 가을엔 돌담의 빨간 담쟁이넝쿨이 시심을 지펴 '돌담에 속삭이는 햇발같이' 한 구절이 절로 떠오른다.

마당앞
맑은 새암을 드려다본다

저 깁흔 땅밑에
사로잡힌 넉 잇어
언제나 먼 하날만
내여다보고 계심 가터

별이 총총한
맑은 새암을 드려다본다

저 깁흔 땅속에
편히누은 넉 잇어
이밤 그눈 반작이고
그의 것몸 부르심 가터

마당앞
맑은 새암은 내령혼의 얼골

「마당 앞 맑은 새암을」, 『영랑시집』, 1935.11.

이 시는 영랑의 집 마당 앞에 있는 실제의 우물을 배경으로 삼고 있다. 흔히 샘('우물'의 전라도 방언)은 마당 앞이나 가에 있다. 영랑 생가의 우물도 그렇다. 동네의 공동우물은 물 긷는 아낙네에 의하여 온갖 소문이 모이는 공공의 장소이다. 원래가 수량이 풍부한 곳을 쉽게 고를 수 있어 별로 깊게 파지 않아도 된다. 그래서 보통 그 안을 환히 들여다볼 수 있는 곳이 공동우물이다.

그러나 집안의 우물은 한정된 장소에 파기 때문에 수량이 부족하여 상당히 깊이 파야 물이 고일 수 있다. 여름에는 공동우물보다 훨씬 시원하여 그 속에 김치나 과일을 두었다가 내어 먹기도 한다. 이 우물은 깊은 비밀의 장소요, 정적인 폐쇄의 장소이다. 그러므로 이 '샘'은 그것이 위치한 '마당'의 동적인 공개성과 대립한다. 이러한 마당의 앞쪽에 자리 잡고 있으면서도 오히려 정반대의 상황에 놓여 있음으로서 우물의 폐쇄성은 더욱 부각된다.

「오-매 단풍 들것네」
장광에 골불은 감닙 날아오아
누이는 놀란듯이 치어다보며
「오-매 단풍들것네」

추석이 내일모레 기둘니리
바람이 자지어서 걱정이리
누이의 마음아 나를 보아라
「오-매 단풍 들것네」

「오매 단풍들것네」, 『시문학』 창간호, 1930.3.

생가 안채 옆 장독대와 감나무는 전라도 사투리를 감칠맛 나게 구사한 시 「오-매 단풍 들것네」의 현장이다. 영랑은 백석(평안도)·박목월(경상도)과 더불어 전라도 사투리를 가장 효과적으로 활용한 시인으로 꼽히는데, 그 대표작이 바로 이 시다. 방언을 시의 첫 행에 도입한 사례는 한국 현대시사에서 최초의 시도이며, 특히 전라도 사투리가 문학의 중심부에 진입했다는 점에서 시사적 의미가 크다.

다음 작품은 장독대 옆 모란 밭을 소재로 한 「모란이 피기까지는」이다. 당시 생가에는 수십 년 묵은 모란(전라도 말로 목단)이 있었으며, 현재의 모란은 1985년 복원 당시 식재한 것이다.[35)]

> 모란이 피기까지는
> 나는 아즉 나의 봄을 기둘리고 있을테요.
> 모란이 뚝뚝 떠러져버린날
> 나는 비로소 봄을여흰 서름에 잠길테요.
> 五月어느날 그하로 무덥든 날
> 떠러져누은 꽃닢마져 시드러버리고는
> 천지에 모란은 자최도 없어지고
> 뻐쳐오르든 내보람 서운케 문허졋느니
> 모란이 지고말면 그뿐 내 한해는 다가고말아
> 三百예순날 하냥 섭섭해 우옵내다.
> 모란이 피기까지는
> 나는 아즉 기둘리고 있을테요 찬란한 슬픔의 봄을

「모란이 피기까지는」, 『문학』 3호, 1934.4.

이 시의 첫 행에서 알 수 있듯, 작품은 영랑이 모란을 지극히 사랑한 데서 출발한다. 그의 집 안에는 지금도 수 백여 그루의 모란이 식재되어 있다. 이 시에 대하여 이제껏 많은 이들의 논평이 있어 왔다. 서정주는 '음조(音調)가 아름답기로 그 정서의 면면함으로 우리나라 신시(新詩) 역사 이후의 대표적인 걸작 중의 하나다.'라 했고, 박두진은 '그의 주정적(主情的) 주제와 소재적(素材的) 자연이 가장 잘 조화되어 하나의 시로 완벽에 가까운 표현을 얻었다.'고 극찬했다. 이외에도 많은 이들이 이 시에 대하여 언급하고 있지만 대략 위의 평으로 집약된다 하겠다.

매년 4월 말~5월 초, 그의 생가 앞마당에 모란이 활짝 필 무렵 영랑문학제가 성대하게 열린다. 그의 시처럼 '5월 어느 날'이면 '모란이 뚝뚝 떨어진다'. 후세들은 영랑백일장, 시낭송대회, 미술대회 등을 열어 그의 시정을 이어가고 있다.

영랑 시 공간의 문학사적 의의

로만 인라르텐R. Ingarden이 그의 주저 『문학예술작품론』에서 지적한 것처럼 문학 작품에 나타난 공간은 현실적 공간이나 기하학적 공간이 아니다. 인간이 감각기관과 지각 기제의 도움으로 내재화된 공간, 즉 체험된 공간이다. 이러한 견해를 염두에 둔다면, 김영랑의 시에 내포된 공간은 작가의 세계관과 현실인식이 반영되는 주요한 구성요소 중의 하나임에 틀림이 없다. 문학공간에 대한 관심은 작품 자체를 뛰어넘어 문학이 생산되는 현장 그 자체를 체험하는 작업이다. 또한 그것은 창조적인 예술가인 작가의 내면세계를 탐구하는 작업이며, 나아가 인류가 보편적으로 가지고 있는 원초적인 생명공간을 확인하는 작업이 될 것이다.

1930년대는 일제 강점기의 탄압과 그로 인한 문학의 탈정치화가 뚜렷한 흐름으로 이어지던 시기다. 하지만 이러한 암울한 상황 속에서도 시론이 체계화 되고 모더니즘시가 본격적으로 대두하는 등 우리 문학은 한층 성숙한 양상으로 뿌리를 내리고 있었다. 그 중심에는 전남 강진의 영랑 김윤식이 있었다.

주지하다시피 김영랑 문학의 태 자리는 그의 고향 강진이다. 영랑은 46년간 향리에서 거주하며 생애 87편의 주옥같은 시를 남겼다. 이 가운데 후기 시 몇 편을 제외하곤 거의 모든 작품이 강진에서 씌어졌다.

이에 대한 논거는 『시문학』에서 쉽게 찾을 수 있다. 1930년 3월 발행한 『시문학』 창간호에 24편의 순수 창작 시가 소개됐는데, 이 가운데 김영랑이 13편을 발표해 전체의 54%를 점유했다. 이어 그해 5월 『시문학』 2호에 9편을, 그 이듬해 발행한 『시문학』 3호에 7편을 발표하는 등 19개월 만에 무려 29편의 시를 선보였다. 『시문학』에 발표한 작품의 문학공간은 대부분 그의 집 안이거나 탑골 주변의 풍물이 소재로 활용되었다. 뿐만 아니라, 1935년 용아 박용철에 의해 시문학사에 발행한 『영랑시집』에 수록된 53편의 시 역시 모두 생가와 그 주변을 창작배경으로 삼고 있는 공통적 특성이 있다.

따라서 김영랑 시의 주 무대가 되었던 강진이라는 공간은 영랑 문학을 넘어 1920년대 시와 1930년대 시의 분수령을 이룬 역사적 공간이었다는 사실만으로도 나름의 충분한 가치를 지니고 있다.

맺음말

지금까지 노버그 슐츠C.Noberg Schultz의 '실존적 공간이론'을 수용하여 김영랑의 시문학 공간에 대한 문학사적 의의를 살펴보았다. 제Ⅱ장에서는 영랑 시의 원천이 된 그의 고향 강진의 인문 지리적 특성과 함께 1930년대 한국 현대시의 분수령을 이룬 시문학파와의 연관성에 대해 고찰하였다. 영랑은 1903년 전남 강진에서 태어나 1930년 용아 박용철과 더불어 『시문학』 창간에 큰 역할을 했고, 1948년 9월 서울로 이주하기 전까지 무려 46년 간 여기에서 시를 썼다. 생애 총 87편의 시를 남긴 김영랑은 해방 이후 창작된 후기 시 몇 편을 제외하곤 거의 모든 시가 이곳에서 탄생했다. 그러므로 향토성이 짙은 그의 시는 향리 강진의 아름다운 자연 경관과 그의 생가의 풍물에서 결코 자유롭지 못하다. 그리고 그의 고향 강진이 지니고 있는 인문 지리적 공간의 특성 또한 시인 김영랑을 더욱 시인답게 만드는 촉매제 역할을 했을 것이다. 따라서 강진은 영랑의 시를 낳은 요람이자, 한국 현대 시문학사의 매우 중요한 현장이기도 하다.

또 Ⅲ장에서는 영랑의 시가 강진이라는 공간에 어떻게 형상화 되었는지를 살폈다. 영랑은 『시문학』에 총 29편의 시를 발표했다. 이들 시편의 공간은 그의 집 울안이거나 집 주변이다. 뿐만 아니라, 1935년 용아 박용철에 의해 시문학사에 발행한 『영랑시집』에 수록된 53편의 시 공간 역시 모두 생가와 밀접한 관계를 맺고 있다.

그리고 제Ⅳ장에서는 Ⅲ장에서 살핀 영랑 시의 문학공간에 대한 문학사적 의의를 살폈다. 영랑은 자신의 내면에 흐르는 특징적이고 섬세한 정서를 붙잡아 아름다운 시어와 음악적 율조에 실어 표현했던 시인이다. 문학이 언어 예술이라 할 때, 언어적 측면에서 가장 충실했던 시인이었음은 부인할 수 없다. 김영랑이 1930년대 한국 현대시의 분수령을 이룬 주인공이었다는 사실 하나만으로도 그의 시문학 공간은 충분한 가치를 지니고 있다. ■

4

김영랑의 삶과 작품에 나타난 앙가주망성

머리말

주지하다시피 김영랑은 1930년대 순수시 운동을 전개한 시문학파의 대표적인 시인이다. 그는 지금껏 이데올로기적인 목적의식이나 현실 참여적인 요소들을 배격하고 오로지 순수서정을 바탕으로 언어의 심미성과 음악성을 추구한 시인으로 인식되어 왔다. 하지만 1930년대에는 『詩文學』과 『文學』지를 통해 두각을 나타냈던 박용철이나 정지용과는 달리 김영랑은 별다른 관심을 끌지 못했다.

김영랑과 그의 시에 대한 연구가 본격적으로 이루어 진 것은 1950년대 이후부터이다. 늦게나마 그의 시가 재생산되고, 다시 읽히는 까닭은 단단한 시적 구조를 갖추었을 뿐만 아니라 언어 미학이 실현되었기 때문이다. 따라서 지금까지 그의 시에 대한 논의나 평가도 초기시를 중심으로 언어미학적 탁월성이나 순수서정의 세계를 부각시키는 데 집중되어 왔다. 그러나 이러한 인식이나 접근 태도는 김영랑이라는 시인에 대한 편향된 이미지를 고착화시킬 뿐만 아니라, 그의 총체적인 시세계를 제대로 이해하는 데 커다란 걸림돌이 되고 있는 것[1)]이 사실이다.

흔히 우리는 '김영랑'하면 '순수 서정시인'이라는 이미지를 떠올리는 데 매우 익숙해져 있다. 그런데 그의 삶의 궤적과 작품을 꼼꼼히 살펴보면 죽음까지도 불사할 만큼 치명적인 독을 품고 일제와 맞선 저항의 시기가 있었다. 일제의 탄압이 극에 달했던 1938년부터 1940년에 발표된 중기 시를 보면 초기 시의 세계와 사뭇 다른 양상을 띠고 있다. 그것은 바로 두드러지게 나타난 현실인식이다. 이러한 관점에서 그가 시작을 통해 거둔 성과는 당대의 그 어떤 저항 시나 프롤레타리아의 시가 그 소재나 내용을 통해 거둔 그것보다 더 민족적이며 저항적이었다.

기실 김영랑은 서정 시인으로서의 탁월성 때문에 기존 평가에서 앙가주망적 본질이 외면되어 왔다. 단지 그의 시에서 빛나는 로칼리즘이나 방언주의, 전통 지향성 등에 주목하여 민족 시인이라는 평가는 있어 왔다. 그러나 민족 시인이라는 보편적 범주를 넘어서 항일저항시인이라는 좀 더 적극적인 평가는 여전히 미흡하다. 그런 점에서 본 논문은 김영랑의 삶과 작품 속에 녹아있는 다양한 양상의 앙가주망성에 주목하고, 그의 참여적·저항적 자질을 드러내 그간 학계의 일반적 평가에 새로운 모멘트를 제공하는 데 목적이 있다.

이의 목적 실현을 위해 김영랑의 삶과 문학작품 속에 나타난 앙가주망성을 세 가지 관점에서 살펴보고자 한다. 첫째 해방이 될 때까지 창씨개명과 신사참배·삭발명령·황국신민의 서사 제창 등을 끝내 거부하였던 앙가주망적 삶의 실천의지를, 둘째 가장 비극적인 시대에서 우리 말글의 말살을 획책하였던 조선총독부의 감시 속에서도 겨레말을 지키고자 노력한 점, 셋째 식민지의 암울한 현실을 시작을 통하여 통렬히 고발했던 점에 주목할 것이다.

생애와 저항적 배경

■ 생애

전남 강진읍사무소에 보관중인 '호적표'에 따르면 김영랑은 1903년 1월 16일(음력 12월 18일)에 강진읍 남성리 221번지에서 태어났다. 본명은 김윤식(金允植)으로 그의 호 영랑은 1930년 『詩文學』에 작품을 발표하면서부터 사용하기 시작했다. 어릴 적 채준으로 불렸던 영랑은 강진공립보통학교(현 중앙초등학교)에 입학해 국어 과목에서 뛰어난 재능을 발휘했다. 지금도 중앙초등학교에 보관되어 있는 학적서류를 보면 영랑은 입학 당시 80점대였던 국어과목 성적이 졸업학년인 4학년 때 국어는 92점을 받았고 한문은 94점의 높은 성적을 받았다.

1915년 강진보통학교를 24명중에서 8등으로 졸업한 영랑은 조혼풍습으로 14세에 두 살 많은 김은초와 혼인했으나 슬하에 자식이 없이 1년 반 만에 부인과 사별하게 된다. 어머니의 도움으로 서울의 조선중앙기독교 청년회관에서 영어를 공부한 영랑은 1917년 휘문의숙에 입학하게 된다. 이때 휘문의숙에는 홍사용, 안석주, 박종화 등의 선배와 정지용, 이태준 등의 후배, 그리고 동급 반에 화백 이승만이 있어 문학적 안목을 키우는 데 도움을 받고 문학에 대한 관심을 가지기 시작했다.

영랑은 휘문의숙 3학년 때 3·1운동이 일어나자 고향 강진에서 거사하려다 일본경찰에 체포되어 6개월간 대구형무소에서 옥고를 치렀다. 1920년 일본으로 건너간 영랑은 아오야마(靑山)학원 중학부를 거쳐 같은 학원 영문학과에 진학했다. 이때 독립투사 박열과 문학을 같이 하게 될 친구 박용철을 만나게 된다. 관동 대지진으로 인해 학업을 중단하고 귀국한 영랑은 개성출신 안귀련과 재혼해 7남 3녀의 자식을 두게 된다.

1925년 가족들과 강진으로 돌아온 영랑은 강진읍 남성리 탑동에서 생활했다. 영랑은 평소 음악에 대한 조예가 깊어 국악이나 서양 명곡을 즐겨 들었고, 축구·테니스 등 운동에도 능했던 것으로 알려지고 있다. 특히 영랑은 1930년 3월 박용철·정지용 등과 함께 『詩文學』 창간을 주도했으며, 1935년 시문학사에서 첫 시집 『영랑시집』을 간행했다.

영랑은 일제 말기 들어서는 은거생활에 들어가 글을 쓰지 않았고 해방과 더불어 정치적 활동에 모습을 나타냈다. 이때 영랑은 우익단체인 대한독립촉성국민회에 관여하면서 대한청년회 강진군 선전부장과 단장을 지냈다. 또 지역유지들과 사립중학교 기성회를 조직해 금릉중학교를 설립하는데 일조하기도 했다.

1948년 강진에서 제헌국회의원 선거에 출마하여 낙선한 영랑은 상경해 공보처 출판국장을 지냈으며, 이 시기에 '중앙문화사'에서 『영랑시선』을 발간했다. 다양한 활동을 보였던 영랑은 한국전쟁 때 포탄의 파편을 맞고 48세의 일기로 생을 마감하게 된다. 그의 묘지는 경기도 용인 천주교 공원묘역에 있으며, 2008년 정부로부터 금관문화훈장이 추서됐다.

■ 저항적 배경

김영랑이 주로 시작 활동을 벌였던 1930~1940년대는 한국을 식민지화 한 일본의 야욕이 극에 달했던 시기이다. 일본은 1931년 9월 만주사변을 일으킨 데 이어 1932년 1월에는 만주국[2)]을 건설하였다. 일본의 대륙 침략을 좌시하지 않은 국제연맹은 만주에서의 일본군 철퇴 안을 결의하였다. 이에 불복한 일본은 1937년 7월 7일 마침내 중일전쟁을 일으키고 말았다. 이때부터 일본의 군국주의가 정치를 주도하여 국력을 다해 대륙침략에 임했고, 어느 정도 전과를 얻기도 하였다. 일본의 군벌이 기세등등할 때 연합군이 이를 응징하기 시작하자, 1941년 12월 8일 태평양전쟁으로 확대되었다.

이미 식민지화된 한국은 대륙침략의 병참기지로서 중요한 위치에 놓여 있었다. 지역적으로 일본과 만주의 중간 도로가 된 한국은 전선에 이르는 보급 확보의 요지일 뿐 아니라, 인력수급의 원천이 되기도 하였다. 한국의 식량 및 지하자원을 전쟁에 동원하고, 한편으로는 정신적으로 후방의 단결을 위하여 한국 국민의 철저한 황민화 정책이 요구되었다. 이런 정책을 수행하기 위하여 전쟁 발발 후 역대 총독은 우가기 잇세이(宇垣一成)에서부터 1945년 종전 당시의 아베노부유기(阿部信行)에 이르기까지 거물급이 군림했다. 거의가 대신

(大臣)을 역임한 그들이 총독으로 임명된 것은 그만큼 한국의 위치가 중요하기 때문이었다. 한국이란 발판이 없었다면 일본의 대륙침략은 염두에 둘 수도 없었다. 병참기지의 역할을 한 한국은 일본을 위하여 온갖 핍박과 착취를 당할 수밖에 없었다.

특히 정신적인 면에서의 황민화정책은 지리적인 併呑과 아울러 모든 한국적인 전통을 모조리 말살하며 일본화하기에 전력을 다했다. 내선 융화라는 온건한 말로 시작된 황민화 운동은 미나미 지로(南次郎) 총독에 이르러 급속도로 격화하여 내선일체를 부르짖고 국체명징(國體明徵)을 강조했다. 이것은 동등한 처지에서의 일체가 아니라, 일본이 한국적인 것을 용해 흡수하여 황민화 일색으로 만들자는 것이었다. 1942년부터 2년간 총독을 지낸 고이소 구니아끼(小磯國昭)는 '道義朝鮮의 確立'을 기치로 내걸었다. 여기서 '道義'라는 것은 그 개념에 日本國體에 투철하여 황국신민으로서 자신을 완성시키는 것을 의미했다. 이것은 내선일체보다 한걸음 더 나아가 정신적인 동화를 말하는 것으로, 내선일체가 갖는 궁극의 도라는 것이다.[3)]

특히 김영랑이 중기 시(1938-1940)를 창작했던 1940년대 전후는 일제 탄압이 최고조에 달한 시기이자 문화의 암흑기였다. 1930년대 후반부터 한국사회는 일본의 군국주의적 체제가 강화되기 시작하자 더욱 고통스러운 착취와 굴종의 상황에 직면하게 되었다. 일본은 중일전쟁(1937)과 태평양전쟁(1941)으로 이어지는 군국주의의 확대 과정에서 '내선일체론'이라는 새로운 지배이념을 내세웠다. 내선일체론은 식민지 한국을 일제에 동화시키기 위해 획책한 정책으로, 한국민족의 정체성을 부인하고 한국인들이 일제의 식민지 정책에 절대적으로 복종하도록 하기 위한 것이다. 일본은 중국대륙의 침략 기반을 다지기 위한 인적·물적 자원을 총동원하기 위해 이른바 '황민정책'을 한국사회에 강요하였다. 일본은 한국인들에게 일본 천황의 신민이 될 것을 강요하면서 '신사참배'와 '황국 신민의 서사'를 일상적으로 제창하도록 요구하였다. 한국인을 강제로 전쟁에 동원하기 위해 1938년 '지원병제도'를 확대·강행하였으며, 1939년에는 한국인들에게 일본식 성명을 쓰도록 '창씨개명제'를 발동시켜 한국인의 민족적 뿌리를 말살하고자 하였다. 그리고 '교육령'을 개정하여 학교에서 한국어교육을 폐지하고 일본어를 상용하도록 강요하였다. 1941년 이후에는 한국어의 사용을 전면적으로 금지함으로써 한국 사회는 암흑의 시대에 접어들게 되었다.[4)]

1941년 이후 한글 사용이 일체 금지됨에 따라 대다수의 문인은 침묵을 지키거나 일본어로 창작활동을 할 수밖에 없었다. 앙가주망적 삶을 견지한 김영랑의 일제 말의 실제의 삶은 어떠했을까?

실제의 삶이 자신의 발언을 따라가지 못했다면 우리는 아쉬움을 가지게 될 것이다. 그러나 김영랑은 자신의 정신을 실제의 삶 속에서 그대로 보여줬다. 그는 늘 조선인이라는 의식을 가지고 한복을 입었으며, 해방이 되는 그날까지 일본어로 단 한 줄의 글도 발표하지 않았고, 창씨개명을 하지 않은 채 일제 말 암흑의 5년을 버텼다.

일제 말 저항시인으로 알려져 있는 윤동주도 일본 유학을 가기 위해서 굴욕감을 무릅쓰고 어쩔 수 없이 1942년 1월 29일 平沼東柱(히라누마 도오쭈우)라는 이름으로 개명했다. 그러나 영랑은 김윤식(金允植)이라는 이름을 그대로 지킨 것이다. 당시 창씨개명이 어떤 의미를 지닌 것인지 이해를 돕기 위해 다음의 자료를 제시한다.

조선총독부는 1939년 11월 제령 제19호로 조선민사령(朝鮮民事令)을 개정하여 1940년 2월부터 이를 시행하기로 했다. 그 내용은 ①조선인의 성명제(姓名制)를 폐지하고 성씨(姓氏)의 칭호를 사용할 것 ②서양자(養子 : 데릴사위)를 인정하되 양자는 양가의 씨에 따를 것 ③타인의 양자를 인정하되 양자는 양가의 씨를 따를 것 등이다. 이중 중심이 되는 것이 씨 설정(氏 設定)으로 이것이 바로 창씨개명이다. 총독부는 창씨개명이 조선인들의 희망에 의해 실시하는 것으로, 일본식 성씨의 설정을 강제하는 것이 아니라 단지 일본식 성씨를 정할 수 있는 길을 열어놓은 것이라고 주장했다. 그러나 조선인의 희망에 따라 실시하게 되었다는 창씨개명은 6개월 동안 창씨계출(創氏届出) 신고를 하도록 되어 있었는데 3개월 동안의 계출호수는 7.6%에 불과했다. 이에 총독부는 법의 수정, 유명인의 이용, 권력기구를 동원한 강제 등을 통해 마감인 8월까지 창씨율을 79.3%로 끌어올렸다.[5)]

앙가주망성의 양상

■ 지사적 삶의 실천

한 작가의 작품세계를 온전히 이해하기 위해서는 그의 생애 혹은 삶의 궤적을 연관 지어 살피는 일은 문학연구의 기본이다. 마찬가지로 김영랑 시의 저항성을 고찰하기 위해서는 그가 쓴 작품의 면면에 나타난 시적 사유와 더불어 생애 속에서의 구체적인 저항적 행적을 살피는 것은 당연하다.

일제 암흑기에서의 김영랑의 앙가주망적 삶의 양상은 뚜렷하게 드러난다. 특히 주목할 대목은 영랑은 해방이 될 때까지 창씨개명과 신사참배, 삭발명령, 황국신민의 서사 제창 등을 끝내 거부하였다는 사실이다. 이 같은 그의 항일적 행적들은 차부진, 김학동, 임종국 등의 글과 유족인 김현철(영랑의 3남)의 증언을 통해 확인할 수 있다.

먼저 차부진이 쓴 『강진 3·1운동사』를 보면, 1919년 3·1 운동 당시 휘문의숙에 재학 중이었던 김영랑의 저항적 행적에 대해 많은 부분을 할애하고 있다. 특히 이 기록은 영랑이 청소년 시절부터 민족관념이 확고하게 다져졌음을 짐작케 해준다.

> 김안식을 중심으로 한 제1진은 즉시 준비에 착수하였는데 이때 마침 서울 휘문학교에 재학 중이던 김윤식과 경성법전에 재학 중이던 양경간 두 사람이 귀향하였다. 이 두 사람은 서울독립운동연합체의 전라도를 담당한 인사와 연락을 취하여 독립선언서와 애국가 독립신문 등을 입수하기에 성공하였다. 그러나 이 서류들을 어떻게 간수하여 일경의 눈에 띄지 않고 강진 고향에까지 가지고 갈 수 있느냐가 그들에게 더 할 수 없는 무거운 짐이었다. 생각하다 못해 독립선언서는 김윤식의 구두 안 창 밑에다 깔고 구두를 신었으며, 애국가와 독립신문은 양경간의 내의의 섭을 따고 그 속에다 집어넣고 다시 바느질을 하여 몸에 밀착되도록 입었다. …<중략>… 이들이 향리에 도착한 것이 3월 8일이었다. 그들은 의식적으로 두 사람의 동일행동을 회피하여 양경간은 자가에서 나들이를 하지 않았고 김윤식이 단독으로 김안식가를 찾았다. 김안식은 이어 연락이 취하여진 동지 중 김위균 김현상을 청하여 자가에서 회합하고 김윤식으로부터 서울의 상황을 상세히 듣고 또 선언문을 求得하였다는데 더욱 용기를 얻어 실천방안

을 논의하였다. …<중략>… 이로써 제1차 거사의 계획은 끝이 나고 말았다. 이날 즉 1919년 3월 20일 제1진의 주도자 김안식 김학수 김윤식 김현상 김만철 양병우 김영호 양경천, 김영수 김성수 김계명 김위균 등 12명은 당일부터 囹圄의 몸이 되었다.[6]

이어 소개되는 세 자료에서도 일제 식민지 시대에 살았던 김영랑의 앙가주망적 실천의 자세와 민족의식이 그대로 드러나 있다.

1943년 초, 중풍으로 병석에 누워있는 영랑의 부친(김종호)은 자신의 장례에 대비해 영면관을 만들어 놓고 이어 비석과 상석을 준비시켰다. 이때 비석의 비문에 '朝鮮人'임을 밝히면 어떻겠느냐는 아들 영랑의 제의에 부친은 "나도 같은 생각을 하고 있었다."며 흔쾌히 받아들였다. 영랑은 남의 눈에 띄지 않도록 석공을 집에 기거시키며 곡식 창고에서 극비리에 비석을 완성했다. 비석에는 '朝鮮人 金鍾湖之墓'라고 새겼다. 이어서 상석에는 선명한 태극을 새겨 넣었다. 영랑은 부친이 돌아가실 때(1945)까지 창고 구석에 둔 비석과 상석 위에 곡식 가마니를 얹어 겉에서는 안보이도록 보완에 만전을 기했다.[7]

강진에서는 인텔리로 손꼽히던 영랑에게 일제는 잠시도 감시의 눈을 떼지 않았다. 그러나 그는 조금도 굽히지 않았을 뿐 아니라, 청소년 시절로부터 다져온 민족 관념을 더욱 굳히고 있었다. 일제는 그에게 創氏改名을 요구하고 나섰다. 그러나 그는 "내 집 姓은 金氏로 創氏했소." 하고 거부했고, 삭발과 신사참배는 물론, 국민복을 한 번도 입은 적이 없는 항일투사로 지조를 끝까지 지켰다.[8]

자식들이 해방 전에 아버님 때문에 학교에서 계속해서 선생님들로부터 괴로움을 당한 사실이 있었습니다. 제 누님과 큰 형님은 당시 광주와 서울에서 유학 중이었는데 각자 그 반 학생 가운데서 일본 성으로 창씨하지 않고 우리 한국 성을 그대로 간직한 유일한 학생들이었습니다. 기숙사에 있다가 방학 때가 오면 선생님은 어김없이 누나와 형을 불러 "이번에도 창씨하지 않으면 새 학기에 학교로 못 돌아온다고 아버님께 말씀 드려라."라고 협박했습니다. 창씨를 개명하지 않는 이유를 전혀 알 길 없는 자식들은 집에 돌아와 이번에도 창씨하지 않으면 학교에 못 돌아간다고 울며 보챘습니다. 그러나 어버님께서는 아무것도 아니라는 듯이 "응, 다음에 창씨 한다고 그래라."하셨고, 이 말을 들은 자식들은 이러한 아버님이 두고두고 원망스러울 수밖에 없었습니다.

매주 토요일이면 어김없이 강진경찰서의 일본인 형사가 사랑채 대문 옆에 붙여놓은 순찰함에 아버님이 집에 계심을 확인하는 도장을 찍었습니다. 혹시 경찰 몰래 집을 나가 독립운동 대열에 합류하시지 않았나, 경계하는 일본경찰의 조치였습니다.[9)]

특히 김영랑은 일제 치하에서 단 한 편의 친일 문장도 남기지 않은 작가였다. 이에 대해서 임종국은 자신의 『친일문학론』에서 김영랑을 다음과 같이 평가했다.

끝까지 지조를 지키며 단 한 편의 친일 문장도 남기지 않은 영광된 작가들도 적지 않았다. 福岡 감옥에서 옥사한 시인 윤동주, 폐허파에서 변영로·오상순·황석우, 조선어학회에 관계하면서 시와 수필을 쓴 이병기·이희승, 젊은 층으로 조지훈·박목월·박두진 등의 청록파 시인과 박남수·이한직 등 문장 출신, 제일 먼저 붓을 꺾었다는 홍노작과 김영랑·이육사·한흑구, 이들의 친일 문장을 필자는 현재 조사한 범위 내에서 단 한 편도 발견하지 못했다.[10)]

■ 민족 언어의 정체성 고수

김영랑은 민족의 암흑기 속에서도 민족 언어의 질감을 잘 살려내 부드럽고 우아하며, 섬세한 결에서 독특한 음악성을 빚어냈다. 소리의 결에서 빚어지는 섬세한 감각은 영랑이 즐겨 사용한 향토적 시어의 선택과 독특한 조어법에서 찾을 수 있다.[11)] 부드러운 시어들은 그 자체의 음성적 아름다움을 지닐 뿐 아니라 반복되는 자음이나 모음에 의한 운의 효과에 힘입어 시의 리듬을 강화하고 낭독에 쾌감을 높이는 효과를 준다.

이제 우리는 김영랑을 논하기 전에 미리 분명히 해 두어야 할 명제가 하나 있다. 일제에 맞서 저항을 했던 아니 했던 그는 우리 문학사에서 영원한 민족 시인이라는 사실이다. 그것은 역사상 우리가 가장 비극적인 시대를 맞아 국가의 운명이 풍전등화에 처했을 때 그가 그 누구보다도 가장 아름다운 한국어로 가장 한국적인 정서와 가장 한국적인 향토를 노래해서 민족의 언어를 참답게 지켰다는 바로 그 점 때문이다.[12)]

「오-매 단풍 들것네」
장ㅅ광에 골불은 감닢 날러오아
누이는 놀란 듯이 치어다보며
「오-매 단풍 들것네」

추석이 내일모레 기둘니리
바람이 자지어서 걱정이리
누이의 마음아 나를 보아라
「오-매 단풍 들것네」

<『詩文學』 1호, 1930.3.>

이 시는 1930년 3월 『詩文學』 창간호에 「누이의 마음아 나를 보아라」로 발표한 작품으로써, 전라도 방언(향토어)이 시의 중심을 이루고 있다. 즉 방언을 빼면 시가 지탱하지 못하고 허물어질 정도로 방언이 기능적 역할을 한다. 당시에 시의 첫 행을 '오-매 단풍 들것네'라는 구어체의 방언으로 시작한 것은 대단한 파격이자 한국 현대시에서 최초의 시도였다.[13]

특히 '오-매 단풍 들것네'는 남도 방언의 리드미컬한 구사가 독특한 청각 영상을 형성한다. 시작과 끝에 세 번 반복되는 이 독특한 방언 구문이 '오-매'라는 감탄사, '단풍'의 시각적 이미지, 그리고 '들것네'라는 방언 어미가 환기하는 특이한 뉘앙스를 함께 결합함으로써 가을의 이미지를 효과적으로 조형하고 있다.[14]

사실 이 작품처럼 남도인이 아니면 이해하기 힘든 구수한 맛의 사투리의 뉘앙스가 짙게 풍기는 시도 없다. 이처럼 토씨나 점 하나도 버릴 것 없이 정갈하고 아름답게 시를 빚은 김영랑은 서정시의 전통을 이으면서도 소월이나 지용과는 또 다른 지점을 획득했다. 따라서 이러한 평가는 언어적 미에만 집착하고 시대적 상황을 외면했다고 그를 비판하는 근거가 되기도 했다. 그러나 말을 잃어버린 시대의 거센 풍파 속에서 영랑이 붙들고 있던 모국어란 과연 무엇이었을까? 그가 고유어, 향토어를 애용하고 전통적인 어법을 사용하며, 시어를 정련하여 언어가 스스로 소리를 내고 살아 움직이게 했던 것은 과연 무엇이었을까? 이것은 단순한 유미주의적 취향을 넘어선 것으로, 주권을 잃어버린 시대를 살아가는 역사적 자아의 의지이며 의식적 선택이었음을 부정할 수 없다.

돌담에 소색이는 햇발가치
풀아래 우슴짓는 샘물가치
내마음 고요히 고흔봄 길우에
오날하로 하날을 우러르고십다

새악시 볼에 떠오는 붓그럼가치
詩의가슴을 살포시 젓는 물결가치
보드레한 에메랄드 얄게 흐르는
실비단 하날을 바라보고십다

<『詩文學』 2호, 1930.5.>

이 시는 영랑이 즐겨 쓰는 음운요소들과 그 조직을 두루 포함하고 있다. 이 시에는 '소색이는', '우슴짓는', '새악시', '실비단' 등의 'ㅅ'음에 의한 속삭이는 듯한 어감이 주는 부드러운 호소력을 지닌 어조가 정서적 바탕을 이룬다. 여기에 '보드레한 에메랄드 얄게 흐르는'처럼 유음 'ㄹ'의 반복이 유려한 음악적 효과를 거두며 리듬의 연속적 흐름을 강화한다. 이 시에서 주목되는 것은 '오날 하로 하날을 우러르고십다'에서 반복되는 양성모음의 사용이다. 양성모음의 밝고 명랑한 느낌을 강조한 이 시는 청신하고 우아하며 섬세한 느낌

의 정조를 표현하여 민족 언어의 음악적 미감을 잘 살려냈다.

어덕에 바로누어
아슬한 푸른하날 뜻업시 바래다가
나는 이젓습네 눈물도는 노래를
그하날 아슬하야 너무도 아슬하야

이몸이 서러운줄 어덕이야 아시련만
마음의 가는우슴 한때라도 업드라냐
아슬한 하날아래 귀여운맘 질기운말
내눈은 감이엿대 감기엿대

<『詩文學』 1호, 1930.3.>

이 시에서 '어덕'을 '언덕'으로 바꾸어 놓으면 낭송시의 음성적 쾌감이 반감될 것이다. '어덕'은 '아슬한', '아슬하야', '서러운줄', '가슴우슴' 등의 시어와 어울려 부드럽고 유려한 음성적 질감을 살려낸다. '언덕'이라는 단어는 'ㄴ'과 'ㄷ'의 자음이 부딪쳐 소리의 질감을 굳고 딱딱하게 하기 때문에 '어덕'이라는 방언을 시어로 선택한 것이다. 이처럼 영랑은 시의 음악적 효과를 높이기 위하여 민족 언어가 지닌 음악적 특성을 세심하게 조정한 흔적이 보인다.

■ 암흑기의 현실 고발

1935년 11월 『영랑시집』을 간행한 이후 한 동안 침묵을 지키던 김영랑은 1939년에 들어서서 여러 편의 작품을 발표하는데, 그 작품들은 초기 시와는 전혀 다른 양상을 보인다. 그것은 바로 저항시적 특성이다. 김영랑의 시들 중에는 저항시라 규정해도 손색이 없을 몇몇 작품들이 있다. 이들은 최소한의 시의 틀을 지키기 위해 어떤 경우 알레고리 형식의 비유법을 차용하기도 한다. 그러나 대부분은 구체적인 소재를 통해 직설적 어법으로 현실을 고발하고 있다.[15] 이들 작품을 보자.

내 가슴에 毒을 찬지 오래로다
아직 아무도 害한 일 없는 새로 뽑은 毒
벗은 그 무서운 毒 그만 흩어버리라 한다
나는 그 毒이 벗도 선뜻 害할지 모른다 위협하고,

毒 안차고 살어도 머지 않어 너 나 마주 가버리면
屢億千萬 世代가 그 뒤로 잠잣고 흘러가고
나중에 땅덩이 모지라져 모래알이 될 것임을
<虛無한듸!> 毒은 차서 무엇 하느냐고?

아! 내 세상에 태어났음을 원망 않고 보낸
어느 하루가 있었던가, <虛無한듸!>, 허나
앞뒤로 덤비는 이리 승냥이 바야흐로 내 마음을 노리매
내 산채 짐승의 밥이 되어 찢기우고 할퀴우라 내맡긴 신세임을

나는 毒을 품고 선선히 가리라,
마금날 내 외로운 魂 건지기 위하야

<『文章』1권 10호, 1939.11.>

이 시「毒을 차고」는 1939년 11월『文章』지에 발표한 작품이다.

이 시가 씌어진 1939년은 친일 문학단체인 '조선문예협회'가 결성되었고 일본에 의해 강제징용령이 공포되었으며, 창씨개명이 공포된 해로서 일본의 대동아공영권에 대한 야심이 이미 중국대륙을 넘어서고 있는 상황이었다. 일제 치하 중 정치적으로도 가장 폐쇄된 상태였으며 문단 또한 문예의 암흑기라는 시기의 절정에 달했던 때였다. 따라서 '이리', '승냥이'는 당시 일제에 빌붙어 사기 등등하던 친일파를 알레고리화한 것일 테고, 이런 짐승 같은 세상에 시인은 '毒'을 차는 극단적인 방식으로 자신을 지켜내고자 한 것이다. 오랫동안 가슴에 '毒을 차고' 살아왔다는 표현에서 우리는 초기 시에서는 발견할 수 없었던 영랑의 비장한 현실감응을 읽어낼 수 있다.16)

화자는 毒을 차지 않고서는 살 수 없는 자신의 처지에 대해 역설하고 있다. 그리고 그것은 그가 세상에 원한을 갖고 있기 때문이며('아, 내 세상에 태어났음을 원망 않고 보낸/ 어느 하루가 있었던가') 그가 이렇듯 원한을 갖게 된 이유는 인륜이 무너지고 금수가 지배하는 상황('앞뒤로 덤비는 이리 승냥이는 바야흐로 내 마음을 노리매')에서 자신이 무방비 상태로 핍박받고 있기 때문이라고 말한다. 즉 이리 승냥이에게 산채로 사지가 찢겨 밥이 되는('내 산 채 짐승의 밥이 되어 찢기우고 할퀴우라 내맡긴 신세임을') 세상에서 목숨을 건지는 방편이란 오직 毒을 차는 일밖에 없다는 것이다. 시인은 일제에 대한 저항정신을 이처럼 毒을 차고 세상과 맞서 싸우는 화자의 투혼으로 동일화시키고 있다. 다음의 시 「거문고」 역시 같은 맥락으로 볼 수 있다.

검은벽에 기대선채로
해가 스무번 박귀였는듸
내 麒麟은 영영 울지를 못한다

그 가슴을 퉁 흔들고간 老人의 손
지금 어느 끝없는 饗宴에 높이 앉었으려니
땅우의 외론 기린이야 하마 이저졌을나

박같이 거친들 이리떼만 몰려다니고
사람인양 꾸민 잣나비떼들 쏘다다니여
내 기린은 맘둘 곳 몸둘 곳 없어지다

문 아조 굳이닫고 벽에 기대선채
해가 또 한번 박귀거늘
이밤도 내 기린은 맘놓고 울들못한다.

<『조광』 1호, 1939.1.>

이 시는 1939년 1월 『조광』지에 발표한 작품이다. 시에 등장하는 '기린'은 상상의 동물로서 성인이 세상에 나올 때 나타난다는 상서로운 짐승이다. 이 짐승은 생명이 있는 것은 밟지도 먹지도 않는 어진 성품을 지녔다고 한다. 여기서 유래되어 기린은 걸출한 인물을 비유적으로 일컫는 말로 사용되었다.[17] 영랑은 자신의 거문고를 신령스런 상상의 동물인 기린에 비유하여 시대를 잘못 만나 제 곡조를 잃어버린 안타까움을 표현했다.

1연에서 '해가 스무 번 바뀌었'다고 말한 것은 20년 전의 시점을 지정한 것으로, 그것은 1919년에 일어난 기미독립운동을 의미한다. 그 당시 휘문의숙에 재학 중이던 그는 강진에 내려와 만세운동을 도모하다 일경에 체포되어 몇 개월간 옥고를 치른 바 있다. 영랑은 20년 전의 그때가 기린이 한 번 울었던 때라고 생각한 것이다. 그때 기린(거문고)의 가슴을 한번 울리고 간 노인('그 가슴을 퉁 흔들고 간 老人')은 지금은 지상의 외로운 기린은 잊은 채('땅우의 외론 기린') 천상의 향연('어느 끝없는 饗宴')에 참여하고 있으리라고 생각한다. 기린은 그 때 이후 20년간을 검은 벽에 기대선 채 침묵('이 밤도 내 기린은 맘 놓고 울들 못 한다')을 지키고 있는 것이다.

'검은 벽'이 영랑이 처한 현실적 상황을 암시한다는 것은 설명이 필요 없다. 영랑은 민족의 울분을 자신의 의지대로 토해낸 20년 전의 그날을 그리워하며 암담함을 한탄하고 있다. 다음의 시 「春香」은 1940년 9월 『문장』 2권 7호에 발표된 것으로써, 영랑의 저항정신을 집약적으로 보여주고 있다.

큰칼 쓰고 獄에 든 春香이는
제마음이 그리도 독했든가 놀래었다
성문이 부서져도 이 악물고
사또를 노려보든 교만한 눈
그는 옛날 成學士 朴彭年이
불지짐에도 泰然하였음을 알었었니라
오! 一片丹心

…<중략>…

사랑이 무엇이기
貞節이 무엇이기
그 때문에 꽃의 春香 그만 獄死하단말가
지네 구렁이 같은 변학도의
흉측한 얼굴에 까물어쳐도
어린 가슴 달큼히 지켜주는 도련님생각
오! 一片丹心

상하고 멍든자리 마듸마듸 문지르며
눈물은 타고남은 간을 젖어 내렸다
버들닢이 창살에 선뜻 스치는 날도
도련님 말방울 소리는 아니들렸다
三便을 세오다가 그는 고만 斷腸하다
두견이 울어 두견이 울어 南原고을도 깨어지고
오! 一片丹心

…<중략>…

모진 춘향이 그밤새벽에 또 까무라쳐서는
영 다시 깨어나진 못했었다 두견은 우렀건만
도련님 다시뵈어 恨을 풀었으나 살아날 가망은 아조 끈끼고
왼몸 푸른 脈도 핵 풀려 버렸을범
出道 끝에 御使는 春香의 몸을 거두며 울다
「내 卞苛보다 殘忍無智하여 春香을 죽였구나」
오! 一片丹心

<『문장』 2권 7호, 1940.9.>

이 시는 언뜻 보아서 저항성과 무관한 듯 보기 쉽다. 단지 춘향의 절개를 찬양한 것으로만 오해할 수 있기 때문이다. 그러나 이 시에서 우리가 느끼는 것은 「毒을 차고」에서 한걸음 더 나아간 처절한 독기의 절규이다. 영랑은 이 시에서 춘향의 일편단심을 수양대군의 왕위 찬탈에 맞서 목숨을 바쳐 자신의 절개를 지킨 성삼문, 박팽년 같은 사육신의 정신과 임진왜란 때의 항일 의기 논개의 정신을 함께 나란히 놓아 표현하고 있다. 이들은 모두 자신의 목숨을 바쳐 깨끗한 마음을, 정신의 의로움을 지킨 존재들이다. 영랑은 알레고리 형식을 빌려 당대 조국의 식민지 현실을 간접적으로 고발하고 있는 것이다. 다시 말해서 이 시에서의 춘향은 영랑 자신으로서의 自己同一性이다. 춘향이가 도련님을 위해 貞節을 지켜나가는 고난의 역사와 영랑 자신이 민족을 위해 자신을 지켜나가는 쓰라린 현실이 同一視되어 드러나 있다. 전자와 후자를 동시에 충족시켜주는 대표적인 시구가 곧 '오! 一片丹心'이다.

영랑의 민족적 一片丹心은 비단 춘향의 一片丹心에만 국한한 비유가 아니다. 앞서 말했듯이 여기에는 '成學士'와 '朴彭年', 그리고 '論介'와 같은 志操面으로 볼 때 영랑이야말로 진정한 민족 시인이라고 극찬한 바 있다.[18)]

이러한 문학사적 사실로 볼 때 김영랑은 처음에는 마음의 순결성을 추구하는 시로 출발했지만, 일제의 강압이 심해지자 불의한 현실에 맞서서 자신의 순수함을 지키려는 저항의 정신을 시로 표현했음을 알 수 있다.

맺음말

지금까지 김영랑의 삶의 궤적과 작품 속에서 드러난 앙가주망성을 세 가지 관점에서 살펴보았다. 첫째 해방이 될 때까지 창씨개명과 신사참배·삭발명령·황국신민의 서사 제창 등을 끝내 거부하였던 저항적 삶의 실천을, 둘째 가장 비극적인 시대에서 우리 말글의 말살을 획책하였던 조선총독부의 감시 속에서도 겨레말을 지키고자 했다는 점, 셋째 식민지의 암울한 현실을 시작을 통하여 통렬히 고발했던 점을 주목하였다.

이 같은 관점에서 볼 때 영랑은 한용운이나 이육사 혹은 심훈에 준할 만한 식민지 치하 우리 저항 시인의 한 사람이라 일컬어도 손색이 없다. 그럼에도 불구하고 지금까지 우리 문학사에서 김영랑을 단순히 서정 시인으로만 치부해왔던 것은 그의 서정시가 지닌 탁월성에 가려 저항 시인으로서의 특성이 외면되어 왔던 탓이다. 그러나 이제 그의 문학의 총체성은 객관화되어야 한다. 아울러 저항 시인으로서의 문학사적 위치도 확고하게 정리되어야 마땅하다.

민족정체성은 궁극적으로 언어정체성으로 귀결된다. 영랑이 시로써 민족 언어를 지켜내고자 했던 이유도 여기에 있다. 따라서 시를 통해 우리 말글을 지켰던 영랑은 당연히 민족 시인일 수밖에 없다. 또한 언어 이외에 민족적 소재, 정서, 율격 등을 동원하여 민족정체성을 회복하려는 노력도 의당 이 범주에 포함된다. 일제 강점기는 바로 민족정체성의 상실 시대였고, 이를 회복시키는 일이라야 말로 민족사적 과제였다. 여기의 중심에는 김영랑이 있었다.

우리 문학사에서는 순수시와 저항시를 양분해서 보는 경향이 있다.

순수시는 현실에서 떨어져 내면의 순수함을 추구한 것이고, 저항 시는 현실에 참여하여 저항적 발언을 한 것이라고 구분하고 있는 것이다. 그러나 김영랑은 순수시와 저항시의 양축을 연결하여 그것이 양분되는 것이 아니라, 하나로 이어지는 것임을 작품으로 실증한 문학사의 귀중한 전범을 남겼다. 우리는 앞으로 이 점에 대해서도 주목해야할 필요가 있다. ■

5

김현구 시의 공간성과 그 의미

들어가는 말

본 연구는 김현구의 시적 기반을 이루고 있는 강진의 문화적 원형을 탐색하고, 그곳의 인문지리학적 특성이 현구의 시와 어떤 관계성을 지니며, 문학작품으로 어떻게 형상화하고 있는지를 밝히는 데에 목적이 있다.

문학작품에 드러난 공간의 의미 규명은 작품 연구와 구분해서 생각할 수 없을 것이다. 따라서 문학의 공간, 혹은 작품 속의 공간은 그 자체로 존재하는 순수공간이 아니고, 문학 생산자의 판단에 따라 일정하게 변형 혹은 굴절된 공간이며 동시에 독자가 해석하여 새로운 의미를 형성하는 공간성을 지닌다.[1)]

문학에서 공간연구는 작품 생산자의 의도와 독자의 해석에 의해 재창조된 '새로운 공간'에 대한 탐구를 의미한다. 이때 문학공간은 모든 흐름과 연관, 계기적 변용, 창조와 재창조가 이루어지는 생산적 장소이며, 다른 요소와 결합하여 어떤 질료적 흐름을 절단하고 채취하는 방식으로 재조직화를 이루는 장소이다.[2)]

문학은 오랫동안 독서 행위를 통해서만 향유할 수 있는 것으로 인식되어왔다. 그러나 최근 정보기술IT : information technology과 문화기술CT : culture technology 관련 산업이 발달함에 따라서 다양한 측면에서 문학의 새로운 향유방법을 찾으려는 노력이 활발하게 전개되고 있다. 문학작품의 '공간'에 대한 문제가 주목받고 있는 이유가 여기에 있다. 문학작품은 시간과 함께 공간을 기본적인 요소로 해서 창작되는데, 이것들은 우리의 삶을 구성하는 부분이기도 하다. 그 중에서도 특히 문학공간을 통해서 문학작품의 구체성이 확보되며, 이 과정에서 작가의 창조적인 역량이 발휘된다.

본 연구는 김현구의 시문학과 강진의 인문지리학적 공간과의 상관성, 그리고 현구 시의 공간성과 그 의미를 살펴 현구의 시세계를 확장하고자 한다. 제Ⅱ장은 김현구 시의 원천이 되고 있는 강진의 인문지리학적 특수성을 탐색하고, 제Ⅲ장에서는 현구의 문학 활동과 시문학파와의 관계성에 주목할 것이다. 제Ⅳ장은 김현구 시의 공간성과 그 의미에 대한 고찰을 통해 김현구 시의 문학적 상상력을 확장할 것이다.

따라서 본 연구는 김현구 시의 주류를 형성하고 있는 강진의 문화적 원형과의 연관성을 밝힘으로써 그의 시세계를 포괄적으로 이해하는 계기가 될 것이다.

김현구의 원체험과 강진

김현구는 1903년 11월 30일 전남 강진군 강진읍 서성리 179번지에서 아버지 김노식과 어머니 김광자 사이의 5남 4녀 중 셋째 아들로 태어났다. 현구의 집안은 조부 대까지는 벼슬을 이어올 만큼 지방의 명문 관료 집안이었으나, 1905년 을사보호조약과 1910년 한일병합을 거치면서 모종의 송사에 휘말려 급격하게 가산이 기울기 시작했다.

그의 형제들은 모두가 의협심이 강하고 예술적 재능이 뛰어났다고 하는데, 장남인 현봉은 당시 강진의 독립운동가 26인 중 한 사람이었고, 2남 현상은 영암에서의 교편생활을 거쳐 목포에서 한독당 당원으로 정치활동을 한 바 있으며, 3남인 현구는 문학에, 쌍둥이인 4남 현석과 5남 현종은 각각 음악과 회화에 조예가 깊었다고 한다.

현구는 보통학교에 입학하기 전까지 강진의 관서제에서 한문을 배웠다. 그리고 1911년 강진보통학교에 입학했으나 1학년을 마치고 중퇴한 뒤 재입학하여 1918년 졸업했다. 당시의 성적표를 살펴보면, 저학년 때보다 고학년으로 갈수록 성적이 좋았으며, 교과목 중에서도 특히 수신(修身)과 국어, 체조, 창가 과목의 성적이 우수했다. 1920년 배제학당에 입학했으나 무슨 연유인지 1921년 자퇴하고 강진에 내려와 북산(일명 보은산)의 병풍바위와 비둘기바위 등을 벗 삼아 습작생활을 했다. 이 시기에 김영랑·차부진 등과 더불어 <청구>라는 문학모임을 결성하여 동인지를 몇 차례 발간했다.

1927년 25세의 늦은 나이로 해남출신 홍충덕과 결혼한 현구는 이후 슬하에 3남 6녀를 두었다. 현구는 1930년 5월『시문학』2호에

「님이여 강물이 몹시도 퍼렁습니다」를 비롯한 4편의 시를 발표함으로써 비로소 시단에 나오게 된다. 이후 『문예월간』과 『문학』지에 총 12편의 시를 발표하는 등 활발한 시단 활동을 전개한다.

현구는 1934년 본가로부터 30여m 떨어진 강진읍 서성리 214번지로 분가한 후 생계를 위해 강진읍사무소(현재 강진군청)에 들어가 사망할 때까지 공직생활을 전전하였다. 1934년 시문학파가 실제적인 해체의 일로에 놓이자 그는 『문학』 3호에 「山 비둘기 같은」을 마지막으로 시단활동을 접고 강진에서 칩거하였다. 1950년 10월 3일 6·25 전란 와중에 공산당 프락치에 의해 그는 47세의 나이로 죽임을 당하였다.

그는 생전에 세 차례의 시집 발간 기회가 있었으나 모두 무산되고 사후 20년만인 1970년 유족과 현구기념사업회에 의해 유고시집 『현구 시집』을 출간하였다. 이 유고집에는 생전에 남긴 85편의 시가 수록되었다.[3)]

김현구가 태어난 전남 강진은 청동기 문화유적이 광범위하게 분포되어 있어 인문지리학적 측면에서 풍부한 문화적 원형을 갖고 있다. 강진의 청동기문화 형성은 내륙지방의 문화와 강진만을 중심으로 한 도서지방의 문화를 동시에 받아들일 수 있는 지리적 여건 때문이다.[4)]

특히 고려시대에 들어서는 해로의 발달로 청자문화가 꽃을 피운다. 강진 대구면 일대와 칠량면 삼흥리 등의 요지는 고려청자의 대규모 산지로 알려져 있다. 또 이 지역에서 통일신라 이래 발전한 불교유적은 고려시대에 와서 더욱 융성하여 강진의 사회·문화적 면에서 미친 영향도 컸으리라 짐작된다. 예컨대 조계종 계통인 성전면

무위사나 13세기에 무신집권의 비호 아래 건립된 수선사 계통의 월남사, 천태종인 도암면 만덕산 백련사 등은 이 지방 토호세력의 지원에 의한 신앙결사(1236)이다. 특히 월남사지와 무위사의 유적, 그리고 백련결사[5]는 고려시대 서남해안지역의 불교문화와 정치세력과의 관계를 규명해줄 중요한 자료이다.

조선시대에 이르러서 강진은 해상교통의 발달로 번영기를 맞는다. 『세종실록지리지』와 『동국여지승람』 강진군조를 살펴보면, 태종 17년(1417)에 기존의 분립된 행정편제(도강현, 탐진현)를 청산하고 주현(主縣)으로 있는 도강현과 장흥부에 속해 있던 탐진현을 합하여 하나의 행정체계인 강진현이 되면서 '강진(康津)'이란 지명이 탄생하게 되었다.

강진은 근래 들어서 '남도답사 1번지'로 부상하였다. 강진의 자연과 문화적 환경은 김현구의 시에서 드러나는 시적 정감과 무관할 수 없다. 주지하다시피 강진이 남도답사 1번지로 불리고 있는 데는 미술사학자 유홍준의 『나의 문화유산 답사기』(창작과 비평사, 2011)에 힘입은 바 크다. 유홍준의 말[6]처럼 강진은 크기(면적)에 비해 유독 문화유산이 많은 지역이다.

> 해남·강진은 남해변, 우리나라 토양이 예부터 생산해 온 꽃에서는 가장 기름기 많고 풍융한 꽃이 우리 국토 중에서는 제일 많이 피는 곳이고, 그 기름덩어리의 알맹이 과실 胡桃나무도 자라는 곳이고, 또 해안에 자라는 나무 넌출들도 이는 바람에 충분히 사람의 神바람을 일으킬 정도로 길게 너울거려 춤을 추고 있는 것들이 보이는 데고, 이 새 울음도 기름기가 번지르르한 데고, 날아다니는 풍뎅이 같은 것도 새파랗게 반 뼘씩은 되는 게 많이 사

는 데고, 그렇게 모든 것이 伸展해 살 만큼 따뜻하고, 비옥하고, 物豐한 데다.[7)]

멀리 서북쪽으로 月出山이 바라다 보이는 多島海를 끼고 康津灣을 거슬러 올라가면 기름진 평야가 도도히 흐르는 탐진강 줄기와 더불어 펼쳐진다.

어느 詩人이 하도 많은 多島海 섬이어서 도둑맞을까 걱정한 康津灣 앞 바다의 크고 작은 섬들이 봄날에는 마치 물오리 떼처럼 은빛으로 남실거리는 아지랑이 위에 떠 있는 것을 볼 수 있다. 海洋性 氣候라서 사철 溫暖하고 비가 유달리 많은 것이 이 고장 康津의 특징이다. 연평균 13.5도라니 기온은 좀체 영하로 내려가는 일이 없다고 한다. 그러기에 난대식물들이 무성히 자라고, 대숲 또한 이 고장의 색다른 풍정을 이루고 있는 것을 볼 수 있을 것이다.

어디를 가나 동백나무가 눈에 띄고 어떤 마을에는 거의 울타리 삼아 동백나무로 두루 가리고 있으니, 한 겨울 눈발이 선뜻 지내다가 마지못해 더러 흩뿌리는 속에 빨간 동백꽃이 검푸른 잎 사이에서 겨우내 피는 동안 시나브로 봄은 오는 것이다.[8)]

강진만이 바다는 따스한 요니(女陰)처럼 육지를 파고들어 조붓하고 아늑하였다. 등 푸른 여름산맥들이 그 요니의 바다를 따라서 만의 하구로 치닫고 있었다. 공룡의 앞발을 치켜 올린 듯이 가파르고 사나운 봉우리들은 멀어서 아득하였고, 유순하고 올망졸망한 봉우리들과 헐거운 산허리들은 인간 쪽으로 다가왔다.[9)]

위의 인용문은 필자들의 경험을 통하여 강진이라는 공간을 인문지리학적 관점에서 바라본 글들이다. 이-푸 투안은 공간이론을 설명하면서 '경험'을 강조하고 있다. 경험은 사람들이 실재를 인식하고 구성하는 여러 가지 양식을 포괄하는 용어이다. 이러한 양식들은 후각, 미각, 촉각 등의 직접적이고 수동적인 감각에서 능동적인 시각적 인지, 상징화라는 간접적 양식에 이르기까지 다양하다.[10)]

그가 강조한 '경험'은 실재의 공간인 강진의 아름다운 자연과 그곳의 남국적 이미지들로 상징화되어 김현구의 시 작품에서도 또렷하게 드러나고 있으며, 또한 다양한 문화의 층위로 실존하고 있다.[11)]

김현구의 문학 활동과 시문학파

김현구가 시에 대한 관심을 보이기 시작한 것은 배재학당 시절부터라고 할 수 있다. 이후 현구는 1920년께 김영랑과 차부진 등과 <청구>라는 문학모임을 결성해 활동했으며, 이 시기에 현구는 4행시를 써서 영랑에게 보여주곤 했다는 차부진의 증언[12)]을 감안하면 현구의 습작생활은 등단년도보다 훨씬 이전부터 비롯되었음이 입증된다고 하겠다.

김현구의 공식적인 시작활동은 『시문학』 2호(1930.5.)에 「님이여 강물이 몹시도 퍼렇습니다」를 비롯한 4편의 시를 발표하면서 시작된다. 그러니까 창단멤버로서 『시문학』 1호에 「동백닙에 빗나는 마음」 등 13편의 시를 발표함으로써 시단에 나온 영랑보다 두 달 후에 등단한 셈이며, 등단과 함께 현구는 시문학파 일원으로 본격 참여하게 된다.

현구는 그 후로도 『시문학』 3호(1931.10.)에 「황혼」 등 4편, 『문예월간』 창간호(1931.11.)에 「풀우에 누어」, 『문학』 창간호(1933.12.)에 「내 마음 사는 곧」, 『문학』 2호(1934.2.)에 「길」, 『문학』 3호(1934.4.)에 「산 비둘기 같은」 등 총 12편의 시를 발표하면서 활발한 시단활동을 벌인다. 이들 문예지는 모두 박용철이 주재한 것들이다. 그러나 『문학』의 종간과 더불어 현구의 공식적인 시단활동은 끝을 맺게 된다. 이후 그는 시단과 인연을 끊고 향리에 묻혀 자족적으로 시를 쓰다가 세 차례에 걸쳐 시집을 발간하려 했으나 뜻을 이루지 못하고 1950년 10월 3일 사망하게 된다. 그러다가 20년 후인 1970년에야 비로소 그의 유족 등에 의해 비매품으로나마 유고시집이 발간되기에 이른다.

현구가 참여한 1930년대 시문학파는 한국 서정시의 원점에서 조금도 비켜서지 않고 일관되게 시세계를 발전시켜 나갔으며, 향토적인 것들을 의미로 형상화하여 한국 현대시의 세계를 확장시킨 문학유파이다.[13] 따라서 1930년대 시문학파의 시적 무대는 크게 보면 전라도, 작게 보면 강진[14]이라고 할 수 있다. 김 현은 시문학파를 대표하는 영랑·용아·현구 세 시인을 묶은 『韓國現代詩文學大系·7』 (지식산업사, 1981)에서 이들을 '강진시파'라고 처음으로 별칭하고 있다. 그가 정지용·신석정·이하윤 등 시문학파의 다른 동인들이 있음에도 불구하고 이들 셋만을 묶어 굳이 '강진시파'라고 별칭 한 것은 문학의 지역 분파주의를 조장하기 위함은 아닐 것이다.

그것은 첫째, 이들의 고향이 전라도(엄격히 말하면 전라남도)라는 점이다. 물론 강진이 고향인 영랑·현구와는 달리 용아의 고향은 송정리(지금의 광주광역시 광산구)이긴 하지만, 지역적으로 그리 멀지 않은 거리에 있다는 점에서 큰 무리가 없으며, 둘째, 『시문학』 창간을 주도한 용아가 사전에 영랑을 만나기 위해 수시로 강진을 오갔었다는 점, 셋째, 시문학파 동인들 중 이들 셋만이 창간 당시 무명이었으며 끝까지 시문학파로서만 충실했던 점, 넷째로는, 무엇보다 용아가 순수시운동의 이론적 기반을 마련했다면 영랑과 현구가 이를 작품으로서 충실하게 구현시켰다는 점에서 충분히 그 이해가 가능하다.15)

『시문학』 창간호(1930.3.5.)에는 총 24편의 순수 창작 시가 발표됐다. 이 가운데 김영랑이 13편을 발표하여 54%의 가장 높은 지면 점유율을 보이고 있고, 박용철 5편(20%), 정지용 4편(16%), 이하윤 2편(8%) 순이다. 창간호는 모두 5인의 동인으로 시작된다. 그러나 박용철이 「시문학 창간에 대하야」(『조선일보』 1930.3.2.)에서 밝힌 내용을 보면, 이상의 5인 외에 수주 변영로까지 합해서 6인의 동인으로 구성되었음을 알 수 있다. 수주가 빠진 이유에 대해서는 "여러 가지 어긋짐으로 樹州의 詩를 못시름은 遺憾이나 次號를 기약한다."고 『시문학』 창간호 후기에서 밝히고 있다.

『시문학』 2호는 1930년 5월 20일에 나오게 되는데, '창작 시'란을 보면, 변영로의 시 1편과 김현구의 시 4편이 새로 소개된다. 여기서부터 무명의 김현구가 기존 6명의 멤버 외에 처음 새로운 동인으로 가담하게 됨으로써 시문학파의 구성원은 총 7명이 된다.

> 詩文學에 대한 期待가 컷슴인지 原稿를 보내주신 분은 意外로 만히 게셧습니다. 그러나 그 多數가 詩라는 形式은 가장 짧아서 가

장 쓰기 쉬운 것이니 써본다는 態度에 갓가운 것은 서운한 일이 엇습니다. 참으로 優秀한 作品을 만히 보내여 誌上에 실른 光榮을 주시기를 衷心으로 바람니다. 이번에 玄鳩氏의 作品을 처음 실게 된 것은 대단한 깃븜으로 녁입니다.[16)]

위의 인용문은 투고한 원고에 대한 단평과 현구 작품의 천거를 알리는 『시문학』 2호의 편집 후기이다. 김현구의 동인 참여 경위에 대해서는 '이번에 玄鳩氏의 作品을 처음 실게 된 것은 대단한 깃븜으로 녁입니다'라는 박용철의 편집후기에 나타나 있다. 위의 후기로 미루어 보아 김현구의 참여는 작품성이 뛰어나고, 시문학파의 문학적 방향을 충족시키는데 손색이 없다고 인정하여 동인으로 발탁한 것으로 짐작된다.[17)] 이 점에 대해서는 다음의 인용문들을 살펴보면 그 이해가 충분히 가능하다.

① 임의 一家의 品格을 이루어가지고도 또 이루엇슴으로 作品의 發表를 꺼리는 詩人이 어덴지 여러분이 잇슬 듯 십다. 우리의 同人 가운데도 자기의 詩를 처음 印刷에 부치는 二三人이 잇다. 우리는 모든 謙虛를 準備하야 새로운 同人들을 마지하러 한다.[18)]

② 原稿 採擇에 대하야 自動計算器와 가튼 公平을 期할 수 업는 以上 수업시 編輯同人의 눈이라는 조그마한 문턱을 넘게 됩니다. 우리 同人들의 意向까지는 될 수 있는 대로 偏僻된 個人의 趣味에 기우러지지 안으려 힘쓰나 그것은 차차로 編輯의 實際에서 證明하겟습니다.[19)]

③ 우리의 誌面은 公開되어 編輯同人 會議에서 推薦되는 作品을 發表한다. 그러나 作品의 이름을 보기 前에 作品을 몬저 읽는 것이 우리의 慣習이다.[20)]

①은 기존의 동인 이외에 앞으로 새로운 동인을 겸허히 맞아들이려는 의도가 나타나 있으며, ②와 ③에는 『시문학』 誌에서 원고를 채택하거나 발표하는 기준이 잘 드러나 있다. ①에서 '자기의 詩를 처음 印刷에 부치는 二三人'은 무명의 영랑과 용아, 현구를 지칭하는 것으로 보인다. 그래서 그들이 원하는 새로운 동인이란 비록 아직 무명일지라도 '임의 一家의 品格을 이루'었거나, 바로 그랬기 때문에 '作品의 發表를 꺼리는 詩人'이다. 따라서 현구는 이러한 동인의 기준에 합당한 시인이었음을 알 수 있다. 또한 ②와 ③은 그들이 동인 창작품이나 새로 투고된 작품을 『시문학』에 게재함에 있어 얼마나 신중을 기하느냐를 분명하게 제시하고 있다. 특히 '수업시 同人의 눈'을 거치거나, 공개된 '編輯同人 會議에서 推薦되는 作品'만을 발표함으로써 작품의 수준이나 예술성면에서 매우 엄격한 심사과정을 두고 있음을 짐작할 수 있다. 현구가 이러한 과정을 거쳐 발탁되었을 것이라는 점에서 일단 그의 시적 자질이 우수하다는 점을 인정할 수 있다.

그래서 우윤식은 학위논문에서 현구의 작품적 수준으로 보아 그에게서도 영랑과 같은 새로운 창작시를 기대한 것으로 보여지므로 "현구는 순전히 투고에 의해 발탁되었다고 할 수 있다"[21)]고 말한 바 있다. 그러나 이러한 견해는 미진함과 막연한 느낌을 배제할 수 없다. 왜냐하면 동향인으로서 영랑과 현구는 이미 오래 전부터 강진에서 동인활동[22] 등 상호 문학적 교감이 많았기 때문에 영랑이 현구의 문학적 역량을 익히 보아 알고 있을 터이며, 현구 또한 『시문학』이 창간되기 이전부터 편집 방향 등을 영랑을 통해 알고 있었을 것이기 때문이다. 더욱이 편집 주간을 맡은 용아가 『시문학』이 창간되기 이전부터 영랑을 만나기 위해 수시로 강진을 오갔음을 감안할 때, 이미 이 세 사람은 서로를 잘 알고 있었을 것이라는 추측이 가능하다.

처음부터 현구를 창간 멤버로 끌어들이지는 못하다가 신중하게 그의 시를 검토해 보고 편집 동인 간에 의견이 일치되어 2호부터 가담하게 되었을 것[23]이라는 견해가 설득력을 갖는다.

> 玄鳩兄 어떻게 지나시는가 佳作이 많이 밀렸을 듯싶네 나 같은 말라붙은 腦와 달라…<중략>…三號를 엮을 셈을 잡으니 두루 빠지네 자네 四行을 두었 더 보내게 다른 것과 바꾸더라도 玄鳩兄은 黃昏의 感覺에 '풀 우에 누어'를 配하고 四行이란 이름 없이 四行 一二를 加하면 더 어울리지 않을까 會心의 新作이 있으면 勸해서 보내주게 Page를 느려도 좋으니[24]

> 「마음 사는 곳」 다음가치 곳처보앗습니다. 용어(用語)의 몇 군데와 전이연(前二聯)의 삼행(三行), 사행(四行)을 고첫는듸, 그 끗줄과 아울니지 안어 섭섭하나 더 손 못 대고 잇습니다.
>
> … … <중략> … …
>
> 영랑(永郎)더러 이연(二聯) 말행(末行)을 고처달나고 햇드니 웃고만 맙니다. 다른 듸는 그듸로 둘지라도 이 줄만은 형(兄)의 손을 좀 빌녀주서야 하겠습니다. 문예월간(文藝月刊) 어제 바덧슴

니다. 무식(無識)한 내로 엇더타 말은 못하나 엇전 닐인지 권위(權威)가 군림(君臨)한 것 가튼 생각이 듬니다. 이러는 자(者) 나와 동감(同感)이라면 이 잡지(雜誌)에 대(對)한 장래(將來)의 촉망(囑望)이 클 줄 암니다. 독자(讀者)를 좀 권고(勸告)하고 싶흐나 썩은 강진(康津)이기 때문에 한두 사람도 거위 절망(絕望) 자신(自信) 업습니다. 더러 권유(勸諭)는 하렴니다만, 그런듸 시문학(詩文學) 사호(四號)에 제(弟)의 것은 무엇을 실으시렵니까? 죄 쓰러 입전까지나 내면 업겟지만, 과히 안 바부시면 편지 한 장 하셔주서요. 구고중(舊稿中) 사행(四行) 몃 편(篇)과 「노래」라고 한 민요(民謠) 이수(二首), 「맑-한 하날에 바람이 흘너가면」 등(等) 나로 해서는 버리기 어려운 그리운 것들인듸 이 등(等)을 엇지 처분(處分)하면 조을까요. 형(兄)은 엇지 생각하시고 개서요? 다음에 또 올니렴니다. 10월 30일 김현구(金炫耈)[25)]

위의 인용문들로 보아 김현구에 대한 원고청탁은 김영랑을 통해 이루어졌음을 알 수 있으며, 편집 주간으로서의 용아가 현구의 작품에 대해 갖는 신뢰감은 매우 컸던 것으로 짐작할 수 있다.

김현구 시의 공간성과 그 의미

김현구의 시적 주요 공간은 자연이다. 그것도 삭막한 도시에서 접할 수 있는 자연물이 아니라, 거기서 멀리 떨어진 시골에서나 접할 수 있는 것들이다. 더 구체적으로 말한다면, 강진이라는 향리에 펼쳐져 있는 자연물을 비롯한 그곳에 사는 사람들의 습속 또는 인정이라고 할 수 있을 것이다. 그의 시는 기행 시 8편을 제외한 77편 모두가 그의 고향인 강진의 자연풍광과 습속에 깊은 관계를 맺고 있다.[26] 김영랑이 8·15해방 이후 향리를 떠나 상경하여 얼마간 도시생활을 하면서 시를 썼던 점을 감안하면, 현구는 완전한 강진 토박이 시인이라고 할 수 있다. 이들 두 시인이 강진에서 "활짝 핀 모란꽃과 滄海의 흰 물결을 지치도록 스치며 나는 외로운 갈매기의 연분으로 시를 썼다"[27]고 술회하고 있는 차부진의 기록은 이 점을 잘 대변해주고 있다.

> 형님! 지금도 강물이 몹시 퍼렇습니다. 머릿속에 아득한 그 옛날 지구가 생성하던 그때부터 지금까지 이 고장(강진)의 동쪽에서 서남쪽으로 흐르는 이 강물(탐진강)은 그 푸름 속에 우주와 인생이 태고적 그 '리듬' 변함없이 무언의 예언자로서 유유하게 구비쳐 흐릅니다.[28]

위의 인용문은 김현구의 동생 현석의 말로, 「님이여 강물이 몹시도 퍼럿슴니다」의 시적 공간이 강진의 탐진강 임을 재확인시켜주고 있다. '강물'은 태고로부터 이어지는 오랜 시공(時空)을 흐르며 희비애환(喜悲哀歡)의 비밀한 역사가 담겨져 있다. 여기서 '님'은 현구의 강렬한 애욕(愛慾)의 표상일 수도 있고, 생명력의 호소일 수도 있을 것이다.

> 유리ㅅ빛 바람이 소올 소올 부러오고
> 실조름 가튼 아지랑이 서리여있는
> 그밧게 향기로운 바다가 넘실거리고

내마음 늘 사심한 섬둘레 흰모래를
푸른 물결이 끄닐새업시 씻고 있다

발근날빗에 바다가 은ㅅ결가치 반짜기고
머언곧 하날이 나직히 내려와 속살대며
사랑어우르는 갈매기떼 어저러히 흐터나르고
춤추는 물결에 은비늘고기 꼬리처 굼실거리며
물새와 고기들이 서로 즐기는 곧

그곧에 푸른빗 기쁨이 꿋머그머 있느니
그곧에 빗나는 보람이 멀리 얼신거리느니
슬픔이 거리에 뜨고 한숨소리 집마다 노플때
넉시는 괴로운 가슴과 수심에저즌 잠ㅅ자리를 고이떠나
새 나르듯 근심마음을 포르르 나라너머서
늘봄의 물결사이에 기쁨을 노래하느니

江南제비 도라오는길 아득한 바다
그곧이 내마음 사라있는 곧
파초열매 무르노근 향기가 가득 떠돌고
닭알처럼 히고 예쁜배가 날나다 돗달고가며
새노래와 고기뛰염 끄니지 않는 바닷물결에
내마음은 물오리가치 잠방그리고 있다.

<「내 마음 사는 곧」 전문>

위의 작품은 '바다'를 소재로 노래한 현구의 「내 마음 사는 곧」의 전문이다. 여기에서 현구가 노래하고 있는 '바다', 즉 '강진만[29]'은

사랑과 기쁨, 그리고 평화가 충만한 인문학적 공간이다. 화자는 모든 풍요와 아름다움, 그리고 기쁨과 평화가 넘실거리는 고향의 바다를 예찬하면서 그곳에서 살고 싶은 욕망을 노래하고 있다. 이 고향바다는 그의 정서와 삶의 보람을 송두리째 품에 안고 있는 요람의 바다요, 유토피아다. 따라서 화자는 '내 마음 사라있는 곧'인 그 바다에 '물오리가치 잠방그리며' 영원히 붙박여 살기를 원한다. 한 마디로 말해서 이 시는 왜 그가 죽을 때까지 고향 강진에서 시를 쓰며 무욕의 삶을 살다 갔는가를 잘 대변해 주고 있다.

이-푸 투안은 그의 저서 『공간과 장소』에서 "장소의 크기는 다양하다. 작게는 마음에 드는 안락의자가 장소이며, 크게는 지구 전체가 장소다. 고향은 중간 크기를 가지는 중요한 유형의 장소다."라고 했다. 따라서 현구의 고향의 공간, 즉 그의 '바다'는 안락의자이며, 지구 전체로 의미망을 확대할 수 있는 우주적인 공간인 것이다.

정지용이 김영랑의 시를 감상하는 데서 다도해의 크고 작은 섬들의 물속에 잠긴 모습을 '오리새끼들처럼 잠방거리며 노니는'[30] 이라고 표현한 적이 있다. 그러나 현구는 이보다 훨씬 앞서 바다를 바라보는 자신의 마음을 '물오리같이 잠방거리고 있다'고 한 것은 파격적인 표현 기교가 아닐 수 없다.[31] 그의 향리의 앞 바다 푸른 물결 속에 잠긴 섬들을 바라보는 자신의 마음을 이렇게 비유한 것이다.

바다는 모든 사람에게 어머니의 가장 크고 영원한 상징[32]이라고 한 보나빠르트 부인의 말과도 같이 자연에 대한 사랑의 근원은 어머니에 대한 아들의 사랑과도 같은 것이다. 따라서 현구의 바다를 향한 이러한 열정은 그 정서의 근원적 형태로서 그가 태어나서 자란 향리의 바다가 원초의 물질임을 말할 것도 없다. 심해의 푸른 물결

속에 '물오리' 같이 '잠방거리고' 있는 섬들의 특유한 모습, 이것이 자연에 대한 현구의 시심을 유발시킨 것이라 할 수 있다.

> 내마음은 물우에 뜬 갈매기 서런 갈매기
> 날마다 날마다 아득한 물ㅅ결새에 떳다 잠겻다
> 외롬이 자저 푸른 그림자 흐른물에 떨치고
> 하날에 소사 끗업는 한탄을 노래하느니
>
> <「물우에 뜬 갈매기」 전문>

'새'를 소재로 한 현구의 시다. 여기서 화자가 말하는 '새'는 강진 앞바다에 떠 있는 갈매기일 것으로 짐작되지만, 그것은 갈매기 자체를 표현한 것이 아니라 그 대상에 시인 자신을 투사하여 동화를 꾀한 것이다. 그래서 '갈매기'는 그냥 갈매기가 아니라 '서런' 갈매기이며 '외롬'이 잦은 갈매기이다. 그 갈매기는 즐거움도 그 무엇도 아닌 한탄을 노래하는 갈매기이다. 즉, 향리에 묻혀 사는 불운한 현구 자신에 다름 아니다.

> 버슨발노 호믜들고 오날도 드을에나와
> 풀캐는 시악시의 머리에 쓴 하-얀수건
> 바람에 나불니며 제혼자 흥그리니
> 쓰린새상 눈물이랴 님기리는 서름이랴
>
> 풀깨며 흥그리다 머언길보고 한숨쉬니
> 작별한 그대님이 이봄따라 오맛든가
> 길에선 나그내의 걷는거름 더디뵈니

아마도 늬 기리는님은 이봄에도 안오신가

<「풀캐는 색시」 전문>

우리고을 서문밖 새동산 모룽이에
쓸쓸한 꿈 어려있는 이별의 落花亭

임두고 고향 두고 타관 길 외론 마음
잘 가자 잘 있거라 서뤄 눈물 짓는 곳

아아 굽어진 老松나무 바람이 울면
서루운 옛이야기 속살대느니

보내는 이 가는 이 이 길에 서서
눈물을 흘리는 落花亭 落花亭

<「落화정」 전문>

위의 시 「풀캐는 색시」는 '버슨발노 호믜들고 오날도 드을에 나와' 머리에 하얀 수건을 두르고 뙤약볕에서 김을 내는 시골 '시악시'의 고달픈 삶의 모습을 노래하고 있다. 특히 이 시에 나타난 정서는 현구의 생활과 관련이 깊다고 할 수 있겠다. '쓰린 세상 눈물'과 '님 기리는 서름'에 겨워 '흥그리다 머언 길 한숨' 쉬는 소극적인 삶의 자세가 그대로 반영되고 있다고 할 수 있다.

또 「낙화정」은 향리의 습속과 인정이 엿보이는 시이다. 현구의 시에는 향리의 구체적인 지명이나 인명까지도 많이 등장하고 있는데, '神學山', '南浦', 'M 婦人', 그리고 '낙화정'과 '서문' 등이 그것이다.[33)]

'낙화정'은 강진의 서문 쪽 동산에 있는 정자의 이름이다. 이 정자는 '님두고 고향두고' 객지로 떠나는 사람들과 보내는 사람들이 마지막으로 서로 눈물지으며 헤어지는 '이별의 터'인 것이다. 따라서 이 '낙화정'은 이곳 사람들의 '서러운 이야기'와 안타까운 인정이 묻어 있는 곳임을 잘 그려내고 있다. 이밖에도 향리를 노래한 현구의 시는 「종달새의 말」, 「님의 노래」, 「산골사내의 부르는 노래 2」 등을 꼽을 수 있다.

> 해방이 되어 전기 사정이 좋지 않던 시절, 전깃불이 일찍 나가버리면 호롱불을 켜놓고 연상위에 무엇인가를 쓰고 계시던 아버님의 모습이 생생하게 떠오릅니다. 저와 동생을 데리고 북산비둘기 바위에 오르셔서 멀리 바라다 보이는 구강포의 넘실거리는 바닷물과 올망졸망한 섬들을 바라보시며 늙은 소나무 위에서 우는 비둘기소리에 가만 귀 기울이시던 모습도 떠오릅니다.[34)]

현구가 고향의 공간에 대한 애착과 그 곳을 중심으로 시 창작을 했었다는 것은 그의 차남 문배의 회상을 통해서 재확인되고 있다. 여기서 말하는 '북산 비둘기 바위'와 '구강포' 등은 현구의 집 주변의 지명으로써, 이곳들은 현구의 시를 잉태한 발원지이자 문학공간이다.

맺음말

지금까지 김현구의 시적 기반을 형성하고 있는 강진의 문화적 원형을 탐색하고, 그곳에 내재한 인문지리학적 특성과 현구 시와의 연관성에 대해 고찰하였다. 김현구는『시문학』2호(1930.5.)에「님이여 강물이 몹시도 퍼렇습니다」등 4편을 발표하면서 시단에 나온 이후,『문예월간』,『문학』지에 총 12편의 시를 발표하는 등 1950년 10월 사망할 때까지 총 85편의 작품을 남겼다.

김현구의 시에는 그가 살았던 향리(강진)의 지명과 소박한 생활습속, 인정을 소재로 한 작품이 많이 등장하고 있다. 그가 남긴 85편의 작품 가운데 기행 시 8편을 제외한 77편 모두가 강진의 문화적 원형과 그곳 사람들의 생활습속이나 인정에 맞닿아 있음을 확인하였다. 구체적인 사례로 강진지역의 지명인 '탐진강'을 비롯한 '신학산', '남포', '낙화정', '서문', '북산' 등을 소재로 한 작품이 그것들이다. 이러한 소재는 그가 도회지가 아닌 농촌에 묻혀 살아온 생활의 의도적 반영이라고 할 수 있다. 김현구가 고향의 공간에 대한 애착과 그곳을 중심으로 시 창작을 했다는 것을 감안하면, 그를 강진 토박이 시인으로 보아도 무방할 것이다.

앞서 밝힌 바대로 문학에서 공간 연구는 작품 생산자의 의도와 독자의 해석에 의해 재창조된 '새로운 공간'에 대한 탐구를 의미한다. 이때의 문학공간은 모든 흐름과 연관, 계기적 변용, 창조와 재창조가 이루어지는 생산적 장소로 거듭난다.

따라서 강진은 현구의 시를 잉태한 발원지이자 문학공간으로서 문학사적으로나 문화사적으로 매우 큰 의미를 지닌다고 하겠다. 본 연구는 김현구의 시가 지니고 있는 강진의 문화적 원형과의 연관성을 밝힘으로써 그의 시세계를 포괄적으로 이해하는 계기가 될 것이다. ■

6

용아 박용철 문학의 리소스와 문화콘텐츠

용아 문학공간의 문화콘텐츠화 필요성

주지하다시피, 용아 박용철은 1904년 6월 21일(음력) 광주광역시 광산구 어룡동 솔머리에서 태어나 1930년대 김영랑·정지용과 더불어 『시문학』 창간을 주도했던 인물이다. 또한 박용철은 『문예월간』, 『문학』, 『극예술』 등 문예잡지를 잇따라 발행하여 영국, 미국, 독일 등의 외국 문학을 소개함과 동시에 한국문학의 자주적 발전 방향을 모색하는데 많은 노력을 기울였던 문학인이다.

그러나 용아 박용철의 다양하고 깊이 있는 문학 활동이 한국 현대 문학사에서 정당한 평가를 받지 못하고 있고, 문예운동가로서의 박용철의 총체적인 모습이 제대로 드러나지 않았다는 사실 또한 새삼

스런 지적은 아닐 것이다.

사실, 박용철의 생애에서 본격적인 문학 활동 기간은 불과 8년에 지나지 않는다. 하지만 어떤 한 사람의 행위에 대한 가치 평가는 결코 그 행위가 이루어진 기간의 길고 짧음이나 행위의 결과만을 기준으로 삼을 수는 없을 것이다. 문학인이자 문예운동가로서의 박용철이 8년이라는 짧은 기간 동안 이루어 놓은 업적은 기간에 비하여 결코 적다고 할 수 없다. 용아 박용철이 그동안 한국문학사에서 제대로 평가받지 못한 현실을 문제 삼아 그 업적을 과대평가하려는 의도가 있다면 마땅히 경계해야 하지만, 그가 1930년대 한국현대문학 발전에 기여한 업적에 대해 어느 정도 객관적이고 총체적인 평가가 이루어져야 함도 마땅한 일일 것이다.

이 글은 미진하지만 지금까지 논의되었던 박용철의 삶의 궤적과 문학공간을 원천자료로 삼아 문화콘텐츠로의 개발 가능성을 가늠하고, 그 방향성을 모색하고자 한다.

최근 인문학의 위기를 염려하는 목소리가 커지면서 이에 대한 대안으로 인문학적 지식과 정보를 원천자료로 활용한 문화콘텐츠가 새로운 문화아이콘으로 부상하고 있다. 디지털시대에서 작가의 생애와 문학공간은 문화콘텐츠 산업화의 중요한 리소스resource가 되고 있음을 말해주고 있다. 이런 점에서 용아 박용철이 남긴 다양한 문학자원을 문화콘텐츠로의 접목을 시도하는 작업은 매우 의미 있는 일이라 하겠다.

김영랑 「모란」의 문화콘텐츠화 경우

박용철 생애와 문학공간에 대한 문화콘텐츠화의 논의에 앞서 김영랑의 문학자원을 문화콘텐츠로 개발하여 성과를 거둔 사례를 살펴볼 필요가 있겠다. 강진군 시문학파기념관은 영랑 김윤식이라는 작가적 브랜드 가치와 그의 대표 시 「모란이 피기까지는」을 모티프로 문화콘텐츠를 개발하여 연간 5만여 명(2014년도 기준)의 문학 답사객을 불러들였다.

시문학파기념관은 2014년 3월 김영랑의 문학적 감성을 리소스로 활용하여 '영랑 시인 감성학교'라는 문화콘텐츠를 개발하였다. 영랑 시인 감성학교는 에듀테인먼트 기법을 도입한 인문학 교육으로 메말라가는 청소년들의 감성을 되살려냈다는 평가(『한겨레신문』, 2013.3.19. 7면)를 받고 있다. 특히 영랑 시인 감성학교는 2014년부터 강진교육지원청 초·중학교 정규교육과정에 편성되어 운영된 이래, 2015년 한 해 동안 전국 96개교 5,890여명이 프로그램에 참여하는 성과를 냈다.

또한 시문학파기념관은 국가지정 문화재 제252호로 지정된 영랑생가의 문화사적 가치를 리소스로 활용하여 2013년 3월 '시와 음악이 흐르는 영랑생가'라는 문화콘텐츠를 개발, 이 프로그램을 통하여 영랑생가의 문화재적 가치 재창출과 주민 소통의 문화공간으로 탈바꿈시켰다. 다음은 문화콘텐츠 리소스로 활용한 김영랑의 시 「모란이 피기까지는」의 전문이다.

모란이 피기까지는
나는 아즉 나의 봄을 기둘리고 있을테요.
모란이 뚝뚝 떠러져버린날
나는 비로소 봄을여흰 서름에 잠길테요.
五月어느날 그하로 무덥든 날
떠러져누은 꽃닢마져 시드러버리고는
천지에 모란은 자최도 없어지고
뻐쳐오르든 내보람 서운케 문허졋느니
모란이 지고말면 그뿐 내 한해는 다가고말아
三百예순날 하냥 섭섭해 우옵내다.
모란이 피기까지는
나는 아즉 기둘리고 있을테요 찰란한 슬픔의 봄을

<「모란이 피기까지는」 전문>

이 시는 『문학』 3호(1934.4.)에 발표된 김영랑의 대표작 「모란이 피기까지는」이다. 강진군은 중·고등학교 국어 교과서에 수록되어 국민적 사랑을 받고 있는 김영랑의 시 「모란이 피기까지는」의 소재가 된 모란을 산업화하기 위하여 2015년 10월 '영랑 모란'을 브랜드로 정하고 상표를 출원하였다. 영랑 모란을 상표 출원한 강진군은 지역 브랜드로서의 가치를 선점하는 한편 관련 연구기관과 공동으로 모란유, 향수, 샴푸 등 가공제품을 연구·개발하였다. 나아가 영랑생가 일대에 모란공원을 조성하여 강진만의 감성적 볼거리도 제공하였다.

모란공원은 김영랑의 모란을 테마로 하는 문학공원으로 자연경관을 최대한 활용한 친환경적 생태문학공원으로 조성되었다.

모란공원은 사계절 모란을 감상할 수 있는 유리온실과 세계 각국의 다양한 모란의 자태를 느낄 수 있는 세계 모란원, 서정시인 영랑 김윤식 선생의 추모원, 약수터 물을 이용한 생태 연못, 공원 전체를 한눈에 조망하며 휴식을 취할 수 있는 정자 등이 조성되었다.

모란공원처럼 문학작품을 원천자료로 한 문화콘텐츠 개발에 중심이 되는 것은 스토리이다. 따라서 김영랑의 '모란'이 문화콘텐츠로서 가치성을 부여받을 수 있었던 것은 모란이 갖는 인문학적 상상력과 스토리의 다양성 때문이라고 할 수 있다.

박용철 문학의 문화적 원형과 가치

한국의 많은 유명 문인들의 경우, 고향과 생활 무대가 유리된 이력을 남기게 돼 사후에 그의 생가나 성장지에 대해 강력하게 의미부여를 할 수 없게 된 경우가 적지 않다. 그에 비하면 용아 박용철은 주요 작품의 무대도 그러한데다 생의 시작과 끝을 고향에서 함께한 1930년대 한국을 대표하는 시인이다.

박용철은 1904년 6월 21일 광주에서 태어나 35세 길지 않은 생애를 마치고 1938년 5월 12일 고향에 묻혔다. 따라서 광주 곳곳에서 박용철의 삶의 궤적과 그의 문학공간을 쉽게 찾을 수 있다. 다시 말해, 광주에 박용철의 문학자원이 많다는 것은 문화콘텐츠로의 가공요소가 그만큼 확보되었다는 것이다.

박용철의 대표적인 문학공간으로는 용아 생가(광주광역시 광산구 소촌동 363)를 들 수 있겠다. 이 집은 1986년 2월 7일 광주광역시 기념물 제13호로 지정되어있다. 특히 용아 생가는 1930년 3월 5일 『시문학』 창간호에 발표한 박용철의 등단작 「떠나가는 배」, 「이대로 가랴마는」, 「밤기차에 그대를 보내고」, 「싸늘한 이마」 등이 이곳에서 창작된 문학공간이란 점에서 의미가 크다. 뿐만 아니라 용아 생가는 1929년 9월 여동생 박봉자의 이화여전 선배인 임정희와의 연서를 교환하며 애정을 키웠던 박용철의 사랑의 공간이기도 하다. 아울러 1996년 6월 한국문인협회와 SBS문화재단이 용아 생가 안마당에 한국현대문학표징 제11호를 세워 박용철의 문학사적 가치를 기린 것도 또 하나의 문학적 리소스가 되고 있다.

이와 함께 박용철이 1911년 4월부터 1915년까지 다녔던 광주공립보통학교(현, 광주 서석 초등학교)가 현존하고 있어 유년시절 용아의 삶의 궤적을 확인할 수 있는 공간이기도 하다. 특히 박용철은 광주공립보통학교 재학시절 해마다 개근상과 우등상을 받는 등 모범적인 학교생활을 했다는 사실이 기록으로 남아있어 문화콘텐츠로서의 가치를 높여주고 있다.

또한 광주광역시 광산구 우산동 산 3번지에 자리한 박용철 부부의 묘소와 광주공원과 송정공원에 세워진 시비는 박용철의 삶의 궤적과 문학적 흔적을 살필 수 있는 중요한 리소스가 되고 있다. 광주공원에 있는 용아 시비는 1970년 조직된 영랑·용아 시비 건립위원회가 전국적으로 건립기금을 모아 영랑의 시비와 함께 세운 것이다. 그해 12월에 제막된 영랑과 용아 시비에는 각각 두 시인의 대표작 「떠나가는 배」와 「모란이 피기까지는」이 새겨져 있고, 뒷면에는 각각 시인의 연보와 한국시문학에 끼친 업적이 기록되어 있다. 광주공원에 세워진 쌍둥이 시비는 박용철·김영랑의 돈독한 우정을 상기시키는 상징물로서 문화콘텐츠 개발을 위한 중요한 문학적 리소스가 될 것이다.

그리고 송정공원에 있는 박용철 시비는 1985년 11월 15일 광주시 광산구청에 의해서 건립된 것이다. 시비에는 박용철의 얼굴이 부조되어 있고 그의 대표작 「떠나가는 배」의 전문이 새겨져 있다. 이 문학공간 역시 용아생가~송정공원 시비~박용철의 묘소~광주공원 시비를 잇는 교량 역할을 해줌으로써 박용철의 삶과 문학적 궤적을 더듬는 중요한 리소스적 가치를 지니고 있다.

주지하다시피, 박용철은 짧은 생애에도 불구하고 나라가 어수선했던 시절, 시문학 동인을 결성하고 순수서정시지 『시문학』을 창간하여 주옥같은 시를 발표하며 1930년대 한국시문학을 견인했다. 또한 그는 종합문예지인 『문예월간』을 주재하여 발행했는가 하면 현대시사에 신선한 충격이 된 정지용, 김영랑 시집도 자비로 출간해주었다. 이후 박용철은 잡지의 격조를 한 차원 높인 『문학』을 기획하여 발간하게 되고 연극연구단체인 극예술회에 참여하여 「버나드쇼와 입센」, 「세익스피어」, 「안톤 체홉」 등 외국시를 번역 소개하는 한편 극예술연구회 기관지인 『극예술』을 발행하였다.

이처럼 짧은 생애 동안에 눈부신 활약을 했던 박용철은 광주로서는 다시 얻을 수 없는 대표적인 문학아이콘이며 브랜드다. 순전히 콘텐츠라는 의미에서 박용철은 지역에서 천문학적인 예산을 투자해 유지·보호해온 다른 어떤 유적지 못지않은 부가가치를 발생시킬 수 있는 존재라는 것이다. 바로 그 때문에 그 이름을 지키고 다듬는 일 자체가, 다시 그 가치를 발생시키는 행위가 될 것이다.

박용철의 문학자원 활용을 위한 제언

모든 문학은 우리의 일상에서 향유 되어야 한다. 그리고 잠재적 문학 수요자들에게 모든 감각의 촉수를 열고 예술의 점이지대인 문학공간의 현장에 이르도록 해야 한다. 그렇게 하기 위한 대안 가운데 하나가 문학공간을 활용한 문화콘텐츠를 개발하여 이것을 문화산업에 활용하는 것이다.

문화관광체육부가 내놓은『유명 예술가 유치에 따른 가치평가 분석』(2006) 자료에서 '지방자치제의 최고의 브랜드는 문화예술인'이라고 지적한 바 있다. 이것은 지역과 구체적으로 관련된 유명 문화예술인의 문화산업적 가치를 높이 평가한 것이다. 이를 뒷받침하듯 순천시는 김승옥을, 장흥군은 한승원을, 수원시는 고은을, 춘천시는 이외수를, 영양군은 이문열 등을 거주하게 하여 문학관광의 매개로 삼고 있다.

이처럼 각 지자체가 유명 문화인물의 기념 장소를 자기 지역 안에 두려는 의도를 설명하는 일은 어렵지 않다. 그러나 아직도 많은 지자체에서는 유명 문화인물과 그 기념 장소가 지역문화와 산업의 발전에 기여한다는 생각을 하지 못하고 있다. 반대로 설사 그런 생각을 하고 있다 하더라도 일차적인 건물 건축과 외양에 치중한 기념물 전시에 많은 예산을 투입하고는 그 효과가 당장 나타나지 않는다고 조바심을 내는 사례가 없지 않다.

박용철의 문학공간 활용을 위한 제언을 하고자 한다. 먼저, 박용철의 문학공간 활성화를 위해서는 간과하지 말아야할 게 있다. 해당 지자체는 처음 기획 단계에서부터 문학콘텐츠 전문가나 문학전문학예사 등을 참여시켜서 박용철의 문학정신이 살아나면서도, 그것이 문화 산업화 문제를 충족시킬 수 있는 실제적이고 다양한 실행안을 마련해야 할 것이다. 지역에서 문학공간이 문화산업의 주요 품목으로 자리 잡는 데는 문학관이나 생가 등이 건립·복원되거나, 거점화되는 일이 전제될수록 효과적이기 때문이다. 특히 박용철의 경우는 문학적 리소스가 풍부하여 문화콘텐츠로의 발전 가능성이 높다고 할 수 있겠다.

또한 박용철의 문학공간이 광주의 문화산업을 부흥하는 주요 매개가 되려면, 용아 생가를 중심으로 송정공원 시비~박용철의 묘소~광주 서석 초등학교(광주공립보통학교 전신)~광주공원 시비를 잇는 용아 문학벨트화 구축도 검토해볼 만하다.

박용철의 문학세계를 재조명하고, 그의 삶의 궤적과 문학공간을 탐색하는 일 자체가 새로운 콘텐츠를 낳는 일이다. 문학자원은 문화산업적으로 높은 가치를 지니고 있다. 늦은 감이 있지만, 이제부터라도 용아 박용철의 문학자원을 문화콘텐츠로 승화시켜 광주의 새로운 문화아이콘으로 자리매김해야 할 것이다. ■

제2부

시대의 현실과 문학

■ 김남주 시의 미학적 본질과 가치

7

김남주 시의 미학적 본질과 가치

서 론

■ 문제 제기

문학작품은 특정 개인을 위하여 존재하는 것이 아니라, 인류 공동의 문화유산으로 남겨지는 객관적이고 역사적인 산물이다. 모든 문학 장르가 다 그렇겠지만, 특히 시는 사회적·문화적 환경의 영향을 많이 받는다. 그럴 수밖에 없는 것은 시는 현실의 가장 가까이에서 형성되는 시대의 산물이기 때문이다.

먼저, 일제 강점기 시대의 문학은 일본의 만행을 항거하고 분노하며 조선의 독립을 위한 작품들이 주류를 이뤘고, 해방에 이어 찾아온 6·25로 남북 분단된 상태에서 김수영·신동엽의 1960년대, 고은·신경림·김지하의 1970년대를 거치면서 문학과의 끈질긴 싸움을 통해 이 땅의 정신사와 문학사에 한 획을 그었다.

염무웅은 "70년대의 문학을 김지하가 버텨냈다면, 80년대를 내내 버티고 있는 것은 김남주"[1]라고 말한 바 있다. 염무웅의 지적처럼 김남주는 80년대 우리 문학사에서 빼놓을 수 없는 독보적인 자리를 차지하고 있다. 그의 시집 『나의 칼 나의 피』는 이것이 단순한 수사적·심정적 탄식이 아니라, 팽팽하게 결실된 문학적 진실임을 증언한다. 이 시집을 통해 우리는 그가 80년대 우리 시의 전개과정에 단지 침묵으로써가 아니라 작품으로써도 예리하게 동참하고 있으며 육신의 감금 상태에도 불구하고 그의 시 정신이 더욱 옹골지게 단련되고 있음을 확인한다.[2]

김남주 시인은 그야말로 1980년대의 시대적 상황을 추동(推動)한 대표적인 시인이다. 그는 사회 변혁의 과제와 이념의 한복판에서 온몸으로 밀고 나간 이 시대의 빛나는 전사다. 그의 위대한 점 가운데 하나는 새로운 한 시대를 대표하면서도 역사로부터 민중적·민족적 전통을 올곧게 이어받고 있다는 점이다.[3] 하지만 김남주의 시에 대한 일반적인 평가는 혁명적·투쟁적 전사[4]라는 틀에 갇혀 정당한 문학사적 평가를 받았다고 하기는 어렵다.

김남주가 타계(1994)한 지도 어느 덧 많은 세월이 흘렀다. 그 동안 많은 시인과 평론가들에 의해 그의 시 세계가 꾸준히 설명되었다. 그러나 대개는 민족 문학의 한 전범(典範)으로 다루는 정도에 그쳐 시에 대한 방대한 양과 문학적 질에 비해 극히 미비한 수준에 머물러 있는 실정이다. 이 또한 대부분이 단일 시집의 서평 형식에 주력하고 있어 그의 시 세계에 대한 총체적인 안목을 접하기는 쉽지 않다. 그나마 총체적으로 접근했다고 평가되는 연구 성과물은 석사학위 논문(박미숙·박진향·김영신·이석철) 4편에 불과하다. 사실, 지금까지 김남주의 시 세계에 대해 쓰여진 글들을 살펴보면 그의 투쟁성이나 혁명에 편중되어 다양성을 간과한 상태이다. 이처럼 편중 된 이유를 크게 두 가지로 종합해보면 첫째, 격렬한 시어들과 시인 자신이 언급한 문학관[5]을 토대로 그에 대한 논의가 편견과 고정관념의 사시적인 시각에서 바라 본 점 둘째, 투쟁적 혁명성만 부각시켜 시의 본질인 서정성을 간과한 점을 들 수 있다. 지금까지 김남주의 시 분석은 소위 '의도의 오류intentional fallacy(意圖의 誤謬)에 빠졌음을 볼 수 있다.

Wimsatt Beardsley가 말한 '의도의 오류'란, 문학 작품을 작가의 전기나 시대적 배경, 사회 환경, 작가의 사상과 체험 등을 기준 삼아 비평하는 것이 잘못이라는 것이다. 이와 함께 T.S. Eliot은 「전통과 개인의 재능」에서 '정직한 비평과 감성적인 감상은 시인에게로 향하지 않고 시로 향해 진다'고 말하여 작품 중심의 비평을 주장했다. 김남주의 시가 문학적으로 제대로 정립되기 위해서는 지금까지의 '의도적 오류'를 낳게 한 편협과 사시적(斜視的)인 접근은 지양돼야 한다. 이와 함께 순수 시혼(詩魂)의 서정성을 기반으로 김남주의 시를 총체적인 관점에서 고찰하여 '투사 김남주'가 아닌, '시인 김남주'로서의 자리 매김이 절실하다.

■ 연구사 검토

1974년 『창작과 비평』[6]에 「진혼가」, 「잿더미」 등 7편의 시를 발표하면서 문단에 나온 김남주는 1994년 2월 세상을 뜰 때까지 20여 년 간 치열한 창작활동을 펼쳤다. 그 결과 6권의 시집[7]과 그가 타계한 후에 출간된 유고집 『나와 함께 모든 노래가 사라진다면』 (창작과 비평, 1995) 등 창작시집 7권에 450여 편의 시를 남겼다. 또한 번역시집으로 하이네·브레히트·네루다의 시선집 『아침저녁으로 읽기 위하여』 (남풍, 1988), 하이네 정치풍자 시집 『아타트롤』 (창작과 비평, 1991)이 있으며, 옥중 서한집으로 『산이라면 넘어주고 강이라면 건너 주마』 (삼천리, 1989)와 시선집 『사랑의 무기』 (창작과 비평, 1989), 『함께 가자 우리 이 길을』 (미래사, 1991), 옥중 시 선집 『학살』 (한마당, 1990), 산문집 『시와 혁명』 (나루, 1991), 옥중 시 전집 『저 창살에 햇살이 1·2』 (창작과 비평, 1992) 등이 있다.

그의 시작(詩作)은 사회적·정치적 억압 속에서 끊임없이 시를 쓰고 시집을 출간한 것만으로도 우리 시사(詩史)에서 보기 드문 모습을 보여줬다. 군사 독재의 몰락은 민중들의 억압된 정치적 욕구를 분출시켜 주었다. 그러나 80년대에 벌어진 참혹한 학살을 통해 다시금 정치적 표현이 금지되었다. 민중들은 그에 굴하지 않고 6월 항쟁을 이끌어 내어 80년대를 역동적인 시대로 만들어갔다. 이러한 시대적 진폭 속에서 우리 문단도 역동적이고 투쟁적인 모습을 보여주었다. 이러한 시대의 한복판에는 옥중시인 김남주가 있었다. 이런 김남주에 대한 연구 자료들을 보면 시인의 생애에 대한 회고를 다룬 글과 그의 시 세계를 다룬 글이 약 70여 편 정도이다. 이들 자료들은 대개 추모나 기념의 목적[8]으로 쓰여진 경우나 민중 문학을 개괄하는 자리에서 단편적인[9] 것, 시집 해설[10]이나 서평[11]의 글, 그리고 비교적 총체적인 시각으로 분석을 시도하고 있는 글[12]과 논문 형식[13]의 글이 있다. 지금까지 발표된 글 가운데 비교적 중요하다고 생각되는 몇 편을 선정해 간략하게 검토해 보기로 한다.

먼저, 김남주의 시에 대한 최초의 언급은 1980년대 전반의 김진경에서 비롯된다. 그는 김남주의 시를 강인한 정신과 투쟁적 진정성에 초점을 두고 시에서 '예언과 선언 정신'을 포착했다. 70년대 문학 전반을 관류하는 특징으로 김진경은 '죄의식'을 들고 있다.[14] 그가 주장하는 죄의식은 농촌의 희생과 사회·경제적 불평등 위에 추진되어 온 경제적 근대화가 남긴 정신적 상처이며, 특히 농촌이나 하부 계층 출신의 지식인들에게 있어 중대한 의미를 지녔다고 보고 있다.

두 번째는 1980년대 후반의 연구들이다. 염무웅은 김남주의 초기 시를 언어의 운율에 대한 극히 세심한 배려, 이미지의 반복과 대조에 의한 점층적 효과, 반어법, 대화체 등의 활용을 통한 소격 효과 따위를 용의주도하게 구사할 줄 안다는 점에서 김수영 문학의 현대성을 전수 받고 있으며, 자유나 죽음 같은 개념들도 그에게서 배운 것이라 했다.[15] 다만 김수영이 소시민 지식인의 한계 안에서 기어이 소시민성을 넘어서려 했다면, 생활인으로서의 행보가 훨씬 가벼운 김남주는 자신의 사회적 존재 자체를 전환시킴으로써 차별되며, 김수영적 현대성은 몇몇 뛰어난 작품의 산출에도 불구하고 체득된 것이라기 보다는 학습된 것이라고 갈파한다. 또한 김남주의 시의 가파르고 메마른 이념, 투지와 적대감의 이면에 최선의 절제된 형식, 우리말의 내재적 힘과 가락은 오늘의 민중적이라 자처하는 시인들이 배워야 할 점이라고 지적한다. 또 김준태는 김남주의 초기 시에 드러난 자괴감은 60, 70년대 소시민주의 미학으로 이 땅의 시인들에게 큰 영향을 끼쳤던 김수영의 자조적 미학과 같은 데에 김남주의 정서도 기댄 바 있다.[16] 하지만 김수영이 6·25 전쟁 당시 '거제도 포로수용소'에서 복역 생활을 했다면, 김남주는 4·19혁명의 대가로 얻어진 60, 70년대 이후 끊임없는 역사의식의 전진과 학생운동의 흐름 속에서 광주교도소를 거쳐 나왔다는 점에서 김지하에 훨씬 가깝다고 할 수 있다. 이는 곧 4·19시대의 정서, 그리고 유신시대·긴급조치 시대의 상처 어린 정서가 맞닿아 있기 때문이다. 김수영의 한계가 서구적, 모더니즘적, 지식인 문화적인 초현실주의인데 반해, 김남주는 반서구적이고 반 모더니즘, 반 지식인적이며 아울러 민중적·민족적인 면에서 차별을 둔 점이 주목할 만 하다. 이와 함께 윤지관은 김남주의 시의 표현상 특징 중 하나인 풍자적 양상에 대한 최초의 연구를 시도 한 바 있다. 김남주의 시는 이 풍자의 형식을 거침으로써 순수하고도 강렬한 사랑과 증오의 정서가 더욱 통렬한 파괴력을 가진다고 보았다. 풍자를 사용해서 지배 권력의 야만성과 가증스러움을 여지없이 폭로하는 데 탁월했으며, 풍자의 주된 대상은 자본가와 매판파쇼 권력, 그리고 관료와 경찰 등 폭력적인 공권력을 비롯한 그 하수인들이었다. 풍자 정신은 60년대 김수영이나 70년대 김지하의 시를 일관하여 흐르던 정신이기도 하다. 연장선상에서 김남주의 시 세계 역시 강렬한 풍자 정신으로 지배 계급의 허위를 폭로하고 삶의 모든 진실에 스스럼없이 다가서는 리얼리즘의 효과를 가지고 있음[17]을 입증하려 했다. 그리고 유성호는 김남주의 시 세계를 논할 때, 하나의 빛깔[18]을 가진 몇몇 대표 시를 위주로 가치 평가하는 것은 생산적이지 않다는 점에 주목하고 있다. 그는 김남주의 시 세계를 연대기적[19]으로 구분하면서 자연스런 시적 호흡률을 바탕으로 한 노래로서의 서정시, 그리고 독자들에 예술적 성취도를 들고 있다. 초기 시는 해방기 이후 민족, 민중들의 삶과 정서 및 농촌사회의 구조적 모순에 문학적 초점을 맞추었다. 옥중 시는 노래로의 서정시에 단호한 전투성을 실어 분노와 증오의 미학을 형상화하였다고 보았다. 여기에서 김남주 시에는 시인과 시적 화자가 따로 미학적으로 분리되지 않는다는 점[20]에 주목한다. 후기 시에서는 사회주의 이념의 몰락과 상업주의 문학의 위협 등 위기 속에서 그 동안 등한시했던 일상성을 통한 자기탐구에 몰두한다고 보았다.

김남주의 시 세계를 연구, 최초 학위 논문으로써 의미를 지니고 있는 박미숙[21]의 글이다. 그는 김남주의 생애(1946~1994)를 모두 네 단락(성장기<1946~1963>, 활약기<1964~1978>, 민족문학의 탄압에 대한 현실적 고뇌-감옥 안<1979~1988>, 민족문학의 새로운 활로 모색-감옥 밖<1989~1994>)으로 나누어 살폈다. 또한 작품에 나타난 경향에 있어서도 전·후기로 구분하여 분석했다. 전기를 네 번째 시집(『진혼가』 <1984>, 『나의 칼 나의 피』 <1993>, 『조국은 하나다』 <1993>, 『솔직히 말하자』 <1989>) 으로 규정한 그는 『진혼가』는 혼의 소리로, 『나의 칼 나의 피』는 피의 절규, 『조국은 하나다』는 민족 공동체 형성, 『솔직히 말하자』는 사랑의 위대함으로 보고 있으며, 후기에는 『사상의 거처』 (1991)에 나타난 감시 속의 휴식으로, 『이 좋은 세상에』에 나타난 짓밟힌 생명의식으로 김남주 시 세계를 정리하고 있다.

또 임선영은 사회 과학적 인식의 시화(詩化)를 계급사관과 시적 구도 및 민족해방과 통일지향으로 구분하여 역사적 해결 방안에 관한 작가의 투철한 역사관에 관하여 살펴보았다. 또한 체험과 실천을 통한 진실성 구현을 감옥에서의 체험과 출감 후의 시적 변모를 중심으로 한 사회적 접근으로 다루면서 부분적인 측면만이 아닌 전체적인 시각의 접근 필요성을 언급하고 있다.[22] 김영신은 김남주 시의 투쟁성이나 혁명성에 편중된 연구로 인해 그에 대한 연구가 이루어지지 못하였다고 전제하였다. 그의 시가 투쟁성이나 혁명성에 편중되었다고 본 이유는 첫째, 그의 시에서 보여주는 '칼, 낫, 피, 창, 총, 싸움, 투쟁, 학살, 전사'같은 시어들이 기존 전통적 서정시에 익숙한 독자들에게 거부감을 안겨주었고 둘째, 이러한 시어들과 시인이 언급한 문학관을 토대로 그에 대한 논의가 편견과 고정관념에 빠져들었으며 셋째, 그의 시 세계를 인정하지 않았던 일부는 침묵으로 일관했다는 점을 들고 있다.[23] 따라서 김영신은 순수 시혼인 서정성을 기반으로 하여 혁명을 향한 인간적인 순수 열정에서의 진정한 서정과 자연 친화적이고 일상적인 정서에서 순수 서정으로 나누어 보았다. 김남주의 서정적 특징은 투쟁적·민중적·풍자적·순수서정으로 구분하여 분석하고 있다. 그러나 그의 논문은 우선 혁명의 개념을 제대로 보지 못하였고, '서정이라는 개념'과 김남주 시의 특성을 밝히지 못하면서 도식적이라는 혐의를 받을 수 있다. 이는 투쟁적인 것과 민중적인 것, 풍자적인 것이 그의 시 전체에서 흐르는 특성으로 민중적 휴머니즘[24]과 통한다고 보았을 때는 그 의미가 사라지기 때문이다. 박진향은 앞선 논문들보다 체계적인 논문[25]형태를 갖추었다는 점에서 의의가 있다. 그의 연구 목적은 첫째, 김남주 시의 문학성을 저항시의 한 전형을 마련한 것에 두었다. 둘째로 그의 시가 한국적 농촌 공동체를 지향하고 있다는 점을 들어 현대성과 전통성이 결합하였다고 보았다. 마지막으로 그는 김남주 시문학에 대한 평가가 개괄적이고 학문적 연구의 필요성을 제기했다.

이어 이석철은 김남주의 시편들은 강한 사회성을 지닌 개념 시들로 그의 사상을 만들어냈던 삶들을 고찰해보지 않고서는 제대로 짚어낼 수 없다고 전제, 김남주 시인이 자신의 세계관을 형성하는 10, 20대의 생애에 대해 고찰하여 그가 살아온 시대와 그의 삶의 태도에 대해서 고찰하고 있다.[26] 또 이석철은 '시인 이전의 김남주'가 어떤 자세로 학창 시절을 보냈는지, 그의 학생운동 경험이 그의 문학관에 어떠한 영향을 미쳤는지를 살펴보았다. 특히 이석철은 개념시인 시인의 시를 혁명 시로 보고 그의 시론을 분석하는 것에 초점을 두었다. 혁명 시라는 개념의 모호성이 다소 논문을 불안정감을 주고 있지만, 그는 혁명을 한국사회의 정치적 상황의 변화와 그에 동반하는 인식의 변화로써 상정하고 4·19와 5·18을 통해 혁명의 개념을 정의하고 있다.

■ 연구 목적 및 방법

본고의 연구 목적은 시를 무기로 싸운 '전사 김남주'라는 그 동안의 편협 된 시각을 지양하고 '시인 김남주'로서, 그의 시에 대한 미학의 본질과 가치, 그리고 문학사적으로 진정한 가치 평가를 내리도록 하는 징검다리 역할에 있다. 이를 위해 작품의 주제나 시어에서 드러나는 정서를 바탕으로 투쟁성이나 저항성에 가려진 김남주 시의 서정성 즉, '투사나 전사'로서가 아닌 '시인 김남주'의 본질을 찾는데 역점을 두고자 한다. 연구 방법은 기존의 연구 성과를 바탕으로, 김남주의 시집 『진혼가』, 『나의 칼 나의 피』, 『조국은 하나다』, 『솔직히 말하자』, 『사상의 거처』, 『이 좋은 세상에』와 유고시집 『나와 함께 모든 노래가 사라진다면』 등 7권에 수록된 450여 편을 기본 텍스트로 삼아 역사주의 비평의 모방론이나 표현론적인 관점과 사회·문화비평의 효용론적 관점인 리얼리즘, 전통적인 풍자 이론을 비롯하여 형식주의 비평 등 작품에 드러나는 서정성을 다각도로 조명, 김남주의 시 정신과 예술성을 고찰할 계획이다.

그리고 김남주 시 세계의 체계적인 연구를 위해 작품 경향을 ▲ 소시민적 잠재의식(등단에서 수감 전까지<초기 시, 1974~1978>) ▲ 혁명도구로서의 시(중기 시<옥중 시, 1979~1988>) ▲ 생성과 화해의 서정세계(출옥에서 타계까지<후기 시, 1989~1994>) 등 3기로 나뉘어 시 세계의 변모 양상을 살펴보고자 한다.

김남주 시의 변모 양상

■ 소시민적 잠재의식

김남주의 시 세계를 올바르게 이해하기 위해서는 그가 살았던 시대적 상황을 살펴볼 필요가 있다. 그것은 시의 전반적인 사상이나 철학을 지배하고 있어 문학적 경향을 짚는데 매우 중요한 열쇠가 되기 때문이다. 한 시인이 생존했던 시대의 사회적·문화적 여건, 그리고 성장배경과 환경 등이 그 시인의 정신세계를 형성하는 주요한 요소라는 것은 분명하다. 그러나 작가의 생애나 전기에 대한 연구는 자칫하면 한 작가의 연대기적 사실의 나열이나 또는 단순한 회고록에 지나지 않는다.27)

김남주는 1946년 음력 10월 16일 전남 해남군 삼산면 봉학리에서 아버지 김봉수씨와 어머니 문일님씨 사이에서 둘째 아들로 태어났다. 그곳에서 초등학교와 중학교(삼산중)를 졸업한다. 그는 정서의 틀을 형성해주는 어린 시절을 오직 농촌의 자연과 교유하면서 지냈다. 중학교까지 농촌에서 마친 김남주는 이윽고 1964년 광주제일고등학교에 입학하게 된다. 주지하다시피 광주제일고는 일제시대 학생운동의 봉화를 올렸던 「광주학생독립운동」의 근원지로서 호남지방의 명문이었다. 그러나 김남주는 입시위주의 획일적인 교육에 반대하고 이듬해 자퇴, 대학입학 검정고시를 거쳐 1969년 전남대 영문과에 입학했다. 그의 대학시절의 사회상은 어떠했던가. 1960년대는 동학농민전쟁과 3·1운동 이후 최대의 시민봉기(학생봉기)였던 4월 혁명(1960)이 막을 올렸다. 또 이듬해인 5·16(1961)이 터지고 이어 제3공화국 탄생(1963)과 함께 비상계엄선포, 한일협정 조인(1965), 한미행정협정 발효(1967), 3선 개헌안 국민투표(1969) 등으로 사회는 혼란에 빠졌다.

이처럼 나라가 유신시대의 서릿발이 횡행하던 당시의 현실은 열혈청년 김남주를 그냥 놔두질 않았다. 1972년 이 강(李 剛)과 함께 만든 지하신문 「함성」지 사건으로 이듬해 체포되어 10여 개월의 옥고를 치렀다. 그로 인해 김남주는 전남대에서 제적당하고 본의 아닌 귀향을 한 것이다. 고향으로 돌아온 김남주는 1974년 『창작과 비평』 여름호에 「진혼가」, 「잿더미」, 「비」 등 일곱 편의 시를 투고하면서 본격적으로 시작활동을 전개했다.

김남주 시의 에너지가 저장된 원체험은 가난에 대한 기억에서부터 출발한다. 그래서 가난은 그의 삶과 문학을 지탱해 준 양심의 발원지이기도 하다. 그의 부친은 '밭 한 뙈기 없는 남의 집 머슴'(「아버지」)이었고, 어머니는 '봄 여름 가을 없이 평생을 한시도/ 일손을 놓고는 살 수 없었던 사람/ (…) / 나의 피이고 나의 살이고 나의 뼈였던 사람'(「어머니」)으로 기억된다. 김남주의 가슴에는 그가 저버린 아버지와 어머니의 비원(悲願)이 새겨져 있다. 젊은 시절을 감옥에서 보낸 김남주는 아버지의 삶과 죽음을 다음과 같이 돌아보고 있다.

아비야
확확 숨통 터지는
논바닥을 기어다니면
보람도 없이 뼉뼉
논바닥을 허물면 뭣 한다냐

<초기 시 「아버지」 일부>

그는 죽었다 홧병으로
내가 자본과 권력의 모가지에 칼을 들이대고
경찰에 쫓기는 몸이 되었을 때
식구들에게 둘러싸여 마지막 숨을 거두면서
그는 손을 더듬거리고 나를 찾았다 한다

<옥중 시 「아버지」 일부>

김남주가 떠나온 가족과 그들이 평생 헤어나지 못한 가난에 대한 이 뼈아픈 기억은 전사의 길로 들어선 그에게 단호한 투쟁의 결의와 열정으로 전화(轉化)된다. 그리고 농민회 활동을 하던 무렵 쓴 「노래」(1977) 같은 절창에서 이미 그 점은 확인된다. 훗날 80년대의 함성으

꽃이다 피다
피다 꽃이다
꽃이 보이지 않는다
피가 보이지 않는다
꽃은 어디에 있는가
피는 어디에 있는가
꽃 속에 피가 잠기는가
핏속에 꽃이 잠기는가
(…)
겨울은 어떻게 피를 흘리고
동토를 녹이던가
봄은 어떻게 폐허에서
꽃을 키우던가 겨울과
봄의 중턱에서
보리는 무엇을 위해 이마를 맞대고
눈 속에서 속삭이던가
(…)
아는가 그대는
봄을 잉태한 겨울밤의
진통이 얼마나 끈질긴가를
그대는 아는가
육신이 어떻게 피를 흘리고
영혼이 어떻게 꽃을 키우고
육신과 영혼이 어떻게 만나
꽃과 함께 피와 함께 합창하는가를

꽃이여 피여
피여 꽃이여
꽃 속에 피가 흐른다
핏속에 꽃이 보인다
꽃 속에 육신이 보인다
핏속에 영혼이 흐른다
꽃이다 피다
피다 꽃이다
그것이다!

<「잿더미」 일부>

시의 초반부에서 꽃과 피의 엇갈리는 행방에 사방으로 발산하던 의식은 한겨울의 눈 속에서 싹을 틔우는 보리밭의 매개를 거쳐 '꽃과 함께 피와 함께 합창하는' 즉, 삶과 죽음이 통일된 혁명의 장으로 수렴된다. 시의 표제가 말하는 '잿더미'는 자신의 삶을 태워서라도 일구려는 다른 삶에 대한 간절한 희구, 그 순정한 유토피아적 열망의 다른 이름인 것이다. 김남주 시의 영광을 증언하는 삶의 비극성은 여기에 기원한다.

"시인의 사명은 고향이다"라고 하이데커는 말했다. 휠더린이 시 「귀향」을 말하는 자리에서 시인은 귀향을 통하여 고향사람들의 인사를 받고 근원과 본질에서의 접근을 시도하게 된다고 말했다. 아울러 역사적 본질과도 대면할 수 있는 곳이 바로 고향이라고, 그리하여 하이데커는 휠더린의 싯귀로 "그대가 찾는 것, 그것은 가까이 있고 이미 그대와 마주치고 있다"고 의미의 부여를 하고 있는 것이다. 한 시인의 시를 진정으로 이해하려면 그 시인의 탯자리를 더듬는 일은 당연하다.

차마 부끄러워
밤으로 찾아든 고향
달도 부끄러워 숨어 버렸나
들판도 그대로 어둠으로 깔리고
어둠으로 보이는 것은 농민의
농민에 의한 농민을 위한
허수아비뿐이다

차마 부끄러워
어둠으로 기어든 마을
똥개도 부끄러워 짖지를 않나
길은 넓혀졌지만 지붕도 벗겨졌지만
개똥불처럼 전기불도 가물거리지만
소리 껍데기뿐이다

차마 부끄러워
도둑처럼 밀어 여는 사립문
고양이도 부끄러워 엿보지 않나
텅 빈 마당이 허전하고
텅 빈 마굿간이 허전하고
발길에 밟히는 것은 소르라치게 놀라
달아나는 쥐새끼 뿐이다

<「달도 부끄러워」 전문>

독일의 하이데거는 휠더린을 말하면서 인간은 본질·원천을 찾기 위해서는 '귀향'을 서둘러야 한다고 했지만, 김남주는 어쩌면 고향으로 다시 쫓겨난 것인지도 모른다. 앞서 살폈던 그의 시 「달도 부끄러워」에서처럼 어쩔 수 없이 그는 '차마 부끄러워' 어둠을 도와 고향으로 숨어들 수밖에 없는 그런 심사이었으리라. 그에게 '보이는 것'은 모조리 '어둠 뿐'이었고, 이농시대의 "농민의/ 농민에 의한/ 농민을 위한 허수아비"가 그의 고향에서 그를 기다리고 있을 뿐이었다. "똥개도 부끄러워 짖지 않는" 고향, 새마을운동인가로 "길은 넓혀졌지만/ 지붕도 벗겨졌지만/ 개똥불처럼 전기불도 가물거리지만/ 원귀처럼 소소리처럼", "한숨소리와 껍데기 뿐"으로 남아버린 고향, 김남주는 그 고향의 사립문을 "도둑처럼 밀어 여는" 불효자(?)가 돼버린 자신을 섬찟하게 발견하고 놀란다. 때마침 발길에 밟히는 처마 밑의 쥐새끼에게서도 그는 스스로의 "못난 귀향"을 확인한다. 금의환향이 아닌 처절한 '자기 숨김'의 귀향 속에서 비로소 그는 그가 고향을 떠난 사이 볏단이 둥우리졌던 마당이 텅 비고, 어미 소가 송아지와 더불어 팔려가 버린 마굿간도 이젠 텅 비었음을 서러워한다.

그래서 고향으로 돌아간 김남주의 초창기 시들은 일찍이 한국의 모든 시들이 그래왔던 것처럼 자괴감, 허탈, 빼앗김과 수모에 따른 아픔의 넋풀이 그것의 분위기가 짙다. 말하자면 언어의 한풀이랄까 하는 데에 정서의 깊이를 더 쏟을 뿐, 김남주도 역시 적극적으로 끌어당기지 못하는 터였다. 그럼 유신 시대의 암울함과 김남주 자신의 체험, 그리고 고향세계의 아픔이 담긴 그의 초기 시를 차례로 읽어보자.

1) 동전만한 달걀이 장거리를 헤맨다
바위를 만나 아우성과 함께 박살난다

푸념과 넋두리가 밑 빠진 술통을 가득 채운다
바위를 만나 한숨과 함께 거꾸러진다

<1974년 作 「혓소리」>

2) 총구가 나의 머리 숲을 헤치는 순간
나의 양심은 혀가 되었다
허공에서 헐떡거렸다 똥개가 되라면
기꺼이 똥개가 되어 당신의
똥구멍이라도 싹싹 핥아 주겠노라
혓바닥을 내밀었다
나의 싸움은 허리가 되었다 당신의
배꼽에서 구부러졌다 노예가 되라면
기꺼이 노예가 되겠노라 당신의
발 밑에서 무릎을 꿇었다 나의
양심 나의 싸움은 迷宮이 되어
심연으로 떨어졌다 삽살개가 되라면
기꺼이 삽살개가 되어 당신의
손이 되어 발가락이 되어 혀가 되어

삽살개 삼천만 마리의 총성으로
쓰다듬어 주고 비벼 주고 핥아주겠노라
더 이상 나의 육신을 학대하지 말라고
하찮은 것이지만 육신은 나의

唯一의 確實性이라고 나는
혓바닥을 내밀었다 나는
무릎을 꿇었다 나는
손발을 비볐다 나는
… … …<중략> … … …
참기로 했다
어설픈 나의 양심과 나의
미지근한 싸움은 참기로 했다
양심이 피를 닮고
싸움이 불을 닮고
피와 불이 자유를 닮고
자유가 시멘트바닥에 응집된
피 같은 불길은 꽃을 닮고
있다는 것을 배울 때까지는
만질 수 있을 때까지는
온 몸으로 죽음을
포옹할 수 있을 때까지는
칼자루를 잡는 행복으로
자유를 잡을 수 있을 때까지는
참기로 했다
어설픈 나의 양심
미지근한 나의 싸움
양심아 싸움아 너는
차라리 참아라 차라리
참는 게 낫다고 참아라

<1974년 作 「진혼가」>

3) 솔직히 말해서 나는
아무 것도 아닌지 몰라
단 한방에 떨어지고 마는
모기인지도 몰라 파리인지도 몰라
뱅글뱅글 돌다 스러지고 마는
그 목숨인지도 몰라
누군가 말하듯 나는
가련한 놈 그 신세인지도 몰라
아 그러나 그러나 나는
꽃잎인지도 몰라라 꽃잎인지도
피기가 무섭게 싹둑 잘리고
바람에 맞아 갈라지고 터지고
피투성이로 문드러진
꽃잎인지도 몰라라 기어코
기다려 봄을 기다려
피어나고야 말 꽃잎인지도 몰라라
… … …<중략>… … …
허구 헌 날 술병과 함께 쓰러지고 마는
그 주정인지도 몰라
누군가 말하듯
병신같은 놈 그 투정인지도 몰라
아 그러나 그러나 나는
강물인지도 몰라라 강물인지도
눈물로 눈물로 눈물로 출렁이는
불빛인지도 몰라라 기어코
어둠을 사르고야 말 불빛인지도

그 노래인지도 몰라라

<1976년 作「솔직히 말해서 나는」>

4) 없는 놈은 농자금도 못 타쓴다더냐
있는 놈만 솔솔 빼주기냐
조합장 멱살을 거머쥐고
면상을 후려치던 아우야

식구마다 논밭 팔아
대학까지 갈쳐논께
들쑥날쑥 경찰이나 불러들이고
허구헌 날 방구석에 처박혀
그 알량한 글이나 나부랑거리면
뭣한디요 뭣한디요 뭣한디요
터져 분통이 터져 집에까지 돌아와
내 얄팍한 귀창을 찢었던 아우야
내 사랑하는 아우야

오늘 밤과 같이
눈앞이 캄캄한 밤에는
시라도 써야겠다
쌓이고 맺힌 서러움
주먹으로 터지는 네 분노를 위하여
고이고 고인 답답함
가슴으로 터지는 네 사랑을 위하여
차마 바로는 보지 못하고
밥상 너머로 훔쳐보아야만 했던

네 눈 속 네 얼굴을 위하여
시라도 써야겠다
그 알량한 시라도 써야겠다
오늘 밤과 같이
눈앞이 아찔한 밤에는

<1978년 作 「아우를 위하여」>

5) 누가 있어 알아주랴
북적대는 공판장엔
웅성대고 엇갈리는
소리마다 한숨소리
누가 있어 알아주랴

다짜고짜 쿡쿡 질러
대창으로 쇠창으로
여기저기 찔러 놓고
나락 색깔 곱지 않다
쭉정이가 섞여 있다
가마니가 너무 헐다
새끼줄이 퉁퉁하다

퇴짜로다 등외로다
기껏해야 삼등이다
일등품은 하늘의 별
이등품은 가뭄의 콩
퇴짜로다 등외로다

기껏해야 삼등이다

<1975년 作 「추곡」>

지금까지 우리가 여기에서 살펴본 김남주의 초기 시들은 대체로 두 갈래의 복합적 요소가 서로 뒤엉키고 혹은 따로 떨어져서, 어쨌든 그 요소가 서로 상충현상을 일으키면서 하나하나의 시를 이루고 있다. 앞서 살펴 본 1), 2), 3), 4), 5) 다섯 편의 시는 농촌적 요소와 도시적 요소의 부딪침, 고향적 체험의 정서와 유신시대 정치적 상황과의 부딪침, 농촌사회의 순결성에 대한 그리움과 그가 구속기간 중 당하였던 고문(拷問) 세계와의 격렬한 몸살, 자유와 압제 사이를 뚫고 나아가려는 한 시인의 의지의 굴곡현상이 김남주의 60~70년대를 모양 짓고 있다.

특히 김남주의 초기 시에서 무시할 수 없는 대목은 어떤 의미에서든 자괴감 자조어린 그림자의 색채가 애증처럼 깔려있다. 그것은 그의 삶과 투쟁과 감옥생활에서 얻어진 것이리라. "솔직히 말해서 나는 아무 것도 아닌지 몰라" 하는 구절이라든지, "나는 가련한 놈 그 신세인지도 몰라"라든지, 자신을 꽃에 비유하여 "피기가 무섭게 싹둑" 잘려 버릴지도 모르는 처지라든지, "바람에 맞아 갈라지고 터지고 피투성이로 문드러진" 그런 자일지도 모른다 하는 구절이라든지, 또는 "허구헌 날 술병과 함께 쓰러지고 마는 그 주정인지도 몰라" 하는 구절이라든지가 때로는 60~70년대 소시민주의 미학에 어느 만큼 젖어 있음도 상기시켜 준다. 그래서 그런 미학은 당시 이 땅의 시인들에게 큰 영향을 끼쳤던 김수영의 자조적 미학 같은 데에, 김남주 그의 정서도 기대었지 않았나 한다.

앞서 밝힌 바와 같이 김남주는 『함성』지 사건으로 옥고를 치르고 집행 유예로 석방된 경험을 갖고 있다. 이 투옥 경험은 그의 신산스런 삶의 상징적 출발이라고 해도 좋을 성 싶다. 출소 후 그는 고향에 내려가 농사를 짓게 되는데, 그 때서야 비로소 그는 농촌 사회의 구조적 모순에 눈을 뜨게 되었다. 그리하여 그는 흩어져 있던 문학적 열정을 추스르고 파괴된 농촌 공동체를 본격적으로 노래하기에 이르렀다.

특히 그는 등단 이후, 시인으로 활동을 하며 학생운동 시절의 정치 투쟁에서 문화운동까지 눈을 넓히게 된다. 그러한 인식에서 사회문화운동의 구심점 역할로 고민한 김남주는 사회과학서점 '카프카'를 광주에서 운영하게 된다. 그러나 그가 이재(理財)에 밝지 못한 점과 동가식서가숙(東家食西家宿)이 몸에 배인 자유주의적 생활풍토로 인해 서점은 망하게 되었다. 이와 더불어 오랫동안 계속된 도시에서의 무력한 룸펜적인 생활은 시인에게 심각한 고민을 던져 주었고 결국 모든 것을 회의하기 시작하게 만들었다.

이런 모습은 그가 『창작과 비평』에 발표한 시들에서 예견할 수 있다. 이미 그 시기 시인은 여러 가지 갈등 속에 있었던 것으로 보인다. 즉 그는 룸펜적인 생활을 극복하지 못하는 자신의 모습에 대한 반성과 구속된 친구, 선배, 후배들 속에서 혼자 사회에 남아 있는 것에 대한 죄책감 혹은 미안함으로 더욱 큰 투쟁을 생각하고 있던 것이다.

김남주가 문단에 나올 이 무렵은 폭정의 통치와 역설의 논리만이 판치는 유신치하였다. 그러나 70년 우리 시대의 올바른 가치 정립을 위한 다양한 유형의 저항의 몸짓은 엄연하게 존재했다. 작가적 양심으로 작품을 발표한 작가들과 엄정한 역사적 현실을 직시하려 했던 학생과 노동자들의 투쟁이 없었다면, 70년대는 부끄러움 그 자체의 역사였다고 해도 지나치지 않을 것이다. 김남주 시인의 작품 역시 반 유신 의식의 소산이었다. 이 시기의 시적 자아는 현실 극복을 꿈꾸는 낭만적 모더니스트였고, 소시민 의식을 가지고 있었다. 잠재력으로서의 소시민 의식을 가진 이 단계의 잡다한 현실의 모순들이 무엇을 핵심 고리로 하고 있으며, 또 어디에서 연유되어 이후에는 어디로 흘러갈 것인지를 잘 모르는 자, 즉 초기 문제의식을 느끼는 단계에 선 자이다.

김준태는 김남주의 초기 시를 한 마디로 이렇게 정리하고 있다. 「동물원 1·2·3」, 「그들은 누구와 함께 자고 있는가」, 「진혼가」, 「우습지 않느냐」, 「휫소리」, 「솔직히 말해서 나는」 등의 작품은 70년대 소시민적 미학의 한계를 벗어나지 못하고 있다.[28]고 지적했다. 하지만 이때부터 김남주의 시는 지식인으로서의 무기력한 한계를 극복하고 혁명의 도구로서 탄탄한 기초가 닦여졌음을 알 수 있다. 뿐만 아니라, 이 시기의 시는 민족, 민중적 관점에 기초한 삶의 정서나 삶의 질곡과 모순을 구체적으로 드러내는 비판적 흐름을 형성, 서정시의 대중적 소통 가능성을 일상어법으로 확장해 가는 시기였다. 이러한 시기에 그의 첫 시집 『진혼가』 (청사출판사)는 부단히 죄어오는 정치적인 물리적 외압에 저항하면서 파괴되어 가는 농촌 공동체의 모습을 표현하고 있다.

■ 혁명의 도구로서의 시

김남주의 옥중 시는 야만적이고 절박한 상황의 산물이다. 감옥은 육체적으로 가장 부자유스럽고 고통스러운 공간이지만, 역설적으로 최대한의 사상표현의 자유가 보장된 곳이었다. 남민전 관련자로서 모두로부터 버림받고 내팽겨쳐진 '개털'이기에 눈치 볼 것 없이 생각하고 표현할 수 있는 느긋한 배포와 감시의 눈을 피해 몰래 한자한자 시를 새겨가는 희열, 그리고 이를 몰래 감옥 밖으로 내보내 독자들의 손에까지 닿게 하는 힘겹지만 즐거운 투쟁의 나날들. 감옥에 갇힌 김남주는 공공연한 학살과 제도화된 폭력이 정의와 질서의 이름으로 떵떵거리며 활개 치던 칠흑의 시대에 감옥 밖의 어떤 시인보다 거침없이 폭력을 폭력이라 부르고 학살을 학살이라 부를 수 있는 자유를 누렸다. 그것은 "묶임으로써 풀어지는 포승의 자유/ 갇힘으로서 넓어지는 자유의 영역"(「정치범」)이었고, 시인은 아무런 자기검열 없이 계급적 시각으로 반 외세 민족해방의 의지를 표현하였다. 그는 출옥 후 "신체의 자유에서야 감옥에서보다는 더 많은 자유를 누리고 있지만 사실 나는 사상이라든가 표현이라든가 창작이라든가 하는 정신적인 자유에서는 감옥에서보다 훨씬 적은 자유밖에 누리지 못하고 있다"고 한탄하면서 '피가 졸아드는 두려움'과 '쓰라린 희열'을 느끼며 시를 쓰던 그 시절이 가장 행복했노라고 고백한 바 있다.

그의 옥중 시는 독자에게 속 시원하고 통쾌한 해방감과 대리만족을 준다. 감옥의 시인도 '거미줄이 거미 똥구녕에서 술술 풀려나오듯이/ 막힘없이 거침없이' 시가 씌어질 때, '배설의 쾌감'과 카타르시스를 느낀다. 그러면서도 그는 시가 쉽게 씌어지는 데 대한 자의식을 감추지 못한다.

> 왜 이런 일이 일어나는 것일까 나 같은 놈에게
> 멋도 없고 가락도 없고 서정도 없는 엉터리 시인에게

이런 일이 어떻게 일어나는 것일까 벽이
내 귀를 막아주어서 그러는 것일까
아닌 밤중에 느닷없는 호루라기 소리 어지러운 군홧발 소리 문 두드리는 소리
안보적 차원에서 쏘아 올리는 공포탄 소리를 이 벽이
원천 봉쇄적으로 내 귀를 막아주고 있어서 그러는 것일까
보기만 해도 겨드랑이에 소름이 돋고 아랫도리가 떨려오는 것들—
해골바가지와도 같은 전투경찰들의 투구와 방패막이
권력의 담벼락을 등지고 행인의 가슴을 향해 아가리를 벌리고 있는 쇠뭉치들
자본가의 대문턱에서 허옇게 으르렁대고 있는 이빨의 개들
지하실의 피비린내 나는 고문도구들 — 이런 것들이 뵈지 않도록
벽이 네 벽이 사방천지를 가려주고 있어서 그러는 것일까

<「시를 쓸 때는」 일부>

사방을 옥죄는 감옥의 벽도 한편으로는 현실의 폭력과 위협을 원천적으로 막아주는 보호막이 되기 때문에 너무 쉽게 시가 씌어지는 것이 아니냐고 시인은 자책한다. 그러면서 "시를 쓸 때는 어둠으로 눈을 가리고 써라/ 공포탄으로 귀를 막고 침묵 속에서 써라 내일 아침이면/ 뜨는 해와 함께 밑씻개가 되기 위하여 오늘밤에 써라/ 쓰는 족족 어둠으로 지워가면서 써라 찢어가면서 써라"고 스스로를 다그친다.

감옥은 이처럼 시인을 현실의 직접적인 폭력으로부터 보호해주고 의식을 날카롭게 벼려주는 시의 요람이 되기도 하지만 동시에 현실

의 구체성을 차단함으로써 "삭풍에 제 몸을 내맡긴 관념의 나무처럼 / 잎도 없고 가지만 앙상"하게, "시가 메말라가"는 시의 무덤이 되기도 한다(「아 얼마나 불행하냐 나는」). 김남주의 옥중시가 80년대 한국시의 지평을 확대하고 문제의식을 한 차원 끌어올린 것은 누구도 부인할 수 없는 사실이지만 그 중 상당부분이 관념적 도식성과 계급적 이분법, 각박한 증오심에 갇혀있는 것은 그것이 감옥에서 씌어졌다는 태생적 조건 때문일 것이다.

김남주 시의 대부분은 옥중에서 씌어진 것이다. 청년기 이후 짧았던 생의 절반을 감옥에서 보내야 했던 그에게 시를 쓰는 일은 곧 정지된 시간의 사슬과 유폐된 공간의 벽을 허물기 위한 고투 자체였다. 그리고 동시에 자신의 외로운 싸움이 감옥너머에서 벌어지는 싸움에 불씨가 되기를 그는 갈망했다. 그러한 투쟁이 가열 될수록 시에 대한 그의 생각도 더욱 견고해진다. 옥중에서 아내 박광숙에게 보낸 편지에서 그는 "나는 남민전에 들어갈 때 이름도 없이 죽어가야 한다고 생각했소."라고 전사로서의 결의를 거듭 표명했었고, 또 스스로를 '낡은 사회의 뿌리를 통째로 뽑아버리는 혁명적 민주주의자'로 규정했다. 시에 대한 생각 역시 그러한 자기규정과 정확히 일치한다. 김남주는 '소시민적 서정성, 자유주의적 서정성, 봉건사회에서 자연스럽게 이루어진 고리타분한 무당굿이라든가 판소리 가락에 묻어나오는 골계적, 해학적, 한적(恨的) 서정성'을 남김없이 제거하려 했다. 그의 이야기 시편 중에 촌철살인의 풍자가 적지 않지만, 대상의 허구성을 폭로하는데 주력하는 풍자가 김남주 시의 본령이 아닌 것도 그런 연유에서다. '산문적 호언장담을 일삼는 경향 시'에 거리를 두었던 것도 같은 이유로 설명될 수 있다. 그리고 김남주 시의 간명한 구체성은 '민중생활의 자질구레하고 구차스럽고 미분화된 삶을 자연주의적 수법 내지 몽타주 수법으로 나열'하는 작법 또한 거부한다. 김남주 시가 지향하는 '다양성의 통일' 즉, 구체성은 이런 이유에서 압축과 긴장을 그 생명으로 한다.

미국이 있으면
삼팔선이 든든하지요
삼팔선이 든든하면
부자들 배가 든든하고요

<「쓰다 만 시」 일부>

이 같은 시가 그러한 시적 운산의 단적인 본보기라면.

때로는 나의 시가 탄광의 굴속에 묻혀 있다가
때로는 나의 시가 공장의 굴뚝에 숨어 있다가
때를 만나면 이제야 굴욕의 침묵을 깨고
들고 일어서는 봉기의 창끝이 되기를

<「나는 나의 시가」 일부>

갈구하는 반복어법 역시 김남주 특유의 시적 긴장과 고도로 절제된 치열한 사유의 산물이지 결코 '산문적 호언장담'이 아니다. 시의 전경에 드러나는 반복의 리듬은 '생활의 자연스러운 흐름'처럼 보이기도 하지만, 그러한 표면상의 리듬보다는 오히려 보이지 않게 흐르는 리듬이 더욱 역동적이다. 보이지 않는 리듬의 호흡은 시간의 순차적 흐름을 일순간 분쇄하고 낡은 세계를 전복시켜 다른 삶을 열어

갈 창조적 파괴의 에너지를 내장하고 있기 때문이다. 이처럼 형식과 내용이 팽팽한 긴장 속에 통일된 국면이야말로 김남주 시가 구현한 진정한 현대성에 해당될 것이다. 그 현대성의 핵을 옹글게 다지는 역동적 힘이 곧 혼신의 투신에서 비롯됨은 두 말 할 나위 없다. 특히 반복의 리듬을 타는 김남주의 시들은 거의 예외 없이 다른 어떤 설명이나 수식어로 대체될 수 없는 격렬한 몸짓을 느끼게 한다. 브레히트가 '시적 언어의 게스투스' 라 일컬은 그 몸짓에 힘입어 '탄광의 굴 속'이나 '공장의 굴뚝'같은 평이한 시어조차 다른 개념이나 대상으로 환원될 수 없는 일회적 구체성을 얻고, 본래의 의미에서 시적 명명이 되는 것이다. 그런 연유에서 "길은 내 앞에 있다/ 나는 알고 있다 이 길의 시작과 끝을/ 그 역사를 나는 알고 있다"(「길 2」)고 할 때 시인의 명징한 의식은 기계적 유물사관의 도식에 짜 맞춘 관념 따위에 포획되지 않으면서 결연한 정신의 기품을 담담하게 술회할 수 있게 되는 것이다.

김남주의 옥중 시는 다채롭다. 영어(囹圄)에도 감옥 바깥의 움직임을 예민한 촉수로 탐지하고 있었기 때문일 것이다. 광주민주화운동의 소식을 접하고 철창을 붙잡고 울었다는 시인은 "너희들이 팔아먹은 탄환으로 벌집 투성이가 된 내 조국의 심장을"(「학살 2」) 보라는 절규로 '80년 광주'를 누구보다 예리하게 포착하고 있다. 또 무기수로 함께 징역을 살다가 북쪽으로 송환되는 노인을 떠나보내며 "남과 북이 하나가 되는 날 그 날이 오면/ 우리 다시 쌀 한 톨로 만나 헤어지지 말자고"(「쌀 한 톨」) 속으로 다짐하는 대목이나 「병사의 밤」같은 시를 읽으면 분단과 통일에 대한 깊은 성찰과 뜨거운 마음을 엿볼 수 있다. 하지만 철인이 아닌 시인에게 가족과의 격절(隔絕)

은 무엇보다 견디기 힘든 고통이었을 것이다. 감옥의 벽을 때리는 흙바람 소리에 떨리는 가슴을 노래한 「수인의 잠」이나 창 밖의 별을 보며 죽은 아버지를 생각하는 「아버지 별」같은 시에는 돌아갈 수 없는 고향과 가족에 대한 애틋한 그리움과 비애가 묻어 있다. 죽음의 집에 정지된 시간과 싸우며 시인은 일찍이 김수영이 설파한 '사랑의 기술'을 자신의 것으로 터득한다.

기다려요 기다려요 우리 배워가요
쇠사슬 달구어 칼을 벼리는 기술을
안팎으로 쑤셔 들쑤셔 증오의 벽 무너뜨리는 기술을
입술과 입술을 만나게 하고
가슴과 심장을 만나게 하고
형제와 누이와 아버지와 아들이
민중이 나라의 주인이 되게 하는 기술을

<「사랑의 기술」 일부>

취침 나팔소리가 들리고 밤이 깊어갑니다
이제 내 귀는 가까워졌다 멀어져가는
간수의 발자국 소리밖에 듣지 못합니다
이제 내 눈은 벽과 천장과 이따금 감시통으로 나를 엿보는
간수의 눈밖에 보지 못합니다.
나는 보고 싶습니다 이 밤에
잠자리를 펴는 여인네의 허리를
나는 듣고 싶습니다 이 밤에
아기를 잠재우는 어머니의 자장가를
나는 보고 싶습니다 아침에 일어나

행주치마 허리에 두르고 밥상을 차리는 주부의 모습을
나는 듣고 싶습니다 잠자리에서
늦잠꾸러기 남편에게 바가지를 긁는 마누라의 잔소리를
나는 보고 싶습니다 먼 훗날
바람에 날려 대지에 씨를 뿌리는 농부와 그 뒤를 따라오면서
흙으로 씨를 덮는 농부의 아내를

먼 훗날 사내가 다시 동에서 뜨는 해를 보고
서로 지는 달을 보게 될 그런 날

<「세월」 일부>

그대는 타오르는 불길에
영혼을 던져보았는가
그대는 바다의 심연에
육신을 던져보았는가
죽음의 불길 속에서
영혼은 어떻게 꽃을 태우는가
파도의 심연에서
육신은 어떻게 피를 흘리는가

<「잿더미」 일부>

김남주의 시를 읽을 때 받게 되는 인상 중의 하나는 강렬함이다. 그의 시에는 뜨거운 화력과 강한 빛을 내장한 불길이 있다는 것이다. 그 불은 스스로 타올라 혁명의 도구로써 사람을 화염에 휩싸이게 만든다. 위에서 인용한 시의 '꽃' 속에도 육신을 타고 흐르는 불길이 숨어있다. 꽃은 타올라 번져가고 피는 흘러 태우면서 하나의 '무기(도

구)'가 되고 있다. 이와 함께 불은 연소되었다가 잿더미 속에서 다시 살아날 기회를 엿보는 또 다른 '불씨(도구)'가 되고 있다. 그런 의미에서 이 시의 화자는 신에게서 불을 훔친 자이며 그렇게 훔친 불을 인간에게 가져다준 자, 신화적 존재 프로메테우스[29]와 같다고 볼 수 있다. 이 불의 영웅은 새벽과 황혼, 봄과 겨울이란 상반된 시간대를 통과하며 세계를 편력한다. 긴 여정의 종점에서 그는 시의 종결부가 말해주듯 다음과 같은 깨달음에 도달한다.

꽃이여 피여
피여 꽃이여
꽃 속에 피가 흐른다
핏속에 꽃이 보인다
꽃 속에 육신이 보인다
핏속에 영혼이 흐른다
꽃이다 피다
피다 꽃이다
그것이다!

<「잿더미」 일부>

시인의 데뷔작이기도 한 이 작품에서 화자는 꽃과 피, 영혼과 육신의 이원론에서 출발하여 양자가 극적으로 합일하는 순간의 황홀을 향해 나아간다. 그것은 곧 화자가 '그대'라고 부르는 가상의 청자와 일체가 되는 순간이기도 하다. 현상 세계의 이원론은 불을 매개로 하여 궁극적 통일의 순간을 맞이한다. '그것이다'라는 단언은 일상의 지평을 뛰어넘는 시적 순간의 눈부신 현현을 말해주고 있다.

물론 불을 거론하거나 노래한다고 해서 모두 진실된 존재인 것은 아니며 역사의 진보에 더 긍정적으로 기여하는 것도 아니다. 때로 어떤 사람들에게 불은 기회주의적 영합의 표상이거나 진정성을 결여한 일시적 포즈의 산물에 지나지 않을 때도 있다.

불이 아니면 안된다고 자못
핏대를 올리는 녀석들이 있다
놈들을 조심하라 그들은 적당한
아주 적당한 간격을 두고
불 앞에서 불과 타협한다

불을 노래하는 녀석들이 있다
놈들의 주둥이를 비틀어라 그들의 눈은
사슬에 묶인 시인의 간과 닮고 있지 않다

<「불」 일부>

반어적 어법을 취하고 있는 이 시에서 화자는 위선적으로 불을 찬양하고 쉽게 불을 흉내내는 무리를 풍자적으로 질타하고 있다. 이들은 '가련한 휴머니스트'이며 '머리 덜 깬 친구'로서 '불행한 천사'에 불과하다. 그들에게 불은 한순간의 위장에 지나지 않으며 적당한 타협의 대상에 지나지 않는다. 반면 이들의 대척점에 사슬에 묶인 채 매일 새롭게 돋아나는 간을 맹금에게 뜯어 먹히는 시인, 즉 프로메테우스가 존재한다. 따라서 프로메테우스의 삶을 선택한다는 것은 불에 뛰어든다는 것이며 불의 운명이 예비하는 투쟁과 박해로 가득 찬 지난한 삶을 능동적으로 선택한다는 의미이다. 그것이 이 시의

종결부가 말해주고 있는 전언이다.

활
불꽃이 타오른다
어둠이 싫어 어둠의 나라가 싫어
무등산에서 팔공산에서 태종대에서
활 활 활
불꽃이 타오른다

활
성조기를 살라 먹고
반미의 불꽃이 타오른다

활
식민지의 하늘을 붉게붉게 물들이고
해방의 불꽃이 타오른다
<「불꽃」 일부>

내란의 무기 위에 새겨진
피의 이름

시가전의 바리케이드에서 피어나는
꽃의 이름

자유여 나는 부르지 않으리
함부로 그대 이름을

(……)

내란의 무기 위에서 시가전의 바리케이드에서
피의 꽃으로 내가 타오르는 그 순간까지는
<「피여 꽃이여 이름이여」 일부>

불은 점화되어 외부에 그 모습을 드러내는 순간 다른 세상을 고지(告知)한다. 파괴와 약탈 방화와 결부된 불의 폭력적 힘은 자연적 질서에 역행하는 모든 것을 쓸어버리고 현실의 전면적 변화를 초래한다. "이 들판은 날라 와 더불어/ 불이 되자하네 불이/ 타는 들녘 어둠을 사르는/ 들불이 되자하네"(「노래」) "우리도 뭉쳐야겠다 하나로 / 하나로 뭉쳐 열여덟 작은 불씨/ 큰불 하나 이루어야겠다"(「불씨 하나가 광야를 태우리라」) 같은 구절이 말해주듯 불은 동지적 결속과 외부의 금지구속 압제를 무너뜨리는 해방을 동시에 성취하는 원소로 나타난다. 이처럼 불 이미지는 혁명의 도구로서의 제 기능을 거침없이 표출되고 있다. 이 시인의 시에서 정서적 감동과 지적 인식은 서로 분리돼 있지 않고 융합돼 있으며 동시적으로 작용한다. 그는 당대의 '뜨거운 주제' 한 가운데로 뛰어들어 갈등을 일으키고 있는 정치적 현안과 대결한다. 여기서 그의 시집을 채우고 있는 다수의 계몽적 서정시가 탄생하게 된다. 지금까지 이야기했듯이 불의영웅 프로메테우스의 신화적 이미지를 접목한 작품들은 언어의 불화살이 되어 혁명도구로서의 기능을 톡톡히 하고 있음을 알 수 있다.

노예라고 다 노예인 것은 아냐
자기가 노예라는 것을 알고 그게 부끄러워서
참지 못하고
고개를 쳐들고 주인에게 대드는 자
그는 이미 노예가 아닌 거야

<「노예라고 다 노예인 것은 아니다」 일부>

낫 놓고 ㄱ자도 모른다고
주인이 종을 깔보자
종이 주인의 목을 베어버리더라
바로 그 낫으로.

<「종과 주인」 전문>

바슐라르의 흥미로운 통찰에 의하면 프로메테우스 콤플렉스는 '지적생활에 있어서의 오이디푸스 콤플렉스'(「불의 정신분석」)이다. 이 신화적 존재는 모든 인간 속에 숨어있는 '지성에의 의지'를 일깨운다. 불의 운반자는 지성의 전달자, 미망에 사로잡힌 의식에 정신의 빛을 가져오는 자이다. 이 시인에 따르면 노예 스스로 자신이 노예라는 것을 자각하는 것이야말로 자기갱신과 세계변혁의 출발점이다. 그 순간 노예의 노예 됨을 증거 하던 낫이 해방의 무기로 돌변하는 엄청난 전도가 일어날 수 있다. 세계 속에서의 자신의 위치에 대해 알지 못하는 무지야말로 모든 억압과 불의를 존속시키는 근본요인이다.

나는 나의 시가
오가는 이들의 눈길이나 끌기 위해
최신유행의 의상 걸치기에 급급해하는 것을 바라지 않는다
나는 바라지 않는다 나의 시가
생활의 현실에서 눈을 돌리고
순수의 꽃으로 서가에 꽂혀
호사가의 장식품이 되는 것을
나는 또한 바라지 않는다 자유를 위한 싸움에서
형제들이 피를 흘리고 있는데 나의 시가
한과 슬픔과 넋두리로
설움 깊은 사람 더욱 서럽게 하는 것을

나는 바란다 총검의 그늘에 가위눌린
한낮의 태양 아래서 나의 시가
탄압의 눈을 피해 손에서 손으로 건네지기를
미처 먹지도 마시지도 못하고
배부른 자들의 도구가 되어 혹사당하는 이들의 손에 건네져
깊은 밤 노동의 피곤한 눈들에서 빛나기를
한 자 한 자 손가락으로 짚어가며
그들이 나의 시구를 소리내어 읽을 때마다
뜨거운 어떤 것이 그들의 목젖까지 차올라
각성의 눈물로 흐르기도 하고
누르지 못할 노여움이 그들의 가슴에서 터져
싸움의 주먹을 불끈 쥐게 하기를

<「나는 나의 시가」 일부>

시에 대한 시인의 순정한 믿음을 토로하고 있는 이 시는 감동적인 만큼이나 어느 면 순진한 구석이 없지 않다. 중요한 것은 이 시인에게 시는 '존재'하는 것이 아니라 '의미'하는 것이며 한 걸음 더 나아가 '사용'하는 것이라는 점이다. 시를 두고 순수와 참여, 유희성과 실용성을 거론하며 벌이는 문학장 내에서의 여러 갑론을박처럼 이 시인에게 공허한 것도 없었으리라. 그에게 시는 무엇보다 도구이며 현실 속에서 비록 실질적이고 결정적인 힘을 발휘하는 것은 아니지만 사용가치에 의해 그 존재가 정당화되는 언어기계에 불과하다. 도덕적 실천적 진술로서의 시만이 그에게 유효성과 더불어 자신이 속한 시대에 '존재할 수 있는 권리'를 허여(許與) 받을 수 있는 조건으로 여겨졌을 것이다.

직접적이고 직정적(直情的)인 그의 언어는 모든 예술적 의장(意匠)을 멀리하고 대상을 향해 직선으로 나아간다. 정치적 목적을 위해서라도 심미적 효과라는 당의(糖衣)를 입혀야 한다는 통념을 그는 수락하지 않는다. 수사적 윤색을 최소화한 그의 시작법은 예술적 세련성에 대한 불신과 맞물려 있다. 어쩌면 그에겐 표현의 직접성만이 상황의 절박성에 대한 유일한 응답일 수 있었을 것이다.

학살의 수괴가 지금
옥좌(玉座)에 앉아 있다

학살에 반대하여 들고 일어선 민중들의 수괴도 지금
옥좌(獄座)에 앉아 있다

어느 자리가 더 편안한 자리이고
어느 자리가 더 불편한 자리이냐.

<「옥좌」 전문>

한 나라의 대통령이란 자가
외적의 앞잡이이고
수천 동포의 학살자일 때
살아 남은 사람들이 있어야 할 곳
그곳은 어디인가
전선이다 감옥이다 무덤이다
도대체
동포의 살해 앞에서 저항하지 않고
누가 있어 한낮의 태양 아래서 자유로울 수 있단 말인가
누가 있어 한밤의 잠자리에서 편안할 수 있단 말인가

<「살아남은 자들이 있어야 할 곳」 전문>

정치적 암흑기였던 지난 연대에 생산된 김남주의 옥중 시편은 단순하면서도 정확한 언어가 줄 수 있는 충격이 어느 정도인지 보여주는 대표적 사례라 할 만하다. 급진적 정치적 상상력으로 무장한 그는 시대상황을 외면한 공허한 예술을 지양하고 현실적으로 즉각적이고 유용한 시적 담론을 추구했다. 그의 공격 대상은 단지 권력자나 외세에 부역하는 족속들에 머물지 않는다. 그의 시는 때로 심술궂거나 잔인하다고 여겨질 정도로 소시민의 유약한 허위의식을 여실히 들추어냄과 동시에 당연시되어온 기존의 시적 관습이 얼마나 부실한 토대 위에 유지돼오고 있는지 예각적으로 드러내고 있다.

삶에서 노동과 투쟁이라는 실제적 체험의 무게를 삭제하고 추상적인 관념의 놀이에 탐닉하는 지식인이나 문사 역시 이 시인의 집요한 언어적 공세의 과녁에서 벗어나지 못하고 있다. 자신에게 허여된 사회적 지위와 철저히 결별하고 농부나 노동자 같은 소외 받고 수탈 당하는 계급의 대변자로서 존재 전이를 할 때에만 그들에게도 구원의 가능성이 주어진다. 초기 시편 가운데 하나로, 어두운 밤 홀로 고향을 찾아와 배회하는 모습을 그린 「달도 부끄러워」나 사랑하는 사람과 떨어진 채 감옥에 갇혀 반복되는 일상을 수행하는 모습을 담담하게 그린 「수인의 잠」 같은 시가 보여주듯이 과거의 자아와 절연하고 불의한 세상에서 전사의 임무를 수행하는 자에게 고립감과 소외감은 어쩌면 필연적인 것일지 모른다. 구금이나 체포, 고문 같은 개인의 육체에 가해지는 즉각적인 위협에 맞서며 인간으로서의 위엄을 지키기 위한 기나긴 투쟁엔 전적인 투신과 자기증여 donation가 요청된다. 지배이데올로기에 오염된 의식을 깨트리고 시대적 정당성에 입각한 실천을 선도자적으로 감행하는 것, 그것이 바로 김남주가 꿈꾸었던 참된 시인의 초상이었을 것이다.

세상을 적과 동지, 가해자와 피해자, 의인과 악인으로 구분 짓는 이분법적 인식의 완강함은 부정적 대상에 대한 비타협적 태도와 더불어 이 시인의 정신세계를 구성하고 있는 기본요소에 해당된다. 이항대립의 세계인식 하에 자기 동일성의 원칙이 지배하는 이 시인의 시는 당연히 분할, 배척, 대조에 의해 양립되는 두 힘-진영의 갈등으로 축조돼 있다. 관료/ 백성, 독재자/ 인민, 미 제국주의/ 식민지 조국, 자본주의/ 사회주의처럼 선명한 이분법에 의거한 세계 파악은 필연적으로 개개 시편에서도 시적 대상에 대한 숨길 수 없는 호오(好

惡)의 감정표출을 초래한다. 간헐적으로 예외가 없진 않지만 그의 시가 대부분 사랑/ 증오, 찬양/ 비난, 고발/ 변호 같은 어느 정도 단순화되고 스테레오 타입화 한 범주에 갇혀 있다는 인상을 주는 이유도 그 때문이다. 인간을 포함하여 모든 존재는 일종의 상호투쟁 속에 놓여 있으며 세상은 빛과 어둠이 결전을 치르는 마니교적 전쟁터이다. 박해와 고통이 일용할 양식이 되어버린 이 땅에서 시인은 혁명을 통한 구원을 갈망한다. 시는 아직 도래하지 않은 혁명의 시간을 지금 이곳에 현재형으로 불러들이는 주문에 다름 아니다. 단순성과 정직성에 기초한 시적 언어만이 상실된 인간의 존엄성을 회복하고 분열된 세계에 새로운 결집력을 제공할 수 있다.

정치적 기능성을 극대화한 그의 시편은 읽는 사람을 수동적 관조 상태에 놓아두는 것이 아니라, 정감을 자극하고 행위를 촉발시킴으로써 현실에 구체적이고도 실질적인 변화를 가져오기를 원하는 의도의 산물이다. 지적, 정서적 동의를 이끌어내려는 일련의 진술로 이루어진 그의 시는 당연히 '설득의 수사학'의 지배를 받고 있으며 그 결과 시행의 많은 부분이 웅변을 닮은 구절들로 채워지고 있다. 이는 그의 시가 은유나 환유, 상징 같은 의미의 전환을 가져오는 비유 figures of thought 보다 반복, 열거, 과장, 대조, 도치 같은 언어적 효과를 노린 비유figures of speech에 더 의존하고 있다는 사실과도 관련된다. 그래서 그의 시를 대하면 상식이라는 이름 하에 지배이데올로기가 유포한 개념들을 논박하거나 희화화 하는데 상당한 지면을 할애하고 있음을 보게 된다. 사실 그의 정치 시편에서 두드러진, 수난 받는 희생자가 자아내는 비장미 못지 않게 주목을 요하는 특성으로 공격적인 희극성을 들 수 있다.

미군이 있으면
삼팔선이 든든하지요
삼팔선이 든든하면
부자들 배가 든든하고요.

<「쓰다 만 시」 전문>

미군이 없으면
삼팔선이 터지나요
삼팔선이 터지면
대창에 찔린 깨구락지처럼
든든하던 부자들 배도 터지고요.

<「다 쓴 시」 전문>

인용한 시에서 볼 수 있듯이 설득의 효과를 높이기 위해 시인은 유추에 의한 논증을 적절히 활용하고 있다. 그는 가장 단순하게 말하는 방식을 통해 정치, 사회적으로 금기 시 된 영역까지를 단번에 과감하게 돌파해버린다. 논거를 적절히 배분하고 극적으로 장면화시키는 능력은 그의 중요한 시적 사실 중의 하나이다. 진지함과 아이러니, 고백과 풍자, 비판과 조롱의 경계선을 자유롭게 횡단하면서 시인은 고정관념을 교란시키고 일상에 매몰된 의식에 균열을 일으킨다. 내용적으로 비교적 단조로운 테마를 변주하고 있는 그의 시는 형식적으로는 서간체, 대화체, 독백, 우화, 경구, 추억담, 조사(弔辭), 벽문 등 다양한 외양을 취하고 있다. 어떤 경우든 그의 시에서 두드러진 것은 촌철살인의 공격성이다. 그의 시는 증오하는 적으로 설정된 존재에 대해 단호한 적개심을 표출할 때 활력을 부여받고 강렬함

을 획득한다. 이 순간 적대감으로 한껏 충전된 시인의 언어는 그 어떤 권위도 용납하지 않고 거칠 것 없는 행로를 선보인다. 하여 불가피하게 교화적이고 선동적인 성격을 지닐 수밖에 없는 그의 시는 슬로건을 지향하게 된다. 식민지시대 카프문학의 좌절이후 이 나라에서 예술적 추문의 다른 이름이었던 프로파간다propaganda를 오히려 이 시인은 적극적으로 수용하여 자신의 시적 실천의 동력으로 삼았다고 할 수 있다.

겨레의 마지막 순결 너 백두산 기슭이여
자본의 유혹 앞에서 치맛자락을 걷어올리지 말아라
너 금강산 일만이천봉 민족의 기상이여
자본의 위협 앞에서 무릎을 꿇지 말아라

<「겨레의 마지막 순결 너 백두산 기슭이여」 일부>

시인은 선언하고 명령하고 권유하고 광고하고 호소하고 끝내 절규한다. 심리적 피라미드의 정점에서 시인은 거의 날 것의 구호를 그대로 발설해버린다. 그의 격렬한 어조에 담긴 역사적, 실존적 고통의 무게가 시간에 의해 마모되고 세태에 휩쓸려 희석되어 가는 지금, 그가 남긴 구절의 많은 부분이 이젠 예전과 같은 시대적 절박성도 정서적 울림도 지니고 있지 못한 듯하다. 하지만 김남주의 최고의 소망은 시대적 소명에 충실하고자 함이다. 그의 시는 바로 그러한 소망의 구체적 실현물로 우리 앞에 남아 있다.

피와 학살과 무기의 저항 그 사이에는

서정이 들어설 자리가 없다 자격도 없다

<「바람에 지는 풀잎으로 오월을 노래하지 말아라」 일부>

이 땅에서 아름다운 것 그것은 싸우는 일이니
그것을 다른 데서 찾지 말아라

<「잣나무나 한 그루」 일부>

그가 살던 시대는 시 쓰기가 곧 투쟁의 일환이고 서정의 부재야말로 시가 시로 존재할 수 있는 부재증명으로 인식된 시절이었다. 양자택일을 강요당한 시대에 그는 선명한 선택을 했고 그 선택에 평생 충실했다. 생애 만년에 매일 간을 뜯어 먹히는 고통을 당하는 프로메테우스처럼 육체적 병고에 시달리며 거기다 현실사회주의 정권의 몰락이라는 최악의 현실과 조우해야 했던 그는 그럼에도 희망을 포기하지 않고 주위사람을 독려하는 면모를 보인다. 「노동의 대지에 뿌리를 내리고」라는 작품에서 "무너진 산/ 내려진 깃발/ 파괴된 동상/ 나는 그 앞에서 망연자실 어찌할 바를 모른다"라고 방향감각의 상실을 토로하는 화자는 "기고만장해서 환호하는 자본자의 검은 손들"을 보고 "기가 죽었는지 어처구니가 없었는지/ 노동과 투쟁의 어제를 입술에 깨물고 우두커니 서 있는 낯익은 사람들"을 본다. 이처럼 절망과 좌절에 빠져있던 화자는 그러나 먹구름 저편에서 손짓하는 무수한 별들과 아직도 뿌리가 뽑히지 않고 바람에 흔들리고 있는 나뭇가지, 그리고 날벼락에도 꺾이지 않고 요지부동으로 서 있는 불굴의 바위들을 보고 "가자/ 가자/ 그들과 함께 들판 가로질러 실천의 거리와 광장으로/ 가서 다시 시작하자 끝이 보일 때까지"라고

외치게 된다. 어느 정도 의식의 도식성이 시적 구체성을 압도하는 결점을 노출하고 있는 작품이긴 하지만 다수 대중을 결집시키고 움직이게 만드는 시를 원했던 이 시인의 특징과 당시 국내외에 불어닥친 진보적 이념의 퇴조에도 불구하고 절망과 패배를 끝내 수락할 수 없었던 김남주의 기질이 잘 드러난 작품이라고 할 수 있다. 과거의 자신과 비교하여 "사물의 핵심을 찌르지 않고 비껴가는/ 내 시와 말이 비겁하지 않느냐는 생각"(「길」)에 고민하기도 하고 "요즘 나는 먹고사는 일에 익숙해졌다"거나 "이제 나는 아무짝에도 쓰잘데가 없는 사람이다"(「근황」)라고 일상에 매몰되어 가는 자신에 대해 자괴감을 토로하기도 하지만 깊은 어둠 속에서 반짝이는 작은 불빛이라도 놓치지 않으려는 열정만은 여전했다고 할 수 있다. "빈들에 어둠이 가득'한 깊은 밤 시인은 '깜박깜박 빛을 내'고 있는 개똥벌레를 보며 끝내 "나만 남아/ 어둠의 끝에서 밝아오는 아침을 맞이한다"(「개똥벌레 하나」)라고 노래한다. 죽음에 임박해서도 그는 현실변혁의 꿈을 버리지 않고 희미하게 가물거리는 희망의 불빛에 시선을 고정시키고 있었던 것이다. 아마도 시인의 이러한 낭만적 비전이 가장 아름답게 형상화 된 만년의 작품으로 다음 시를 들 수 있을 것이다.

콕
콕콕
콕콕콕
새 한 마리
꼭두새벽까지 자지 않고
깨어나

일어나
어둠의 한 모서리를 쫀다
콕 콕콕 콕콕콕 ……

이윽고 먼데서
닭울음소리 개울음소리 들리고
불그레 동편 하늘이 열리고
해 하나 불쑥 산 너머에서
개선장군처럼 솟아오른다

이렇게 오는 것일까 새 세상은
하늘이 열리고 땅이 열리고
새 세상은 정말
새 세상은 정말
어둠을 쪼는 새의 부리에서 밝아오는 것일까

<「적막강산」 전문>

새 세상은 요란하고 거친 소음과 더불어 오는 것이 아니라 깊은 밤부터 이른 아침까지 나무를 쪼아대는 새의 꾸준한 부리질에 의해 밝아오는 것이다. 적막강산을 깨우는 새의 끝없는 부리질, 그것은 위대한 자연의 섭리이기도 하고 겉으로 드러나지 않는 다수 대중의 말없는 노력을 가리키기도 한다. 이제 불을 간직한 프로메테우스와 그의 육체를 쪼는 새는 대립되는 존재가 아니다. 오히려 새의 부리질에 의해, 어둠의 한 모서리를 쪼아대는 지속적인 노동 끝에 불을 머금은 둥근 해의 출현이 가능해지는 것이다. 불현듯 밝아오는 새날

새 아침은 저절로 도래하는 것이 아니라 한 밤을 다한 새의 혼신을 다한 지극한 정성에 의해 비로소 개막된다. "콕콕/ 콕콕콕"이라는 날카로운 어감의 의성어가 연상시키는 점진적이면서도 누적적인 도발 끝에 둥글게 빛으로 세상을 감싸는 해가 떠오른다. 지극히 작은 존재의 노력에 의해서 새롭게 큰 세상이 열린다.

비극적 시대를 살다간 그는 자신이 꿈꾸던 정치적 민주화가 만개한 시절을 살아보지 못한 채 험난한 투쟁으로 점철된 인생을 거둬들였다. 역설적으로 이야기해서, 어쩌면 지금 우리가 마주하고 있는 천박한 민주화의 양상을 보지 않고 떠날 수 있었던 것은 비극적 삶으로 시종한 그가 누릴 수 있었던 드문 행운이었을지도 모른다. 역사적 전환과 권력의 부침이란 파고를 겪으며 민주화 운동의 경력이 값싸게 거래되고 그 공과가 허술하게 재단되기에 이른 작금의 상황에서 생전에 그 어떤 영광도 누리지 못하고 서둘러 삶에 종지부를 찍은 그의 운명은 착잡한 감회를 불러일으킨다. 하지만 비록 그의 육신은 죽음으로 방부 처리되었을지 모르지만 그의 시는 여전히 살아있다.

김남주의 옥중 시편은 80년대 문학의 풍요로운 자산이다.[30] 그처럼 그의 시 세계는 지식인 문학가의 부끄러움과 연민, 혹은 자기 부정의 정서가 지배적이었던 80년대 초기 문학계의 움직임과 확연하게 다른 차원의 강한 저항 정신을 보여주었다. 그것은 무엇보다 우리가 살아가는 시대가 격동적이었던 만큼, 그의 시 쓰기 행위가 자못 묵직한 무게를 지녔던 사실과 무관치 않다.

김남주의 시가 '전사의 찬가'로서 시적 형상성을 얻는 것은 단숨에 문제의 핵심에 육박해서 촌철살인하는 직접성에 있다[31] 시적 주체가 물러설 수 없는 싸움에 임하는 전사이기 때문에 살기(殺氣)에 가까운 적의를 가지고 적과 대치하는 긴장된 투쟁 상황이 시의 형식을 간명하게 만든다. 군더더기 없는 진술은 문제의 핵심으로 곧바로 치고 들어 시를 무기로 만든다. 예를 들면 '시인이여/ 누구보다 먼저 그대 자신이/ 싸움이 되어서는 안 되는가/ 시인이여/ 누구보다 먼저 그대 자신이/ 압제자의 가슴에 꽂히는/ 창이 되어서는 안 되는가'(「시인이여」)의 경우처럼 실천 없이 입으로만 자유 평등과 투쟁을 노래한 시인에게 거침없이 일침을 놓는다. 이런 시작법은 시적 대상을 간접적으로 에둘러 표현하는 것을 미덕으로 삼는 기존의 시 문법을 무질러 버린다.

낫 놓고 ㄱ 자도 모른다고
주인이 종을 깔보자
종이 주인의 모가지를 베어버리더라
바로 그 낫으로

<「낫」 전문>

종으로 상징되는 민중의 분노와 복수를 그 어떤 수식도 없이 섬뜩하게 보여준다. 가진 자에 대한 증오를 넘어서서 광기에 가까운 분노의 폭발이다. 『탈무드』에서는 복수와 증오의 차이를 다음과 같이 규정하고 있다. "자네가 나에게 낫을 빌려주지 않았기 때문에 나도 낫을 빌려줄 수 없네"라고 한다면 '복수'이고, "자네가 낫을 빌려주지 않았지만 나는 자네에게 말을 빌려 주겠네"라고 한다면 증오이다. 김남주의 시에서는 점잖은 증오의 차원을 훨씬 뛰어 넘어버린다.

피아의 관계설정 자체가 목숨을 담보하여 싸우는 전장이다. 이렇게 긴장된 전투적 정신의 백열 상태가 '허위의 장막'을 헤치는 '시인의 칼'(「하늘과 땅 사이에」)로서 촌철의 시 형식을 가능하게 하고 그러한 시는 '피 묻은 진실'을 알몸으로 드러낸다. 이것이 「나의 칼 나의 피」의 세계이다.

김남주에게 미국은 '침략과 약탈로 거재를 쌓아올린 마천루의 나라'(「아메리카여 아메리카여 아메리카여」)이기 때문에 '내가 죽어 차라리 개로 환생할 수 있다면/ 내 눈엣가시 주둔군의 저 철사줄이라도 물어뜯을 것을/ 내 증오의 깃발 성조기에 대고 울부짖기라도 할 것을'(「동두천에서」)하고 염원하기도 한다. 이러한 민족이 문제는 "조국은 하나다"라는 슬로건으로 응집된다.

"조국은 하나다"
이것이 나의 슬로건이다
꿈속에서가 아니라 이제는 생시에
남 모르게가 아니라 이제는 공공연하게
"조국은 하나다"
권력의 눈앞에서
양키 점령군의 총구 앞에서
자본가 개들의 이빨 앞에서
"조국은 하나다"
이것이 나의 슬로건이다

<「조국은 하나다」 부분>

하나된 조국을 방해하는 세력은 크게 세 가지이다. 하나는 인간다

운 삶을 구속하는 독재 권력으로 시속에서 '권력의 눈'으로 구체화 되었다. 또 하나는 민족해방을 가로막는 외세인데 이것은 시속에 '양키 점령군의 총구'로 표현되었다. 그리고 나머지 하나는 계급해방과 평등사회를 가로막는 자본가 계급으로 이 시속에서 '자본가 개들의 이빨'로 이미지화 되었다. 이 방해세력이 적이고, 이 적을 물리치기 위한 전사가 시인이며, 그 시인의 슬로건이 "조국은 하나다"이다. 김남주의 이러한 슬로건이나 선전, 선동 시들은 역사에 대한 성급한 열망에서 연유한다.

그의 옥중 시는 '남민전' 사건으로 15년형을 선고받아 복역 중에 쓴 시로서 브레히트, 루이 아라공, 하이네, 네루다, 마야코프스키 같은 유물론적이고 전투적인 리얼리스트, 혁명시인들의 사상도 농도 짙게 반영되어 있다. 당시 김남주는 시 창작에 있어서도 반복법이나 점층적인 전개 방식의 시 형식과 사상은 네루다의 영향을, 단시나 교훈시 형식[32]은 브레히트의 영향을 받은 것으로 보인다.

1980년 5월 18일 광주민주화운동은 그의 문학과 삶에 커다란 충격과 변화를 가져다주었다. 특히 「전사 1·2」, 「학살 1·2·3·4」, 「희망에 대하여 1·2」 등은 내적 영혼으로부터 뿜어져 올라오는 증오의 미학을 마치 울부짖듯이 집요하게 형상화하였다. 그렇지만 대부분의 시들이 감옥 안에서 필기도구도 주어지지 않은 채 우유 곽의 은박지에 못으로 눌러 씌여졌고 이 시들이 밖으로 보내져 시로서 생명을 얻게 되었다.

1970년대 김지하가 4.19를 배경으로 조국의 '민주주의'를 '신 새벽에 남몰래' 썼다면, 80년대의 김남주는 '조국은 하나다'를 '사람들이 오가는 모든 길 위', '오르막 길 위', '내리막 길 위'에 쓰고는 그

것을 슬로건으로 내건다. 1980년대 후반은 그 동안 군사 독재에 의한 분단 고착화에 저항하여 통일운동의 물꼬가 터졌던 때였다. 특히 1987년 8월, 평범한 한 여대생이 평양에서 열리는 '평양 청년학생 축전'에 남한의 전국 대학생 대표의 자격으로 참가한 후, 군사 분계선을 넘어오는 장면은 집권 세력 뿐 아니라 일반 대중들마저 경악케 하는 일대의 사건이었다. '반공'이 국시였으며, 집권 세력이 아닌 모든 대중들의 '통일 논의'는 '좌경'이란 허울 아래 국가보안법 위반이라는 죄명을 덮어써야 했다. 그런 시기에 벌어진 한 여대생의 평양 방문은 그 동안의 통일논의에 대해 일대 사고의 전환을 가져오는 계기가 되었다. 그런 시대적 배경 속에서 김남주는 '조국은 하나다'를 슬로건으로 내걸고 '사람들이 오가는 모든 길 위'에 마구 썼던 것이다. 본능적으로 민족 주체성이 강한 그는 우리 시대의 모든 갈등과 모순을 외세 기인론으로 내몰아 칠 만큼 호된 질타를 바탕에 깐다.

또 하나, 이 시기에 간과할 수 없는 것이 있다면 사랑을 노래한 시이다. 10여 년의 옥중 뒷바라지를 해온 아내에 대한 사랑을 표현하는 여러 편이 등장한다. 여기에서 사랑은 고통도 이겨낼 수 있는 힘의 원천으로써의 사랑이다.

김남주의 첫 시집 『진혼가』(청사출판사)가 나온 것은 1984년 그의 나이 39살 되던 해의 일이다. 이 시집은 그가 1979년 남민전 사건에 연루되어 차디찬 감옥에서 수형 생활을 하던 중 출간된 것이다. 이어 1987년 제2시집 『나의 칼, 나의 피』(인동출판사), 일본에서 『농부의 밤』(일어 판)이 출간되었으며, 1988년에는 제3시집 『조국은 하나다』(남풍출판사) 및 하이네·브레히트·네루다 번역 시선집 『아침저녁으로 읽기 위하여』(남풍출판사)를 출간했다. 김남주는

1988년 12월 21일 형 집행 정지로 남민전 사건 투옥 이후 9년 2개월 만에 반백의 모습으로 전주교도소에서 석방된다.

김남주는 옥중에서 무려 3백여 편에 달하는 적잖은 분량의 시를 썼다. 이때 쓰여 진 작품들은 '시와 혁명' 관계에 대해 굵은 선을 긋고 있다. 그 관계는 시인이 직접 토로한 것처럼 '촌철살인' 미학 그 자체였다. 특히 이 시기의 작품들은 진리에 대한 직접적 폭로와 풍자적 방식을 취하고 있다는 사실은 싸움의 대상에 대한 정확한 인식과 우회로를 타지 않고 곧장 핵심에 이르러 창작의도를 분명하게 보여주고 있다.

■ 생성과 화해의 서정세계

1988년 12월 마침내 김남주는 10년 동안 그를 가두어 둔 감옥에서 나와 자유의 품으로 돌아왔다. 그러나 출옥 후 그를 기다리고 있는 현실은 결코 순탄치 않았다. 80년대 말의 가파른 시대상황은 그를 여전히 집회장마다 불러내었고, 그 자신 투사의 역할을 기꺼이 감당했다. 그러나 다른 한편 자신이 발 딛고 있는 일상의 삶과 투사의 삶 사이의 간극에서 시인은 끝까지 괴로워했던 것으로 보인다. 나날의 삶이 그를 괴롭힌 것은 체질적으로 도시의 피로에 적응할 수 없었기 때문일 것이다. 더구나 10년의 유폐기는 그러한 부적응을 더욱 가중시켰음에 틀림없다. "흙탕물이 넘실거리는 그대 탐욕과 허영의 시장"(「밤의 도시」)에서 밤하늘에 걸린 달을 보며 "자본의 아가리가 토해놓은 서울의 얼굴"(「서울의 달」)을 떠올리는 시인에게 거대한 자본의 기계에 포섭된 욕망의 도시는 "내가 인간이라는 사실에

구역질이 나는 토악의 세계"(「토악의 세계」)에 다름 아니었던 것이다. "너무나 많은 것들이/ 너무나 많은 것들을 만들어 놓고/ 잠시도 가만 있지를 못하는 곳/ 잠시도 가만두지를 못하는 곳"(「밤의 도시」)의 속도는 일찍이 시인을 혁명의 길로 인도한 시간의 화살로도 겨냥할 수 없는 유령의 표적이 되어 버렸다. 그래서 시인은 「캄캄한 세상바다」 같은 시에서 목가적 은둔자적을 꿈꾸기도 하지만, 그렇다고 자신의 시와 삶을 일상의 대지에 뿌리내리려는 노력을 포기한 것은 아니다.

시도 사람의 일
신이 아닌 신이 아닌 것도 아닌
일하고 노래하고 싸우고 그러다 끝내 죽고 마는
보통 사람의 일인 것이다

(…)

제 새끼도 남의 새끼마냥 키우고 싶어하는
소박한 보통 사람들의 일인 것이다

<「시를 대하고」 일부>

생활의 이 기반에서 내가 발을 떼면
내 시는 깃털 하나도 들어올리지 못한다
보라 노동과 인간의 대지에 뿌리를 내리고
생활의 적과 싸우는 이 사람을
피와 땀과 눈물로 빚어진 이 사람의 얼굴을

<「다시 시에 대하여」 일부>

아직은 시에 대한 생각에 머물고 있는 이런 시편을 읽으면서 김남주가 조금만 더 살았더라도 이러한 시작태도의 변화가 의미 있는 결실을 거두지 않았을까 상상을 해본다. 그러나 시인의 생시에는 많은 평자들이 그의 시에서 여전히 정신의 긴장만 요구하며 다그쳤던 것도 사실이다.

가령 "이제 그의 시가 구체적인 생활의 냄새와 숨결을 담아주기를 기대"[33]했던 임규찬의 발언에 대하여 최근 김남주 평전을 내놓은 강대석 교수는 "그것은 오히려 김남주가 거부했던 '생활의 군더더기'가 아닌가"라는 반론을 제기하고 있는데, 앞의 시에서 "생활의 이 기반에서 내가 발을 떼면/ 내 시는 깃털 하나도 들어올리지 못한다"는 발언이야말로 그런 강파른 생각의 교정제라 하겠다.

생활의 실감에 다가가려는 그러한 노력과 병행하여 김남주는 '서정시를 쓰기 힘든 시대'의 중압이 그에게 강요했던 선명한 전투성에 대해서도 조금씩 다른 생각을 갖기 시작했다. 실은 출감하기 얼마 전인 1988년 초의 어느 편지에서도 김남주는 '나의 시가 무섭다'는 감옥 바깥의 반응에 대하여 '무서운 것은 내용이 아니라 형식이다. 이제 당분간 시를 그만 써야겠다'는 요지의 생각을 피력한 바 있다. 자신의 시가 이미 확고한 의식으로 확보되어 있는 변혁이념과 투쟁의지에 대한 일종의 '자동기술'로 흐를 위험을 스스로 경계했던 것이다. 그리고 출옥 후에는 더욱 분명하게 "내 창작 태도상의 단점이라면 시의 사회적 기능, 즉 변혁운동에 이바지해야 한다는 생각에 너무 사로잡혀 있는 나머지 사고의 폭과 생활의 다양성에의 접근을 못하고 있다"며 투쟁의 시가 도달한 한계를 스스로 밝히고 있다. "증오의 뼈다귀로 앙상한 내 시의 나무를/ 사랑의 끈으로 결합시켜

주는 화엄의 세계"(「거대한 뿌리」)를 희구하는 것은 그런 맥락에서 이해될 수 있다. 다음 시는 그러한 변화와 결부된 자기성찰의 한 대목을 보여준다.

그동안 몇 십년 동안
때라도 묻은 것이 있으면 고개 넘어
불혹의 강물에 가서 씻어내리고

그러자 그러자 잠시
찬바람 이는 언덕에서 내려와
찔레꽃 하얗게 아롱지는 강물에
내 심장 깊이깊이 담그고 거기
피묻은 자국이라도 있으면 그것마저 씻어내고
내 마음의 거울 손바닥만한 하늘이라도 닦자
맑게맑게 닦아 그 자리에
무엇 하나 또렷하게 새겨넣자
이를테면 별처럼 아득한 것
절망의 끝이라든가
내가 아끼는 사람 이름 석 자 같은 것이라든가

<「절망의 끝」 일부>

윤동주의 「자화상」을 떠올리게 하는 이 시를 두고 어떤 평론가는 '이런 원점회귀로 어떻게 새 출발을 한단 말인가' 하고 질타한 바 있다. 그러나 뒤돌아보지 않는 삶은 자본의 운동 속에 맹목으로 휩쓸리게 마련임을 나날이 실감하는 것이 지금 우리가사는 삶의 실상이

아닌가. "피 묻은 자국이라도 있으면 그것마저 씻어내고/ 내 마음의 거울 손바닥만한 하늘이라도 닦자"는 순연한 양심에 자신을 비춰보는 마음가짐이야말로 '절망의 끝'에서 '아득한 별'까지의 막막한 거리를 헤아려 볼 수 있는 새로운 출발의 실마리일 것이다. 그리고 '증오의 뼈다귀로 앙상한 나무'에 새 생명의 숨결을 불어넣을 작은 기운도 그런 언저리에서 불어올 것이다. 그러나 비통하게도 김남주는 그가 새롭게 찾아가려 했던 길을 몇 걸음 더 옮기지 못하고 병마와의 싸움에 끝내 지고 말았다. 유고 일기에서 시인은 '내 병의 근원은 내 몸 속의 독기'라는 아픈 말을 남기고 있다. 정의를 위한 투쟁에 끓어오르는 의분도 증오의 덩어리로 응고될 때는 삶을 북돋우는 것이 아니라, 삶의 기운을 잠식하고 소진시키는 파괴력에 흡수되고 만다는 것을 시인은 목숨과 맞바꾼 처절한 싸움의 교훈으로 유증(遺贈)하고 있는 것이다. 김남주에게 시인으로서의 양심이 죽음의 보증을 통과한 것이라고 단언할 수 있는 근거가 여기에 있다. 물론 파쇼 권력이 시인의 육신과 정신에 가한 폭력이, 그리고 그 폭력의 질서에 온몸으로 맞선 싸움이 그를 죽음에 이르게 했다는 엄연한 사실을 잊어선 안 될 것이다. 일찍이 하이네는 독일의 시민혁명이 거듭 좌절하고 나른한 복고의 분위기가 팽배했던 시대상을 가리켜 "아, 거꾸로 된 세상,/ 이제는 송아지가 요리사를 기름에 튀기는 세상"이라고 개탄한 바 있다. 그보다 몇 곱절 더 뒤집어진 이 시대를 살면서 우리는 김남주를 어떻게 기억해야 할까. 시인이 죽음을 예감하면서 "이렇게 오는 것일까 새 세상은/ 하늘이 열리고 땅이 열리고/ 새 세상은 정말/ 새 세상은 정말/ 어둠을 쪼는 새의 부리에서 밝아오는 것일까"(「적막강산」)라고 되뇌였다.

김남주는 1988년 겨울 출소한 이후 94년 2월 13일 타계 전까지 제5시집『사상의 거처』(창작과 비평), 시선집『이 좋은 세상에』(한길사), 유고시집『나와 함께 모든 노래가 사라진다면』(창작과 비평) 등 3권의 시집을 냈다. 이 시기의 시적 자아는 일상성 속에서 자기반성과 고뇌를 통해 새로운 희망 찾기를 시도하고 있다. 여전히 옥중 감각을 지닌 채 90년대에 들어 급변하는 세계사의 소용돌이 속에서 '길'을 찾아 헤매는 자아와 그 속에서 사상의 거처를 마련, 희망을 찾는 자아로 나눌 수 있다. 이는 시집 『나와 함께 모든 노래가 사라진다면』의 전후로 볼 수 있다. 그러나 출옥 이후의 시들을 보면 옥중 시의 그것과 같은 날카로운 정신의 긴장이 다소 이완되고 있음을 느낄 수 있다. 복잡 다양한 담 밖의 현실을 노래하기엔 조금은 도식적인 현실 인식의 자세를 엿보일 뿐만 아니라, 제국주의 자본에 의해 오염된 윤리의식의 부재 앞에서 어릿어릿한 표정을 띤다.

특히 「저 언덕 다 건너면」, 「누이의 서울」, 「오늘의 어머니들은」 등이 바로 그 것이다. 게다가 초기 시에서 보여준 농촌적 질서에 대한 강한 그리움이 더욱 심화된 채로 하나의 현실적인 대안으로 제시되고 있다. 김남주는 참된 서정성에 대해 이렇게 말한 적이 있다.

> "나는 시라는 것을 내가 헤쳐 가야 할 길을 위한 무기 이외의 것으로 생각해 본적이 없다. 그래서 나는 가능하면 내 시에서 소위 정당성을 빼 버리려고 의식적으로 애를 쓰기도 했다. 특히 내가 제거하려고 했던 서정성은 소시민적 서정성, 자유주의적 서정성, 봉건 사회에서 자연스럽게 이루어진 고리타분한 무당굿이라든가 판소리 가락에 묻어 나오는 골계적, 해학적, 한(恨)적 서정

이다. 이런 전통적이고 인습적인 서정성이나 자유주의적·소시민적 서정성으로 내가 바라는, 또는 그런 서정성을 옹호하는 사람들이 바라는 어떤 이상은 실현되지 않을 것이다. 내가 시에서 무기로써 사용하고자 하는 서정성은 일하는 사람들의 서정성 중에서 진보적인 것, 전투적인 것, 혁명적인 것이다.[34]"

김남주의 작품 가운데 후기에 발표된 「물 따라 나도 가면서」와 「추석 무렵」은 아름다운 서정시의 백미로 보아도 좋을 성 싶다. 적어도 이 작품에서만큼은 그가 앞서 밝힌 '서정성의 정의'에 크게 어긋남이 있어 보인다.

흘러 흘러서 물은 어디로 가나
물 따라 나도 가면서 물에게 물어 본다
건듯건듯 동풍이 불어 새봄을 맞이했으니
졸졸졸 시내로 흘러 조약돌 적시고
겨우내 낀 개구쟁이의 발 때를 벗기러 가지
흘러 흘러서 물은 어디로 가나
물 따라 나도 가면서 물에게 물어 본다
오뉴월 뙤약볕에 농부를 만났으니
돌돌돌 도랑으로 흘러 농부의 애간장을 녹이고
타는 들녘 벼 포기를 적시러 가지

<「물 따라 나도 가면서」 일부>

반짝반짝 하늘이 눈을 뜨기 시작하는 초저녁
나는 자식놈을 데불고 고향의 들길을 걷고있었다.

아빠 아빠 우리는 고추로 쉬하는데 여자들은 엉뎅이로 하지?

이제 갓 네 살 먹은 아이가 하는 말을 어이없이 듣고 나서
나는 야릇한 예감이 들어 주위를 한번 쓰윽 훑어보았다 저 만큼
　　고추밭에서
아낙 셋이 하얗게 엉덩이를 까놓고 천연스럽게 뒤를 보고 있었다

무슨 생각이 들어서 그랬는지
산마루에 걸린 초승달이 입이 귀밑까지 째지도록 웃고 있었다

<「추석 무렵」 전문>

위의 두 시는 아마도 김남주 시문학 전체에서도 가장 아름다운 시어들로 이루어져 상생과 화해의 서정세계를 잘 드러내고 있다. 자연과 인간이 한데 어우러져 생성과 화해의 서정세계를 보여주고 있는 이 작품들은 '전사'가 아닌, '시인 김남주'의 참모습을 확인시키기에 부족함이 없다. 특히 「물 따라 나도 가면서」는 저절로 노래가 흥얼거려지고 아름다운 농촌의 사계가 머릿속에 펼쳐진다. '물'은 봄의 시냇가에서 아이들이 발 담그고 노는 놀이터가 되어 주고 친구가 되어 준다. 봄을 가장 먼저 느낄 수 있는 것이 바로 '물'인 것이다. 겨우내 얼어붙었던 대지의 생명의 활력을 불어넣어 주는 것이 바로 '봄'이다. 그리고 봄과 아이들을 한데 묶어 주는 역할을 '물'이 맡고 있다. 그 물은 흘러서 여름의 타는 들녘을 적시고, 가을의 떡방아를 찧는다. 머무를 수 없는 물은 따뜻한 겨울 포구에서 겨울잠을 잠으로써 비로소 긴 여행의 여장을 푸는 것이다. 이 작품은 기-승-전-결의 4단계로 구성되어 각기 봄-여름-가을-겨울과 대응한다. 이 과정에

서 계절의 순환과 화합의 정신이 형식적 완결성과 만나면서 아름다움을 발하고 있다.

그리고 한 폭의 수채화를 연상케 하는 「추석 무렵」은 고향을 찾아가는 아버지와 아들의 정겨운 모습이 행간마다 절절이 배어있다. 어른들 같으면 보고도 못 본 채 하고 지나쳤을 일이지만, '갓 네 살 먹은'아이의 눈에는 그것이 '자기랑 다른 방법'으로 보였던 것이다. 이 순간 아들의 '질문'과 아버지의 '야릇한 예감', 초승달의 '찢어진 입'은 물아일체(物我一體)의 경지에 이르게 된다.

진정한 서정성은 감동에서 온다고 할 때 그 속에는 인간에 대한 애정 즉, 휴머니즘이 있어야 한다. 그런 것을 참된 서정성이라고 했을 때, 이 두 작품은 서정성과 휴머니즘을 획득했다고 할 수 있다.

■ 김남주 시의 사회사적 의미

김남주가 시를 쓰기 시작한 70년대는 사회사적으로 매우 각별한 의미를 띠고 있다. 해방기 이후 단절되었던 진보적 시의 전통을 복원하려는 노력이 그 어느 때보다 강렬했던 시기였기 때문이다. 즉 철저한 민족, 민중적 관점에 기초하여 당대 민중들의 삶과 정서를 형상화하거나 그들이 누리고 있는 삶의 여러 질곡과 모순을 구체적으로 드러내는 비판적 시의 흐름이 형성되었다는 뜻이다. 그리고 이 시기의 시는 서정시의 소통 가능성 확대와 창작 주체의 계급적 존재기반 확대 등의 긍정적 성과를 우리 시사(詩史)에 가져왔다. 김남주라는 '민족시인'이 등장 할 수 있었던 개연성도 이러한 사회의 연속성 위에서 가능했던 것이라 할 수 있다.

김남주의 시에는 70, 80년대의 암울했던 사회상을 반영하듯 '욕'(욕설)이 자주 등장한다. '욕'을 『국어대사전』(이희승 편, 민중서림)에서 찾아보면 '남을 저주하는 말'이라고 설명되어 있다. 보통 약자가 강자로부터 억울한 일을 당했을 때 욕을 한다. 욕은 보통 성기나 성행위와 관계되는 말로 구성되어 있다. 김남주의 시어들이 그렇다. 그 만큼 자신이 겪어 온 70~80년대가 아픔의 시대였음을 말해주고 있는 것이다. 모든 위대한 문학작품에는 욕이 등장하고 있다. 세익스피어나 괴테 역시 욕의 대가였다. 그들의 작품에는 곳곳에서 음담패설이 등장하고 있다. 그러나 그들이 내뱉는 욕은 무미건조한 작품에 양념역할을 해주고 있는데 반해, 김남주는 독설과 욕은 시대의 고발과 울분의 표출이란 점에서 큰 차이가 있다.

60년대 독재의 그늘 아래 숨도 크게 쉬지 못하고 살던 우리 민중이 독재를 마음껏 욕하며 질타했던 김지하의 시를 보고 얼마나 통쾌했던가. 국가와 사회가 잘못되어 있으면 있을수록 사람들은 더 많은 욕을 필요로 하고 있다. 김남주도 이러한 사회적 상황을 잘 파악하고 있었다. 그는 그것을 시로서 이렇게 표현하고 있다.

당신들은 묻습니다 나에게
웬놈의 시가 당신의 시는 땔나무꾼 장작 패듯
그렇게 우악스럽고 그렇게 사납느냐고
나는 이렇게 반문할 수 밖에 없습니다

싸움이란 게 다 그런 거 아니냐고
하다 보면 목청이 수탉처럼 높아지기도 하고
저쪽에서 칼을 들고 나오는 판인데

이쪽에서는 펜으로라도 무기삼아 대들어야 하지 않겠느냐고
세상에 어디 조용하고 얌전한 싸움만 있기냐고
제기랄 시란 무슨 점잖은 놈들의 소일거리냐고

<「시와 혁명」 일부>

텔레비전 명사들은 오도방정에 지랄방광이지만
그야 앉았다 하면 수캐 좆자랑 하듯
있는 소리 없는 소리 할 소리 안 할 소리 씨부렁거리며
제 자랑하는 것이 그들 명사의 본성이니까

<「쌀」 일부>

반공이 국시인 나라에서는
하루에도 골백 번 잡았다 놓았다
모든 것이 제 좆 꼴린대로다

<「반공이 국시인 나라에서는」 일부>

위의 작품들은 유물론과 관념론을 제대로 구분하지도 못하는 어설픈 철학자들이 민중의 건전한 세계관을 마비시켰던 70년대의 사회상을 적나라하게 전달해주고 있다. 특히 「반공이 국시인 나라에서는」이란 시는 유신정권 독재자의 흉한 모습을 생생히 엿볼 수 있다.

제국주의의 살인 청부업자 군 장성들이
국민 위에 군림하고 있는 한 민주주의란 개 좆나발이라는 것을
제국주의의 군대가 이 땅의 언덕에 발을 붙이고 있는 한
자유고 통일이고 미국 놈 좆 대강이나 빨아지는 것을

<「민족해방투쟁 만세」 일부>

이 시는 외국(미국)의 군대가 우리의 땅위에 군림하고 있는 우리의 현실을 잘 나타내고 있다. 김남주의 욕은 항상 독재자와 자본가의 압제나 수탈을 겨냥해 당시의 사회적 정황을 대변하고 있다. 욕이라는 무기를 통해서 김남주는 자본주의의 모순을 날카롭게 공격하고 있는 것이다. 이처럼 시인에게 있어서 욕은 감정의 표시가 아니라 민중이 자본가에게 던지는 공격의 사회사적 의미를 지니고 있다.

결 론

이상과 같이 1974년 등단해서 1994년 타계까지 20년 동안 시인으로 활동하면서 출간한 『진혼가』, 『나의 칼 나의 피』, 『조국은 하나다』, 『솔직히 말하자』, 『사상의 거처』, 『이 좋은 세상에』 와 유고시집 『나와 함께 모든 노래가 사라진다면』 등 7권의 시집을 기본 텍스트로 하여 ▲ 소시민적 잠재의식(초기 시) ▲ 혁명 도구로서의 시(중기 시) ▲ 생성과 화해의 서정세계(후기 시) 등으로 나뉘어 김남주 시 세계의 변모 양상을 살펴보았다.

김남주에게 있어선 1970년 초반기가 습작기인 제1기 시절이었다면, 1970년 중반기 이후는 그가 동학농민전쟁을 스스로 육체화 하고 싶어했던 시기로 제2기가 되는 셈이며, 1980년 5월(광주민중항쟁) 시기부터는 제3기에 해당한다. 제1기의 시들이 어딘가 모르게 낭만적 운동성이 강한 반면, 제2기는 대지적인 동학혁명성에 기초한 반봉건·반 외세적인 경향의 시들이 주축을 이뤘다. 80년 5월 이후부터는 소박성에 뿌리를 둔 미학적 시 정신에 입각해 한반도와 광주, 그리고 민중과 원한에 맺힌 서러움 따위를 노래하기 시작했다.

본고는 김남주 시에서 빈번하게 마주치는 '투쟁', '혁명', '해방' 등의 시어에서 느끼는 막연한 거부감의 문제 제기에서 출발했다. 이와 함께 작품의 주제나 시어에서 드러나는 정서를 바탕으로 투쟁성이나 저항성에 가려진 김남주 시의 서정성 즉, '투사나 전사'로서가 아닌 '시인 김남주'의 본질을 찾는데 역점을 뒀다.

지금까지 살펴본 결과, 김남주 시의 출발은 소시민적 잠재력 표출과 무기력한 지식인의 자각에서 비롯됐음을 확인했다. 그의 초기 시를 한 마디로 정리하면, 70년대 소시민적 미학의 한계를 벗어나지 못했다는 점이다. 그러나 이때부터 김남주의 시는 지식인으로서의 무기력한 한계를 극복하기 위한 몸부림의 변화가 곳곳에서 감지되고 있다. 훗날, 혁명의 도구로서 시의 탄탄한 기초가 이 시기에 닦여졌음을 알 수 있다. 이러한 시기에 첫 시집 『진혼가』(청사출판사)는 부단히 죄어오는 정치적인 물리적 외압에 저항하면서 파괴되어 가는 농촌 공동체의 모습을 표현하고 있다.

그리고 김남주의 중기 시로 분류되는 옥중에서 쓰여진 시는 무려 3백여 편에 달할 정도로 많은 작품을 남겼다. 이 작품들은 대부분 브레히트, 루이 아라공, 하이네, 네루다, 마야코프스키 같은 유물론적이고 전투적인 리얼리스트, 혁명시인들의 사상도 농도 짙게 반영되어 있다. 당시 김남주는 시 창작에 있어서도 반복법이나 점층적인 전개 방식의 시 형식과 사상은 네루다의 영향을, 단시나 교훈시 형식은 브레히트의 영향을 받은 것으로 보인다. 특히 이 시기에 간과할 수 없는 것은 김남주에게서 찾아 볼 수 없었던 '사랑 시'의 발견이다. 10여 년의 옥중 뒷바라지를 해온 아내에 대한 사랑을 표현하는 여러 편의 시가 이때부터 등장하기 시작한다. 여기에서 '사랑'은 고통도 이겨낼 수 있는 힘의 원천으로 형상화되고 있다.

마지막으로, 출옥해서 타계 전까지의 후기 시는 생성과 화해의 서정세계를 극명하게 보여주고 있다. 이때 발표된 제5시집 『사상의 거처』, 시선집 『이 좋은 세상에』, 유고시집 『나와 함께 모든 노래가 사라진다면』 등 3권의 시집에 수록된 작품은 옥중 시에서 나타나는 날카로운 정신과 긴장이 다소 이완되고 있음을 알 수 있다. 특히 이 시기에 발표된 「물 따라 나도 가면서」와 「추석 무렵」 등은 김남주의 시 가운데 아름다운 서정시의 백미로 보아도 좋을 성 싶다. 자연과 인간이 한데 어우러져 생성과 화해의 서정세계를 보여주고 있는 이 작품들은 '전사'가 아닌, '시인 김남주'의 참모습을 확인시키기에 부족함이 없다.

작고하기 전 '이제 서정시를 쓰고 싶었는데…'라는 말을 남겼다는 김남주. 그가 진정 쓰고 싶었던 시를 과제로 남기고 떠난 그의 죽음은 우리에게 더한 아쉬움을 남긴다. 끝으로 김남주의 문학적 성과와 깊이를 더욱 심오하게 분석해 내지 못한 본 연구자의 부족함은 다음 연구자에 의해 보완되어지길 기대한다. ■

제3부

문학관 운영과 문학자료 활용

- 국내 문학관의 콘텐츠 개발 방안
- 문학아카이브의 자료적 개념과 효용성
- 한국의 문학테마파크와 발전 전략

8

국내 문학관의 콘텐츠 개발 방안*

- 시문학파기념관 사례를 중심으로 -

들어가며

본 연구는 국내 문학관의 운영방식에서 드러난 문제점을 살피고, 이를 토대로 문학관의 역할과 기능을 살릴 수 프로그램 개발 방안을 모색하는 데에 목적이 있다.

오랫동안 문학은 독서를 통해서만 향유할 수 있는 것으로 인식되어 왔다. 그러나 문학은 분명 책 밖에도 존재한다. 문자시대 이전에는 구비문학의 형태로 존재했으며 디지털미디어가 발달한 현 시점에 이르러서는 더욱 다양한 형태로 발전할 수 있는 가능성을 가지고 있다. 따라서 시대의 변화와 대중의 요구에 부합하는 새로운 문학 진흥 방안의 필요성이 제기되는데, 여기에는 문학관이 중심에 놓여 있다.[1)]

일반적으로 문학관은 특정 문인이나 작품 등 문학적 유산에 대한 자료를 보관·전시하여 사람들에게 그 유산에 대한 기억 활동을 반복케 함으로써 기억을 유지시키고자 하는 목적을 가진 공간이라고 할 수 있다.

따라서 문학관의 활성화를 위해서는 특정 작가나 문학작품을 지향하였건, 하지 않았건 간에 문학관은 그 자체만으로 문화콘텐츠가 되어야 한다. 이것은 그 작가나 작품의 특정 공간이 지역사회의 산업에 기여하는 문화콘텐츠로 부상하기 때문이다.[2)]

문학관이 한 작가를 기억하기 위한 공간이든, 한 문학적 테마를 집중적으로 보여주기 위한 공간이든 간에 결코 상실되지 않아야 할 것은 '문학'이어야 한다. 즉 문학관은 해당 작가나 그의 문학세계를 탐방객들에게 이해시키고 그 정신성을 계승시키자는 공통적인 설립 목적을 가지고 있기 때문이다. 이런 측면에서 문학관은 공공성을 본질로 한다. 문제는 이러한 공공적 본질을 어떻게 실현시킬 수 있을 것인가이다.

한 작가나 문학적 테마를 사람들에게 이해시키기 위해서는 무엇보다 그 공간 안으로 유입할 수 있는 동기가 있지 않으면 안 된다. 그런데 문학관이란 건물이나 공간 자체가 사람들을 끌어당길 수는 없는 일이다. 문학관은 '문학'을 이미 전제로 하고 있는 공간이기 때문에 가장 먼저 그 문학관의 특성에 맞는 다양한 문학 프로그램이 문제될 수밖에 없다.

그러나 국내 문학관들에서 운영되는 문학프로그램은 경우에 따라 전무하거나 설령 있다 하더라도 백일장이나 캠프 등 일회성 행사가 대부분이다. 이런 일회성 프로그램은 행사가 있는 기간을 제외하곤 문학관 내부를 고스란히 빈 공간으로 남겨 둘 뿐 아니라, 무엇보다 문학관으로서의 공공적 기능을 이행하지 못하는 원인이 된다.

국내 문학관 운영방식의 문제점

국내 문학관 운영이나 프로그램 운영방식에 있어서 드러나는 문제점은 다양하지만 대략 다음 4가지[3] 정도로 압축할 수 있다. 첫째, 프로그램 부재와 무차별성을 들 수 있다. 국내 문학관들이 갖고 있는 일반적 기능은 크게 소장 자료를 관리·전시하고, 문학 관련 프로그램 기획·운영하는 것으로 이루어져 있다. 그러나 대부분의 문학관 프로그램이 부실하여 단순한 전시 공간으로 전락한 실정이며, 나머지 운영 중인 프로그램 또한 작가의 이름만 다를 뿐 그 내부를 들여다보면 거의 차별성이 없다. 문학관들이 시행하고 있는 백일장, 문학상 시상, 학술심포지엄, 문학 강좌, 시화전 등의 동일한 메뉴들이 그것들이다.

프로그램의 무차별성은 각 문학관들 사이에서만 있는 것이 아니다. 각각의 문학관 내의 전시 내용이나 연차별 프로그램에서도 이러한 동어 반복적 현상은 그대로 노출된다. 수년 혹은 10년이 넘도록 전시물이 바뀌지 않은 경우가 허다하며, 매년 행해지는 행사 프로그램들 또한 내용과 형식 모두 차별성이 없는 실정이다.

둘째, 전문 인력 부재이다. 문학관들의 프로그램 무차별성과 같은 상황이 계속 반복되고 있는 이유는 무엇보다도 문학관을 전문적으로 운영, 관리, 기획 생산할 수 있는 전문 인력이 상근하지 않기 때문이다.

현재 국내에 소재하고 있는 문학관은 상당한 자료를 이미 소장하고 있으며, 향후 개인의 기증이나 구입 등으로 유물이 지속적으로 유입될 가능성이 높은 공간이다. 그러나 이들을 제대로 관리하고, 분류하고, 가치를 부여하여 이용객들에게 설명과 안내를 해줄 인력을 갖춘 곳은 몇몇 소수의 문학관을 제외하곤 거의 부재한 상황이다.

가장 큰 문제는 관리주체가 대부분 지자체들인 작가형 문학관들이다. 이 문학관들은 지자체들이 지역 홍보와 관광 상품화를 기대하며 경쟁적으로 설립된 것들이 대부분으로, 해당 지자체의 문화관광 관련 부서의 직원들을 상근시키고 있다. 이들의 역할은 단순한 행정 요원들이기 때문에 체계적인 문학관 운영을 기대하기는 어렵다.

현재 전문 인력과 준 전문 인력, 문인이 상근하고 있는 문학관은 자체 프로그램 운영이나 향후 비전에 대해 적극적이고 구체적인 태도를 보이고 있으나, 공무원이 파견한 문학관들은 1년에 한번 개최하는 문학행사를 제외하곤 운영 프로그램이 전무한 실정이다.

셋째, 문학관 내부의 공간 활용도가 현저히 낮다는 점이다. 전문인력이 없다는 것은 단순히 전시 내용물 교체나 문학행사의 다양성에만 영향을 미치는 것은 아니다. 이것은 문학관 자체 내의 유휴 공간을 활용할 수 있는 내부 프로그램을 만들어내지 못하는 것으로 바로 직결된다.

마지막으로 운영비의 절대 부족을 들 수 있다. 운영비 부족은 위에서 지금까지 언급한 프로그램 운영, 전문 인력 부재, 낮은 공간 활용도의 모든 원인이 된다는 점에서 가장 근본적인 문제점이라 할 수 있다.

이러한 재원 문제는 문학관의 가장 큰 핵심이라 할 수 있는 자료 관리에 허점을 그대로 드러내게 한다. 특히 이러한 문제는 작가형 문학관보다 테마형 문학관에서 더 크게 부각된다. 특정 작가를 대상으로 한 문학관은 자료가 한정되어 있기 때문에 그리 큰 재원을 들이지 않고서도 DB화가 가능하지만, 자료가 방대한 테마형 문학관은 DB를 구축하는 데 부담스러운 비용을 필요로 한다. 실제 국내 테마형 문학관들은 자료 목록만 정리되어 있을 뿐 DB가 구축된 곳은 찾아보기 힘들다.

지금까지 살펴본 바와 같이 국내 문학관들이 안고 있는 다양한 측면의 문제들은 각자의 원인이 있는 것이 아니라 서로 맞물려 있다고 볼 수 있다. 재정적 지원이 되지 않기 때문에 전문 인력을 활용할 수가 없게 되고, 이러한 인력 부재는 곧 내실 있는 프로그램의 생산을 불가능하게 하며, 독자적 경쟁력을 갖출 수 있는 프로그램이 없다보니 결국 다시 재정 악화에 빠지는 악순환을 거듭하게 되는 것이다.

문학 프로그램의 개발과 운영

■ 상시 프로그램의 개발

문학관 활성화의 유일한 방안은 독창적인 프로그램 개발에 있다고 할 수 있다. 이때 문제가 되는 프로그램 수혜의 대상과 내용이다. 특히 수혜 대상은 내용을 결정짓는 전제가 된다.[4)]

먼저 수혜의 대상으로는 전문 연구자보다는 일반인들, 특히 지역민이 가장 큰 고려의 대상이 될 것이다. 상시 프로그램에 참여하기 위해서는 문학관에 근접한 거리에 있어야 하기 때문이다.

그리고 내용과 관련해서는 문학관의 설립 목적을 따져야 한다. 작가나 특정 문학 양식에 대한 이해, 정신성 계승 등은 분명 문학관의 존재 이유이며 프로그램 개발에서 가장 먼저 고려되어야 할 사항이다.

이를 위해 대다수의 문학관에서는 해당 작가의 문학세계를 연구하는 심포지엄을 개최하고 있다. 그런데 문제는 이것이 1년에 한 번뿐인 행사인 데다가 그 참가자들 또한 완전히 전문 연구자들이라는 데에 있다. 지역민들은 이러한 학술적 논의의 장에서 배재될 수밖에 없으며, 이 때문에 잘해야 해당 작가에 대해 간단한 프로필 정도의 지식만을 알고 있는 경우가 허다하다.

따라서 상시 문학프로그램 개발에 있어 무엇보다도 문학관의 설립 목적을 실현시킬 수 있도록 해당 작가를 이해시킬 수 있는 상시 문학교실을 운영하는 것이 필요하다. 단순히 백일장이나 캠프 앞에 작가의 이름만 붙인다고 해서 작가 정신을 계승할 수 있는 것이 아니기 때문이다.

이러한 문학교실 운영은 해당 작가의 '시(소설)를 읽는 모임'이라든지, 작가의 생애와 관련하여 '유족이나 지인을 만나는 모임'[5)], 작품 속 배경 공간을 꼼꼼하게 탐색하는 답사팀 등의 소규모 모임을 구상할 수 있을 것이다. 이러한 프로그램을 통해 일회성 행사들이 주는 단순한 교양거리의 수준을 넘어 지역민 스스로 해당 작가에 대한 준 전문적 태도를 갖도록 유도할 수 있게 된다.

또 한편으로 상시적 운영될 수 있는 전형적인 프로그램으로 '창작교실'을 들 수 있다. 일부 문학관에서는 비정기적으로 창작교실을 운영하고 있지만, 문제는 다른 문화센터들의 창작교실과 차이가 거의 없다는 데 있다. 물론 이 또한 문학관이 지역의 문화공간으로서의 기능을 맡아줘야 한다는 측면에서는 바람직스럽긴 하지만, 문학관의 정체성을 고려한 창작교실이라면 부분적으로 해당 작가의 작품을 이용한 변형된 형태의 실험적 창작방식 도입도 고려할 만하다.

예를 들면 소설을 읽고 난 후의 심상을 시로 써 본다든가, 거꾸로 서사적 속성을 지닌 시의 내용을 서사물로 재창작해 볼 수 있다. 또한 사이버문학의 다양한 형식실험들을 차용할 수도 있다. 즉 하이퍼텍스트 픽션 방식처럼 작가의 특정 작품의 주제와 모티프로 새로운 글쓰기를 시도해보는 것과 같은 것이다.

이 실험적 창작들은 결과로만 존재하는 작가의 정신세계와 작품을 자신의 존재방식과 관련하여 현재화시킬 수 있는 좋은 방법이 될 수 있다. 이렇게 된다면 진정한 의미에서 그 작가의 문학적 생명성을 지속시킬 수 있을 것이다.

■ 문학과 타 장르와의 소통

특정 작가를 알리든 특정 테마를 알리든 간에 다양한 문학 프로그램의 개발은 타 예술장르와의 소통을 통해서도 보다 적극적으로 이루어질 수 있다.

물론 시와 음악의 만남이나, 시와 그림이 만나는 시화전 등과 같은 행사는 주변에서도 흔하게 발견할 수 있는 것들이다. 문학관은 특정 작가를 테마로 내세우기 때문에 이 공간에서는 보다 특화된 방식이 필요하다. 예를 들면, 작가의 시나 소설 등 작품을 읽고 난 심상을 그림이나 조각 등 미술적으로 표현하는 프로그램이다 기획전, 작가의 생애나 작품을 소규모 극으로 전달하는 방식 등이 그것이다.[6)]

이것들은 연령별, 성별, 계층별 등 다양한 방식으로 세분화될 수 있다. 예를 들면, 작가의 생애를 극으로 이해하는 방식들도 높은 연령대에서는 소규모 전통 연극이, 아동들에게는 인형극이 적절할 것이다. 또한 이 모든 프로그램들은 지역민이 참여주체가 되어 스스로 만들어 공연할 수도 있고, 전문인들이 공연 주체가 될 수도 있는 등 주체 측면에서도 세분화될 수 있다.

문학과 타 예술장르와의 이러한 소통 방식의 개발은 문학의 외연 확장뿐만 아니라 지역 내의 문화공간으로서의 기능적 역할을 수행한다는 측면에서 바람직하다고 할 수 있다.

특히 국내 문학관 프로그램 가운데 강진군 시문학파기념관이 운영하고 있는 '화요일 밤의 초대 손님'의 경우 문학과 타 장르와의 융합은 물론 문학의 외연 확장의 좋은 본보기로 평가[7)]받았다.

또한 '화요일 밤의 초대 손님' 프로그램은 문학관이 단순히 문학인들의 전유 공간이라는 고정관념을 깨고, 초대작가 선정을 문화예술계 전체로 확대함으로써 문학의 외연 확장이라는 성과를 가져왔다는 데에 의의가 있을 것이다.

■ 지역 연계 프로그램

문학관의 프로그램 운영에 있어서 가장 문제가 되는 것은 이것을 어떻게 지속할 수 있느냐는 것이다. 지역민은 어느 정도 고정되어 있기 때문에 프로그램들을 끊임없이 다양화해 나가야 하지만, 이 또한 일정한 시간이 지나면 한계가 드러나기 마련이다. 이 때문에 대부분의 문학관들이 개관 당시에는 의욕적인 출발을 보이다가도 몇 년이 지난 후에는 전시공간으로만 기능이 축소되는 경향을 보이게 된다.[8)]

이를 극복할 수 있는 방법은 문학관 프로그램 운영을 그 공간 안에 제한시키지 말고 지역이라는 큰 지리적 경계로 확장시킬 필요가 있다는 것이다. 문학관은 대부분 지역적 연고를 가지고 있는 작가들을 대상으로 하기 때문에 지역 문학, 더 나아가 지역문화라는 지역적 정체성을 전제하지 않으면 생명성을 지속시킬 수 없다.

특히 지자체시대로 접어들면서 지역적 정체성에 대한 관심이 증폭하고 있으며, 이는 지역학에 대한 관심으로 이어지고 있다. 향후 지역학은 지역 초·중등학교 교과 운영에도 영향을 미치게 될 것이다.

이러한 측면에서 지역 내 학교 교육과의 연계 프로그램 개발은 아주 중요하다. 지역 학생들은 후에 지역민으로 지역을 지켜갈 주체들이다. 이들이 지역적 정체성을 학습해 나가는 데 있어 지역문학이나 작가에 대한 이해를 문학관이 주체적으로 해낼 수 있다면 지역에 대한 기여는 물론이거니와 작가정신의 세대적 계승성이라는 측면에서도 문학관의 목적의식을 달성할 수 있게 될 것이다.

■ 문학관들의 광역적 통합화

국내 문학관 유형의 특징은 유난히 작가형 문학관이 압도적으로 많다는 것이다. 그 대부분의 설립 주체가 지자체들인 만큼 사람들에 대한 인지도 차원에서 유인 효과가 클 것이라고 판단한 때문으로 보인다.

그러나 정작 한 명의 특정 작가만을 대상으로 한 작가형 문학관의 경우 이러한 인지도에 반비례하는 운영상의 한계가 드러나고 있어 문제적이다. 먼저, 전시물의 한계이다. 한 작가가 남긴 유품이라는 것이 한정되어 있기 때문에 전시공간의 내용물을 교체할 수 있는 여지가 훨씬 부족하다는 것이다. 이 때문에 몇 년이 되어도 항상 똑같은 전시물만 있는 공간으로 전락하여 결국 관람객들의 흥미를 떨어뜨려 문학관을 다시 찾지 않게 되는 결과를 가져온다.

이는 작가나 작품과 관련된 답사지역과 관련해서도 마찬가지다. 공간이 한정되어 있기 때문에 곧 방문자들의 방문횟수를 그만큼 단회적으로 만들 가능성이 크다.

다음으로 해마다 반복되는 문학행사 주제의 중첩성 문제이다. 주로 문학행사는 백일장이나 해당 작가의 작품세계에 대한 심포지엄 등이 주를 이루게 된다. 백일장은 해마다 그 대상자가 달라지기 때문에 큰 문제는 안 되지만 심포지엄과 같은 학술행사는 3년 이상 버텨내기가 힘들다. 1회에 수 명의 학자들이 다양한 측면에서 작품 세계를 분석, 언급하기 때문에 사실상 몇 년이 지나면 동어반복이 되어버린다는 것이다.

셋째, 재정적 지원 차원의 문제이다. 지자체에서 경쟁적으로 설립하고 있는 문학관은 각 문학관의 운영비용을 분산시키는 결과를 가져옴으로써 문학관은 문학관대로 지원되고 있는 운영비용이 현실적이지 못하다는 문제를 지적하고 있으며, 지자체는 이에 대한 한정된 예산 때문에 어쩔 수 없다는 식의 논리만 계속 반복되고 있다.

문학관에서 운영되고 있는 프로그램이 부실할 수밖에 없는 이유는 이러한 이유들이 복합적으로 맞물려 있기 때문이다. 이러한 문제들을 극복할 수 있는 방안으로는 지역에 우후죽순 격으로 분산 배치되어 있는 문학관들을 특성 혹은 광역적 공간 개념 하에 통합해 내는 것이다.

이렇게 될 경우 전시물의 교체와 관련된 기획 전시나 답사지역의 원활한 확보 등이 기대 이상으로 가능해질 수 있다. 특히 집중된 재원은 프로그램을 다양화시키는 데 일조하게 될 것이다.

현안 문제와 선결 과제

문학관이 활성화되기 위해서는 무엇보다도 소장 자료를 관리·전시하고 내부 프로그램을 기획·운영할 수 있는 전문 인력이 필요하다는 것은 이론의 여지가 없을 것이다. 현재 개관중인 국내 문학관 내부에 학예연구사 수준의 전문 인력이 없다는 것도 문제이지만, 보다 심각한 문제는 문학관 운영과 관련된 전문 인력을 양성 배출하는 기관이 국내에 전무하다는 사실이다. 현재의 추세에 미루어 볼 때 향후 국내에는 상당수의 문학관과 그와 유사한 성격을 갖는 전시관들이 들어서게 될 것이다. 이렇게 되면 자칫 이 수많은 문학관들이 지금과 같은 오류를 밟게 될 수도 있으며, 이렇게 된다면 결국 공공재로서 문학관이 갖는 공적 목적성이나 문화콘텐츠로서의 상품성 모두를 상실하게 될 것이다.

따라서 문학관의 효율적 운영을 위한 전문 기획 관리자를 양성 배출시킬 수 있는 전문 프로그램의 도입이 시급하다고 할 수 있다.

그리고 또 다른 문제는 경제적 자립에 대한 것이다. 문학관을 운영하는 데에는 인건비, 시설 관리비, 프로그램 진행비 등 상당한 비용이 필요하다. 많은 문학관들이 독자적인 경제력을 갖지 못하고 지자체의 지원이나 민간의 후원에 의존하여 운영되고 있다. 그러나 이러한 지원은 미미하거나 한계를 갖고 있어 보다 근본적인 대책이 필요하다. 재정적 어려움이 해결되지 않으면 앞에서 언급한 전문 인력 양성이나 프로그램 및 콘텐츠 개발도 어려워지기 때문에 이는 현실적으로 가장 중요한 과제라고 할 수 있다.

하지만 역설적으로 문학관의 경제적 자립을 이끌어낼 수 있는 전제 조건으로 우선 대중의 관심을 이끌어낼 수 있는 프로그램과 콘텐츠가 마련되어야 한다. 공공시설로서 상업적 목적에 치중해서는 안되지만 지역 문화산업의 일환으로서의 역할도 간과할 수 없다는 점에서 문학관의 경제적 자립 가능성을 검토해볼 수 있다. 문학관의 이상적인 운영은 방문자 확보를 통해 이루어진다. 방문자들은 어떠한 방식으로든 문학관이 소재한 지역에서 소비를 하게 되며 여기에서 필수적으로 비용과 수익이 발생하게 된다. 따라서 문학도 하나의 문화산업적 기능을 수행하게 되며, 특성화된 지역문화의 발전은 곧 지역경제의 발전으로 이어진다는 논리가 성립된다.[9]

이 소비가 문학관 내부에서 이루어지도록 유도함으로써 운영상의 재정적 어려움을 극복할 수 있을 것이다. 입장료, 관람료, 주차료 징수를 방법으로 제시할 수도 있겠지만 이들은 실질적인 대안이 될 수 없으며 오히려 지양해야 할 것들이다. 문학관에서는 방문자들이 보다 고차원적인 소비를 통한 만족을 얻을 수 있도록 해야 한다. 구체적인 방법으로 각 문학관에서 다루는 문학적 특색이 드러나는 기념품이나 교육용 혹은 놀이용 콘텐츠의 제작·판매를 들 수 있다. 이는 박물관이나 미술관에서 기념품 가게를 함께 운영하고 있는 것과 같은 취지를 갖는다. 이밖에도 전문인을 동반한 문학기행을 추진함으로써 일종의 관광콘텐츠 개발도 가능하며 이를 문학관 수익과 연결할 수 있다. 이러한 활동은 경제적 자립뿐만 아니라 문학관의 이미지 고양에도 도움이 된다는 정점이 있다.

나오며

이상과 같이 국내에 설립되어 있는 문학관 운영방식의 문제점과 이를 토대로 한 프로그램 개발 방안 등을 살펴보았다. 본 연구에서는 문학관 활성화를 위한 독창적인 프로그램으로 4가지 방안을 제시하였다.

첫째, '유족이나 지인을 만나는 모임' 프로그램에서 나타난 결과를 강진군 시문학파기념관의 '이달의 시문학파 동인' 프로그램을 사례로 들어 설명하였다. 이 프로그램은 9명의 시문학파 동인(김영랑, 박용철, 정지용, 이하윤, 정인보, 변영로, 김현구, 신석정, 허 보)을 매달 한 명씩 선정, 유가족을 프로그램에 참여케 함으로써 독창성을 확보하였다.

둘째, 문학과 타 장르와의 소통에 대한 문제이다. 다양한 프로그램 개발은 타 예술장르와의 소통을 통해서 보다 적극적으로 이루어질 수 있다. 따라서 강진군 시문학파기념관의 '화요일 밤의 초대 손님' 경우는 초청작가 선정 대상을 문학인에만 국한치 않고 문화예술전 분야로 폭을 넓힘으로써 문학의 외연 확장이라는 새로운 모델을 제시하였다.

셋째, 지역 연계 프로그램 개발이다. 문학관은 지역적 정체성을 전제하지 않고는 생명성을 지속할 수 없다. 때문에 문학관이 주체적으로 지역 내 학교 교육과의 연계 프로그램 개발에 대한 필요성을 제기하였다.

넷째, 문학관들의 광역적 통합의 문제이다. 국내 문학관의 유형은 작가형 문학관이 압도적으로 많다. 이것은 전시물의 한계성과 프로그램 중첩성, 재정적 압박 등을 가져와 문학관으로서의 원활한 운영을 기대할 수 없다.

그리고 문학관의 활성화를 실현키 위해서는 먼저 풀어야할 선결과제들이 있다. 첫째, 전문 인력의 양성 문제이다. 전문인이 없다는 것은 곧 문학관의 전문성 결여로 이어지게 된다. 해당 문학관에 대한 전문적 지식을 가진 인력이 확보되어야 심도 있는 문학연구와 합당한 프로그램 및 콘텐츠의 개발이 가능해진다. 이를 위해 먼저 전문인 자격규정과 교육제도가 마련되어야 한다.

둘째, 각 문학관의 특성 있는 프로그램 및 콘텐츠가 마련되어야 한다. 이를 통해 문학 작품의 재현, 작가 정신 계승, 효과적인 문학교육 등의 역할을 수행할 수 있다. 문학관은 실재하는 공간으로서 방문과 참여를 통해서만 그 존립 의미를 획득할 수 있다. 따라서 방문자의 흥미와 관심을 유발할 수 있는 정보와 체험적 요소를 담은 프로그램과 콘텐츠 마련은 필수적이다.

셋째, 문학관은 경제적 자립을 꾀해야 한다. 문학관을 운영하려면 인건비, 시설 관리비, 프로그램 진행비 등 많은 비용이 든다. 지자체의 지원이나 민간의 후원에만 의존해서는 일정한 수준의 문학관 운영이 어렵고 발전에 제약이 따르게 된다. 재정의 어려움을 극복해야만 앞에서 언급한 전문 인력 활용이나 프로그램 및 콘텐츠 개발도 가능하기 때문에 가장 중요한 과제라고 할 수 있다.

본 연구가 국내 문학관의 운영과 문학프로그램 개발에 미력하나마 기여하길 바라며, 이 연구를 토대로 하여 후속 연구가 이어지길 기대한다. ■

9

문학아카이브의 자료적 개념과 효용성

들어가며

이 글은 다양한 가치들을 지니고 있는 문학자료의 중요성과 문학아카이브 구축을 위한 자료적 개념과 그 효용성을 고찰하는 데에 목적이 있다.

문학 자료는 작가 개인이 문학작품을 생산하는 과정에서 발생한 모든 과정 기록을 포함한 생산, 수집, 보존한 기록으로서 기록매체나 유형에 관계없이 기록된 모든 관련 정보를 의미하며, 작가의 삶을 중심으로 생산된 사적인 기록과 공적인 기록을 모두 포괄한다.[1)]

이러한 작가와 작품을 둘러싼 문학기록을 수집하고 관리함으로써 문화와 역사를 더욱 풍부하게 해주는 문학관의 역할이 크다고 할 수 있다. 그러나 문학 자료에 대한 인식 부재와 전문성 및 예산 부족 등의 문제로 문학자료 관리가 제대로 수행되지 못하는 실정이다. 따라서 본 연구에서는 문학 자료의 특성에 맞는 관리를 위해서 수집, 관리, 활용에 이르기까지의 전반적인 자료 관리에 대한 방안을 모색해 보고자 하였다.

우선 문학 자료의 개념 정의와 특성을 고찰하였다. 문학관의 가장 핵심적인 기능은 수집하거나 보관하고 있는 문학자료 관리와 그 활용이다. 이러한 기능과 역할을 향상시키기 위해서 자료관리 기능을 도입함으로써 자료관리 프로세스에 따라 방안을 제시하였다. 수집단계에서는 수집 정책을 수립하고 작가 및 작품을 중심으로 도큐멘테이션 전략을 세웠다. 관리단계에서는 수집된 문학 자료의 분류체계 및 정리·기술 등의 관리 방안을 제시하였다. 활용 및 서비스 단계에서는 수집 및 관리를 통해 풍부해진 문학 자료를 적극적으로 활용하기 위해 문학 자료에 접근하고자 하는 이용자를 구분함으로써 이용자 서비스 목적에 맞는 서비스가 이루어지도록 제시하였다.

본 연구는 다양한 가치를 지니고 있는 문학 자료의 중요성을 밝히고, 문학관 차원에서 문학자료 관리를 체계적으로 할 수 있는 방안을 제시하는 데에 목적이 있다. 이는 공공기록물에서 제외된 문학예술분야에 대한 자료 관리의 이론적 토대를 마련했다는 점에서 의미가 있을 것이다.

문학자료 관리의 필요성

공공기록관의 주요 일반적인 기능은 Accountability(설명책임성), 업무의 행위의 증거로 점철된다. 공공기록을 통해서 그 기관의 설립 이유와 업무의 행위에 대한 정당성 및 관리해야 하는 가치를 알 수 있다. 이와 비슷한 논의 선상에서 본다면 개인 기록은 개인의 삶에 대한 Accountability를 제공한다. 더 나아가 개인에 속해 있는 사회, 나라에 대한 Accountability를 제공할 수 있다고 할 수 있다. 이러한 자료 관리의 자료는 단순히 Accountability를 위해서가 아닌 다른 여러 가지 필요성에 의해서 존재의 가치를 지닌다.[2] 문학 자료가 가진 다양한 가치로 인해 보존과 활용을 위하여 관리할 몇 가지 필요성을 지니고 있다.

첫째, 문학 자료에는 문학적 가치가 존재하고 나아가 역사적, 예술적, 사회적 가치를 포함하고 있다. 모든 문학작품에는 작가의 철학이나 사상이 녹아있으며 작품에는 작가의 세계관이 반영되고 있다. 그리고 작가는 개성적인 인간형을 창조하여 그와 같은 세계관을 대변하도록 하기도 한다. 그런가 하면 특정 작품이 탄생하기까지의 역사적, 사회적 배경이 또한 일정한 가치를 담을 것을 요구하기도 한다. 개화기의 문학작품들이 문명개화의 필요성을 역설하고 있다든지, 일제 강점기의 문학작품들이 조국 독립의 가치와 필요성을 강조한다든지 하는 것들이 좋은 예가 될 것이다. 즉, 문학은 가치의 산물로서 문학작품에는 작가의 세계관이 반영되어 있기도 하고, 특정한 시대의 가치관이 반영되기도 한다.

가치의 평가는 단순히 최종적인 결과물이라 할 수 있는 인쇄된 책으로만 하는 것이 아니라 작가의 생각이나 가치관을 알 수 있는 그의 일기, 편지, 메모, 습작노트 등 문학작품과 관련된 문학기록을 통해서 그 이해를 극대화시킬 수 있을 것이다. 또한 독자의 입장뿐만 아니라 당시 문학인이나 평론가의 입장, 후대의 문학인과 평론가, 연구자 등의 입장이 표명된 학회지, 문학지, 잡지, 논문 등의 내용 역시 문학의 가치에 대한 평가를 고려할 수 있는 요소이다.

둘째, 문학은 문화유산으로서 그 자체에 가치가 있다. 문화유산은 민족단위 공동체적 산물로서 한민족의 정체성을 나타내는 최고의 정신적 가치를 가짐과 동시에 문화적으로 인류의 가장 보편적인 성격을 가지고 있기 때문에, 전 인류가 함께 공유하는 문화적 자산으로서 보존할 가치가 있는 것으로 정의[3]하였다.

근래 유네스코가 '2009 유네스코 문화통계프레임워크The 2009 UNESCO Framework for Cultural Statistics'에서 문화영역Cultural Domains을 6개의 범주[4]포함하였는데, 이것으로 보아 인류의 문화범위 안에서 문학의 가치는 세계적으로도 인식하고 있고 보존의 필요성을 갖고 있다는 것을 알 수 있다.

문학은 한 민족 또는 인류, 한 시대 또는 역사가 공동으로 지니고 있는 삶의 방식을 형상화 한 것이라고 할 수 있다. 문화를 삶의 방식으로 규정하는 관점에서는 문화가 인지체계·상징체계·적응체계라고 보기도 한다. 세계가 어떻게 이루어졌으며 삶이란 무엇인지, 그러기에 인간은 어떻게 살아가며, 어떤 삶이 바람직한 것인지를 상징으로 보여준다는 관점이다. 우리 민족의 고유 언어로 표현된 문학이라는 문화유산의 전승·보전과 현대적 계승·발전을 위해 관리할 필요성이 있는 것이다.

셋째, 문학관의 자료관리 기능의 필요성이다. 일반적으로 자료 관리를 전문적으로 수행하는 기록관은 2가지 종류가 있다. 하나는 공공영역에서 모든 정부 차원의 아카이브와 대학, 기업, 종교, 조합 등의 사적인 조직 내의 기관 아카이브즈[5])이다. 아카이브즈의 자료관리는 기록의 생산·유지·활용·처분의 체계적 통제를 목적으로 하는 관리 분야로 그 기능은 자료를 적법·적절하게 생산·관리하여 효율적으로 사용하고, 불필요한 자료를 폐기하고 증거적 가치나 영구보존 가치가 있는 기록을 보존하여 쉽게 검색 활용할 수 있게 하는 일[6])이다.

다른 하나는 아카이브즈와는 대조적으로 매뉴스크립트 보존소이다. 매뉴스크립트 보존소는 공공영역이 아닌 민간영역에서 모(母)기관이 아닌, 다른 정보원으로부터 조직·가문·개인의 기록을 수집하는 기관을 지칭하며, 매뉴스크립트[7])를 수집 및 관리함으로써 다양한 문화단체나 연구자들에게 제공함을 목표로 한다.

이러한 아카이브나 매뉴스크립트 보존소, 문학관은 기관의 임무와 소장물의 성격이 다르지만 근본적인 설립의 목적은 공기록과 매뉴스크립트의 구분을 떠나서 자료들을 수집하고 관리하여 풍부한 자료정보자원을 다양하게 활용시키고자 하는 것이다. 매뉴스크립트 보존소의 성격을 지닌 문학관은 작가의 업적을 기념하고 그 흔적을 모아 후대에 남기고자 하는 것과 문학작품의 의미를 되새기고 문학적 성과를 보존하고자 설립·운영되고 있다. 이러한 설립 목적에 따라 체계적이고 효율적인 수집 및 관리를 통해 문학기록을 보존하고 그 활용성을 향상시킬 필요가 있는 것이다.

작가 및 문학과 관련된 기록인 문학 자료만이 가진 특성을 간과한 채 단순히 수집하고 전시하는 것은 기록의 나열에 불과하며 그 기록이 갖고 있는 맥락이나 유기적인 성격을 보여주지는 못한다. 따라서 문학관은 체계적인 수집 및 관리를 통해 풍부한 문학자료 및 문학정보의 활용 및 서비스로 이어질 수 있도록 기존의 기능과 더불어 기록관리 기능을 수행할 필요가 있다.

문학관은 개인, 민간단체, 지차제 등 다양한 주체에 따라 각각 문학자료를 수집 및 관리하고 있어 문학관마다 풍부한 자료를 활용하지 못하고 일부 자료만 전시하거나 행사 및 프로그램 중심으로 운영하게 된다. 혼재된 운영 주체와 산발적으로 관리되는 문학자료는 단일한 내적 질서가 부여되어 정리된 기록이 아니라 맥락이 배제된 채 파편화된 기록 및 정보는 소극적인 활용 및 서비스로 이어지게 되며 도서관이나 문학관마다 중복되는 자료관리 문제도 발생한다.

문학 자료가 일반적인 공공기록보다 복잡한 이유는 종이문서만 존재하는 것이 아니라 다양한 매체와 형태의 기록물들이 파편화된 매뉴스크립트 성격을 지니고 있는 동시에 작가의 전반적인 생애가 총체적으로 관련되어 있기 때문이다. 작가가 살았던 시대와 사회, 주변의 가족 및 지인, 다양한 체험과 경험 등을 통해 받은 여러 영향과 자극이 작가의 생각이나 의견, 사상, 철학 등과 결합되어 축적되고 표출된다. 이렇게 작가가 갖고 있거나 새롭게 형성되는 세계관과 가치관, 현실에서 영향 받은 경험은 결국 문학작품에서도 반영되기 때문에 작품 및 작가의 개인 기록을 포함하는 문학자료는 전체가 유기적인 관계로 구성이 된다. 작가의 주변인물과 작가와의 관계 혹은 영향 받은 경험과 작품과의 관계 등 작가 및 작품과 관련 있는 시대, 인물, 생각들은 서로 관계를 형성하고 있다.

따라서 전체적인 흐름을 파악하기 위해서는 작가 및 작품에 관련한 문학 자료가 한곳에 모여 있어야 하며 단일한 곳에서 효율적인 기록관리 기능을 통해 문학 자료의 특성에 따른 수집, 관리, 활용이 이루어질 수 있도록 해야 할 것이다.

문학 자료의 정의와 범위

문학은 언어를 표현 매체로 하는 예술이다. 우리는 언어를 통해 이 세계와 우리의 삶에 대해서 많은 것을 생각하고 느끼고 있으며, 문학에서는 그것을 언어를 통해 드러내게 된다. 이러한 문학의 언어는 다의성(多義性)을 지니게 된다. 우리 주변의 모든 사물과 현상은 그 자체가 매우 다양한 측면을 지니고 있으며, 그것에 대한 인식이나 해석 등도 사람에 따라 다르게 마련이다. 또한 문학의 언어는 단지 예술적 가치만을 지니는 것이 아니라 가장 수준 높은 언어 표현의 하나로서 언어 발전과 일정한 관련이 있다. 작가들은 자신의 생각과 느낌을 효과적으로 드러내기 위하여 언어를 갈고 다듬게 된다. 문학적 표현을 통해서 언어는 풍부하고 다양한 의미를 새롭게 지니게 되기도 하고, 쇠퇴해 가던 어휘들이 새로운 생명력을 얻어 다시 활발히 사용되기도 한다.

문학은 다양한 삶의 모습을 언어를 통해 형상화하고 있다. 우리는 문학을 통해 우리 인간들의 다양한 삶의 방식을 접해 볼 수 있고, 또 이해할 수 있게 된다. 우리가 몸담고 살아가고 있는 이 현실 사회에서 무엇이 문제이며, 그 문제에 대해 어떻게 대처할 것인가에 대해 문제를 제기한다. 문학이 다루는 문제 상황은 그 당대만의 특수한 것일 수도 있지만, 어느 시대에나 인간의 삶에서 늘 부딪히게 되는 항구적이고 보편적인 것일 수도 있다. 특정한 시대를 배경으로 한 작품에 나타난 삶의 모습이 오늘날과 달라도 지금의 독자에게 의미를 가지게 되는 것은 인간 보편의 현실적 문제를 다루고 있기 때문이다.

또한 문학 작품에는 여러 가지 지식에 관련된 내용들이 담겨 있으며 여러 가지 삶의 문제에 부딪혔을 때 다른 사람들은 그것을 어떻게 받아들이며, 어떤 해결 방식을 선택 하는가 등과 관련되는 총체적인 삶의 방식까지도 표현하고 있다. 문학은 개인과 집단의 세계관에 관련된 내용을 다루게 된다. 작가 개인의 가치관이 반영되는 것은 물론 당대 사회에 통용되는 가치관이 투영된다. 말하자면 문학작품은 어떻게 살아가는 것이 옳고 바람직한 것인가에 대한, 그 사회의 보편적인 가치관을 알게 모르게 전해주고 있는 것이다.[8)]

이렇듯 다양한 특징과 성격을 지닌 문학은 작가의 창작활동으로 생산된 결과물이다. 하지만 작가의 창작활동의 결과물로만으로는 작품을 이해하기 어렵다. 작가에 대한 개인적인 생각과 가치관, 작가가 문학작품을 구상하는 과정 등을 통해 작품에 대한 접근을 더 쉽게 할 수 있는 것이다. 이러한 접근은 작가에 대한 개인기록과 창작과정 중에 생산된 기록물, 관련 정보 등을 통해 이루어질 수 있다.

일반적으로 '기록(문학자료)'이란 어떤 기관이나 조직, 단체 및 개인이 소관 하는 의무의 이행이나 업무처리과정에서 생산, 수집, 보존하는 문서로서 기록매체(종이, 테이프, 디스크)나 형태에 관계없이 기록된 모든 정보를 의미한다. 기록은 한 사회가 남긴 경험이나 지식에 관한 유형의 증거를 지칭한다. 모든 자료는 나름대로의 목적에 의해 만들어지지만 그렇게 생산된 기록은 그 목적 이상의 용도로 사용될 수 있다. 문학자료가 만들어지게 되는 동기는 매우 다양해서 개인적인 목적에서 만들어질 수도 있으며, 사회적·경제적·법적·도구적·상징적 목적에 의해서 만들어진다. 구체적인 시점이나 특정용도를 정확하게 예견할 수는 없지만 기록생산자나 관리자가 미래에 유용하게 상용할 수 있다고 판단하여 기록의 보존이 이루어진다.[9]

이러한 각각의 문학과 자료의 개념 등을 통하여 문학 자료를 종합적으로 정의해 본다면 문학 자료란 작가 개인이 문학작품을 생산하는 과정에서 발생한 모든 과정 기록을 포함한 생산, 수집, 보존한 자료로서 기록매체(종이, 테이프, 디스크)나 형태에 관계없이 기록된 모든 정보를 의미하며 작가의 삶을 중심으로 생산된 사적인 기록과 공적인 자료를 모두 포괄한다고 할 수 있다. 그러나 문학관의 운영이나 행정 관련 기록은 문학기록의 범위에서 제외한다.

강현아는 '문학기록'을 개인이나 조직이 문학 활동을 진행하면서 생산한 것으로 정보적·역사적 가치를 지닌 기록 또는 문학작품이 생산, 활용, 연구되는 과정에서 생산되는 기록으로 정의할 수 있다고 하였다. 또한 문학작품 자체에 대한 작품기록, 작가사진의 생애 및 지인들과 관련한 작가생애 기록, 문학 관련 활동으로 파생된 관련 사회기록, 기관 운영의 행정기록 등으로 구분하였다.[10]

구체적으로 문학 자료는 작품 활동을 한 개인의 삶에 초점을 맞추어 작품의 원본, 필사본, 초본과 수정 본, 습작노트, 메모 등 작품 창작 과정에서 생산한 기록과 가족 및 지인과의 관계를 통해 생산한 편지, 사진 등 개인이 사적으로 생산한 기록, 작가나 작품에 대한 비평가의 글이나 연구자의 논문 등 작품 관련 연구 기록, 공공적인 사회활동을 통해 생산한 기록 등은 물론이고 원본을 재생산한 스캔이나 복사 본, 디지털 자료까지 모두 포함한다고 할 수 있다.[11)]

작가의 개인 기록은 다양한 개인 활동의 산물로써, 개인의 삶을 나타내는 모든 자료를 포함한다. 특히 개인 기록은 개인 업무나 개인사와 관련하여 생산·수집한 기록으로서, 사적인 활동의 결과물이기 때문에 형태와 출처가 다양하다. 또한 작가 개인 기록에는 등단하게 된 결정적인 계기 또는 작품 활동을 하면서 갖는 의미, 작가가 된 후 가장 큰 의미를 두고 활동했던 사회 분야, 독자들과의 상호작용 등 작가로서의 활동은 물론 가족이나 지인들과의 관계 등 개인의 삶에 있어서 관련된 모든 것이 포함될 수 있다.

문학 자료의 유형과 특성

■ 문학 자료의 유형

문학 자료는 작가 및 작품을 중심으로 생산된 기록으로 작가의 개인기록과 작가가 생산한 작품의 구상단계, 집필단계, 최종 결과를 보여주는 기록이 핵심이며 그와 관련하여 파생된 기록 및 정보들이 포함된다.

작가의 개인자료는 여러 가지 기준으로 구분할 수 있을 것이다. 첫째, 생산자가 누구인가에 따라 나눌 수 있다. 즉, 자신이 직접 창작한 자료로는 메모나 원고, 사진, 여행, 교육, 출판 등을 통해서 발생한 모든 집필활동을 포함한다. 반면, 자신과 관련된 자료가 타인에 의해서 작성된 것으로는 자서전이나 전기, 평론 같은 것을 들 수 있다.

둘째, 소장처에 따라서 개인이 소장한 경우와 관련된 사람이 가지고 있는 자료로 나누는데, 후자의 경우까지도 개인기록물이라는 범주에 넣어야 한다. 예를 들면 가족이나 지인이 가지고 있는 서신과 사진 등을 들 수 있다. 이러한 개인기록의 소장처는 추후에 개인기록물을 수집할 때 고려되어야 하는 사항이다.

셋째, 개인 자료의 내용적인 범위로 사적인 활동과 공적인 활동으로 나누어진다. 이는 개인기록물 정리를 가장 어렵게 만드는 요인이다. 또 개인이 한 조직에 몸담고 있을 때 자신의 위치에서 보낸 서한이 지극히 개인적인 업무로 보낸 경우 이것으로 분리해내는 작업 역시 많은 노력이 필요하다.[12)]

작가 개인 자료의 종류를 살펴보면 작품, 원고, 수첩 및 메모, 습작노트, 취재노트, 계약서, 상패, 일기장, 편지, 사진, 잡지 및 신문 보도자료, 안경이나 펜 등의 생활유품과 가구나 복식류 등이 있다. 이러한 기록물을 유형별로 구분하면 다음과 같다.

첫째, 문학작품의 최종 결과물인 도서형태이다. 문학작품은 단행본 발행을 통해 대중에게 대량 공급되며 도서관에 납본이 의무화되어 있는 등 작가의 사적인 기록물 범위를 넘어 공공영역에서 사회적, 문화적으로도 의미를 갖고 있다. 하나의 문학작품은 사회의 현실을 반영하고 있고 영화, 드라마, 뮤지컬이나 연극 등 다양한 분야에 재생산되고 있기 때문에 공공영역에서도 그 문화적인 영향력이 크다고 할 수 있다.

둘째, 문서 형태의 기록물이다. 작품집필 전 구상단계나 자료 조사 단계에서 생산하는 기록물로 취재노트나 수첩(혹은 메모지), 그때그때 생각나는 글을 적어 놓기도 하고 글을 연습하기도 하는 습작노트 등이 있다. 작품의 집필단계에서는 초본, 수정 본, 완성 본 등의 친필원고가 있다. 이러한 작품을 구상하고 집필하는 과정에서 생산된 모든 기록물에는 작품이 완성되기까지의 과정을 담고 있으며 어떠한 의도와 의미를 갖고 있는지에 대한 매우 가치 있는 정보를 담고 있다. 또한 개인의 삶에서 사적으로 생산하거나 수집한 기록물로 편지나 엽서, 일기장, 회화 등이 있다. 작가가 개인적으로 가족 및 지인과의 교류에서 생산한 기록이나 개인적인 생각을 적은 일기장을 통해 작가와 관련 있는 사람들, 작가의 가치관이나 사상 등을 알 수 있다. 계약서, 영수증 등 일상생활에서 생산 기록물도 포함할 수 있다.

셋째, 작가가 사용하던 펜, 안경, 타자기부터 입었던 옷, 사용했던 가구뿐만 아니라 외부에서 받은 상패나 상장, 작가가 소속되어 있던 조직의 명패 등을 포함한다.

넷째, 사신이나 음성파일, 동영상 등의 시청각류이다. 사진은 개인적인 생활이나 기념하는 행사 등 사적영역과 공적영역의 구분 없이 다양한 활동을 통해 생산한 기록물이다. 사진은 필름으로 인화한 사진과 디지털카메라로 찍거나 스캔으로 디지털화한 사진자료가 있다. 또한 인터뷰를 위해 생산되거나 혹은 언론을 통해 방송된 작가들의 일상생활이나 활동 모습을 찍은 비디오테이프, 구술기록에 포함되는 음성녹음테이프 등이 있다.

이처럼 다양한 형태나 매체의 문학기록에서 가장 핵심적인 기록은 작가의 개인기록과 문학작품이라고 할 수 있겠다. 문학작품은 작

| 표 1 | 문학 자료의 분류

<table>
<tr><th colspan="2">구 분</th><th colspan="2">유 형</th></tr>
<tr><td rowspan="7">문학
기록</td><td>작가
개인
자료</td><td colspan="2">일기, 서신, 메모수첩, 이력서, 임용장, 학적부 및 학위증, 급여명세서, 각종 영수증, 사진 및 동영상 등의 시청각류, 필기도구나 타자기, 장식품, 의류, 생활용품 등의 박물류, 작가가 소장한 도서류와 서화류, 기념품 등</td></tr>
<tr><td>작가
가족
자료</td><td colspan="2">서신, 작가에 대한 회고 인터뷰, 가족이 소장한 작가 유품이나 가족들이 사용한 물품, 사진 및 영상 등의 시청각류 등</td></tr>
<tr><td>작가
지인
자료</td><td colspan="2">서신, 작가에 대한 회고인터뷰, 작가 관련 유품, 문우들의 육필원고, 축사 및 축의문, 사진 및 영상 등의 시청각류 등</td></tr>
<tr><td>작품
관련
기록
및
창작
과정
자료</td><td colspan="2">작품(도서), 습작원고 및 습작노트, 친필원고(초고, 수정본, 최종본 등) 작품구상 노트 및 취재노트(메모), 초판본(잡지 및 도서), 연재본(신문 및 잡지), 장르 변용본(드라마, 영화, 연극, 뮤지컬 등)과 변용된 작품과 관련 있는 기록(대본, 무대의상, 사용소품 등), 번역본, 출판 관련 기록(작품 계약서, 작품 원고료, 출판기념회 사진 및 동영상, 행사 포스터나 팸플릿, 방명록 등), 잡지 및 신문 스크랩, 문학작품 홍보 관련 정보를 담은 모든 유형의 기록, 작품의 내용을 재현한 전시물이나 영상, 세트장, 문학 기념비 등</td></tr>
<tr><td rowspan="2">사회
활동
및
연관
자료</td><td>작가의
사회
활동
관련
자료</td><td>강연노트 혹은 강의록, 작가 및 작품에 대한 잡지와 신문(칼럼, 기사 스크랩 포함), 방송 등의 언론 보도자료, 상패나 메달, 훈장, 수상소감과 관련 원고, 작가 참여 행사 관련 기록(사진 및 동영상, 방명록, 포스터너 팸플릿 등), 구술자료, 독자 서신, 작가 동상이나 기념비 등</td></tr>
<tr><td>작가 및
작품
연구
자료</td><td>평론(잡지 및 신문 포함), 학위논문, 학술지논문, 간행물, 심포지엄 및 학술대회 자료집, 단행본, 교과서 등</td></tr>
</table>

출처 : 양서희 명지대학교 석사논문(21쪽)

가의 다양한 사상과 행동의 흐름을 볼 수 있는 심미적이고 창의적인 집필활동을 증빙하는 또 하나의 기록이다. 문학작품을 읽고 연구함으로써 우리는 그 작품을 만들어낸 시대정신이나 작가의 창작활동, 고유한 경험 등과 대면하게 된다. 작품 활동의 궁극적인 결과물로 생산되는 가장 핵심적인 기록인 문학 작품에 대해 창작의도부터 작품의 의미나 해석을 뒷받침해주고 보완하기 위하여 다양하고도 부수적인 기록이 함께 생산된다.

문학 자료를 구분하는 기준은 여러 가지가 존재할 수 있겠지만, 본 연구에서는 문학기록이 작가와 작품이 핵심 기록인 만큼 작가와 작품을 중심으로 작가의 생애기록, 문학 작품 및 창작과정과 관련된 기록, 작가의 사회활동과 작가의 활동과 관련되어 파생된 연관기록의 세 범주로 구분하고자 한다.

작가 생애 기록은 작가 자신이 남긴 기록과 사용하거나 소장했던 유품을 포함하는 작가 개인 기록, 가족 및 지인과의 관계와 관련한 기록 등 작가의 전반적인 생애와 관련하여 일기, 서신, 임용장, 사용했던 물품, 사진 등의 문학기록이 포함된다. 문학 작품 및 창작 활동과 관련 있는 습작노트(초고, 수정본, 최종본 등 포함), 취재노트 등뿐만 아니라 작품을 재현한 전시물이나 영상 등의 파생기록이 포함된다. 작가의 사회활동 및 파생된 연관 기록은 작가가 공적으로 사회활동을 할 때 발생된 기록과 제3자가 작가 및 작품과 관련하여 생산한 기록으로 강연노트, 언론 보도자료, 상패 류, 작가가 참여한 기념회나 행사에 관련 기록, 작가나 작품을 기념하는 문학 기념비 등이 있고 작가나 작품에 대한 연구기록으로 평론, 학위논문, 학술지논문, 간행물, 심포지엄 및 학술대회 자료집, 단행본 등이 포함된다.

■ 문학 자료의 특징

작가와 작품을 중심으로 작가의 생애기록, 문학 작품 및 창작과정과 관련된 기록, 작가의 사회활동과 작가의 활동과 관련되어 파생된 연관기록의 세 범주로 구분된 문학기록은 다음과 같은 특징을 가지고 있다.

첫째, 문학 자료에 포함되는 작가의 개인기록은 작가가 삶을 살아가면서 느꼈던 감정, 체험했던 경험, 개인적인 생각이나 가치관, 판단, 의견 등을 포함하고 있다. 또한 가족 및 지인 등의 주변인들과의 관계까지 포함하고 있다. 이러한 문학 자료는 공공기록물처럼 컬렉션의 규모를 예견하기 어렵고, 기록의 존재를 확신하기도 힘들다.

개인 기록은 조직적이지 못하고 연속적이지 못한 성질을 가지고 있다. 또한 강제성을 가지고 기록을 남겨야 하는 법적인 적용 대상이 아니므로 기록의 규모가 낱장의 기록에 불과한 적은 양일 수도 있고, 기록을 통하여 한 개인의 일생을 확인할 수 있을 만큼의 큰 컬렉션을 이룰 수도 있다.[13)]

둘째, 작가가 사적으로 생산한 작가의 개인 기록은 유일본이다. 즉, 작가가 생애를 살아오면서 혹은 사회활동이나 작품의 창작활동 중에 생산된 기록인 친필원고나 습작노트, 취재노트 및 메모, 스크랩 자료, 작가의 행적을 담은 사진이나 시청각 기록물 등은 원본이자 유일본이다. 대량생산되어 공급되는 출판된 작품 외에는 작가와 작품과 관련된 모든 문학기록은 유일본으로 그 가치가 크며 작가 및 작품과 직접적인 관련을 갖고 있어 작가의 생애나 작품에 대한 이해를 도울 수 있는 배경 정보가 될 수 있다.

셋째, 문학 자료의 주요대상인 문학작품은 인쇄된 책이나 잡지·신문 등으로 대량 생산되기 때문에 일반적으로 업무활동 과정 중에 생산되는 문서형태의 공공기록물보다는 도서 형태의 기록이 많으며 원본의 개념은 없다. 작가가 참여한 문학지나 작가 및 작품에 대한 평론을 한 잡지 및 신문 역시 마찬가지이다. 그러나 대량 출판되는 기록물이라고 해서 가치가 없는 것은 아니다. 유일본이나 원본과 같은 가치가 있는 것은 아니지만 시간의 흐름에 따라 다양한 가치를 생산할 수 있고 초판본이나 희귀본으로서의 가치가 생성되기도 한다. 따라서 문학작품의 경우 작가의 유가족이나 지인의 기증 이외에도 출판사, 도서관, 문학단체, 헌책방, 독자 등 다양한 원천으로부터 구입 및 복사, 대여 등의 수집이 필요하다.

넷째, 문학 자료의 생산자와 소장자가 다양하다. 문학 자료는 일반적으로 매뉴스크립트 성격을 갖고 있고 이에 따라 작가를 포함하여 작가의 가족 및 지인, 평론가, 연구자 등 다양한 생산자가 있다. 이러한 생산자들에 따라 생산 목적 또한 다양하며 주관적인 성격을 가지고 있다.

다섯째, 문학 자료는 정보자료의 생산 형태 및 매체가 다양하며 이들 기록은 모두 동등하게 중요하다. 문학의 특성상 작가와 문학작품과 관련된 단행본이나 연속간행물 형태의 자료 이외에도 원고(초본, 수정본, 최종본 등), 습작노트, 잡지, 필사자료, 보고서, 신문 스크랩 자료, 작가의 활동 관련 기록물, 기타 서신이나 일기, 메모, 팸플릿, 사진, 초상화, 포스터 등에 이르기까지 다양한 종류의 기록물이 중요한 가치를 갖고 수집되어 이용된다. 더불어 언론과 매체의 등장 이후 작가의 사회활동이나 작품 홍보와 관련하여 생산되는 각종 인터뷰 기록물, 즉 구두 인터뷰 녹취테이프나 녹취록, 비디오테이프, 필름, 라디오 및 TV프로그램 등 시청각 기록물의 생산이 증가하여 중요한 정보자원으로 부각되고 있다. 따라서 기록의 관리에 있어서도 정형화되어 있지 않은 부분을 일반적인 공공기록물에 적용하는 일률적인 분류나 기술·정리 방법을 적용시키기 보다는 매뉴스크립트 성격을 지닌 문학기록의 특성에 따른 관리가 별도로 필요하다.

여섯째, 작가 및 작품과 관련하여 파생되는 성격의 문학 자료를 포함하고 있어 다양한 분야를 포괄한다. 소설, 시, 수필, 희곡, 시나리오 등의 문학은 새로운 작품과 콘텐츠를 생산할 수 있다는 특성상 장르변용에 있어 용이하기 때문에 드라마, 영화, 뮤지컬이나 연극, 음악 등으로 각색되어 또 다른 예술로 탄생시킬 수 있다. 이러한 점에서 문학 분야 이외에도 무대공연, 드라마방송 등의 관련 예술분야에서 생산된 문학기록이 포함될 수 있다.

일곱째, 문학 자료는 작가의 문학작품과 관련된 활동적 측면과 학술 연구적 측면, 문학사적 측면 등을 동시에 포함하며 문학 분야 뿐만 아니라 사회적, 정치적, 역사적 분야에 걸친 다학문적 multidisciplinaty인 특성을 가진다. 작가 및 문학작품 관련 문학기록은 국문학적 측면의 평론뿐만 아니라 문학주제에 따라 역사적, 사회적, 예술적 등의 가치를 갖고 있기 때문에 관련 있는 다양한 분야에서 학술 및 연구 목적으로 생산된 연구기록을 포함한다. 이러한 다양한 가치에 따라 학술적·대중적 자료와의 구별이 무의미한 경우가 많다. 학문적으로 전혀 가치를 가지지 못한 대중적인 자료라 할지라도 연구자의 연구 목적에 따라 귀중한 문학정보로서 문학기록의 가치를 부여받을 수 있다. 즉, 문학정보는 문학의 연구 동향이나 연구 방법

의 변화와 관련을 갖는 것이지 정보의 학술적 가치에 구애받지는 않는다.[14)]

문학자료 관리의 사례 : 시문학파기념관

한국문학관협회가 발행한 자료에 의하면 2012년 12월 말 현재 문학관협회에 가입한 전국의 문학관 수는 58개[15)]로 나타나 있다. 그러나 아직 가입하지 않았거나 현재 건립중인 문학관은 물론 여러 형태로 운영되고 있는 생존 작가의 문학관까지 합하면 무려 100여개가 넘을 것이다.

1988년 지방자치법이 제정된 이후부터는 문예교실을 운영하고 문학 관련 행사를 개최하는 등의 문화 복지 기능을 담당하는 문학관이 속속 건립되기 시작하였다. 특히 최근에는 기존의 시설물 개념을 탈피하여 문학 촌·문학테마파크·문학테마타운 등의 복합문화공간적인 특성을 가진 문학관의 건립이 활발하게 추진되고 있다.[16)]

이러한 현상은 지방자치단체가 지역의 정체성 확립과 지역 문화예술의 활성화라는 당면과제를, 지역의 정서를 가장 많이 표현한 그 지역 출신 문인들에게서 찾고자 하는 바람직한 현상이라고 본다. 이는 지방분권의 시대, 각 지방에서는 그 지역을 대표할 수 있는 비교우위의 문화·예술의 구심점 찾기라고 볼 수도 있다. 이 같은 현상은 서울 중심의 문화·예술행사와 그 누림이 지방으로 분산된다는 의미에서도 환영할 만한 일이다.

문학관이 한 작가를 기억하기 위한 공간이든, 한 문학적 테마를 집중적으로 보여주기 위한 공간이든 간에 결코 상실되지 않아야 할 것은 '문학'이어야 한다. 즉 문학관은 해당 작가나 그의 문학세계를 탐방객들에게 이해시키고 그 정신성을 계승시키자는 공통적인 설립 목적을 가지고 있기 때문이다. 이런 측면에서 문학관은 공공성을 본질로 한다. 문제는 이러한 공공적 본질을 어떻게 실현시킬 수 있을 것인가이다.

한 작가나 문학적 테마를 사람들에게 이해시키기 위해서는 무엇보다 그 공간 안으로 유입할 수 있는 동기가 있지 않으면 안 된다. 그런데 문학관이라는 건물이나 공간 자체가 사람들을 끌어당길 수는 없는 일이다. 문학관은 '문학'을 이미 전제로 하고 있는 공간이기 때문에 가장 먼저 그 문학관의 특성에 맞는 문학기록관리나 다양한 프로그램이 문제될 수밖에 없다.[17]

1990년대 이후 우리나라의 문학관은 양적으로 괄목할만한 성장을 이루며, 문화양극화를 해소하는 데에 많은 기여를 하였다. 그러나 질적인 측면, 요컨대 전문적인 프로그램 운용이나 독창적인 콘텐츠의 개발, 그리고 지속적인 홍보 등에 있어서는 아직 미흡한 부분이 많은 것이 사실이다. 특히 국내 문학관들의 문학기록관리나 프로그램은 경우에 따라 전무하거나 설령 있다 하더라도 지극히 미흡한 실정이다.

이런 가운데 2012년 3월 5일 전남 강진군이 한국문학 사상 최초의 유파문학관으로 건립한 시문학파기념관이 국내 문학관 운영의 롤 모델이 되고 있다. 시문학파[18]는 1930년대 『시문학』지를 중심으로 활동했던 순수시 운동을 전개했던 문학유파를 일컫는 말이다.

시문학파기념관은 기존 문학관들이 취해 온 박제화 된 전시연출 기법에서 탈피해 관람객의 공감대를 이끌어내고 소통하는 문학체험

공간을 추구한 게 특징이다. 특히 희귀 소장 자료의 데이터베이스 구축으로 온라인-오프라인과의 연계를 통하여 문학적·서지학적 가치가 큰 자료를 독자들에게 제공하여 문학관으로서의 공공성을 실현하고 있다.[19]

먼저, 시문학파기념관 전시실에 들어서면 시적 분위기를 자아내는 영상이미지가 관람객의 시선을 끈다. 관람동선은 <시문학파>의 탄생 배경과 시세계, 문학사적 의의는 물론 1930년대 문학사를 자연스럽게 체득케 하였다. 또한 1910년대~60년대 한국 문단사의 큰 줄기를 살필 수 있는 <한눈에 보는 한국시사> 코너는 관람객들의 공감대를 불러왔다.

이와 함께 기념관 건립 취지의 방점이라 할 수 있는 <시인의 전당> 코너는 시문학파 동인 9명의 유품과 친필, 저서, 사진물 등이 전시돼 있어 각 시인별 삶과 문학세계를 체감할 수 있게 하였다.

특히 시문학파기념관에서 소장하고 있는 국내 유일본 『신문계』(1916)를 비롯해 학술문예지 『여명』(1925)과 『여시』(1928) 창간호, 최초의 번역시집인 김억의 『오뇌의 무도』(1923), 『시문학』(1930), 『문예월간』 종간호(1932) 등 5천여 권을 데이터베이스로 구축하였다. 이를 계기로 2013년 6월 18일 국내 문학관으로서는 드물게 제1종 전문박물관에 등재되기도 하여 공공성을 확보하였다.

이와 함께 시문학파기념관은 '시문학파'에 대한 문학적 성과를 아카이브로 구축하여 문학교육의 자료로 활용하고 있다. 시문학파 아카이브archive는 시문학파기념관을 터미널terminal화하여, 시문학파의 문학사적 가치와 그들이 일궈낸 문학적 성과의 다양할 자료들을 집적화 하였다.

아카이브 콘텐츠는 시문학파와 동인에 대한 ▲ 아호와 본명 ▲ 생몰 연대 ▲ 출생지 ▲ 문단활동 ▲ 저작물 ▲ 작품세계 ▲ 작품 연표 ▲ 작가 연보 ▲ 대표작 ▲ 연구물 목록(석·박사 논문 및 학회지 논문) 등을 집대성하였다. 그리고 문학 유파에 대한 이해를 돕기 위해 시문학파를 전후한 우리나라의 동인문학사[20] 소개와 시문학파가 태동한 1930년대의 시대적 상황[21]을 체계적으로 정리하였다. 이와 함께 시문학파의 작품세계[22]와 문학사적 의의[23], 『시문학』(1, 2, 3호)의 특색[24], 당시 신문기사 <표 2 참조> 등의 자료를 콘텐츠로 포함시켜 학술적 가치를 확보하였다.

표 2 아카이브로 활용한 1930년대 신문 자료

번호	보도 일자	면	내 용
1	1930-03-07	4면	詩文學 創刊號 玉川洞一六其社 發行
2	1931-09-09	4면	詩文學 續刊
3	1931-10-16	6면	詩文學(第三號)
4	1931-10-21	5면	詩文學社 移轉(積善洞)
5	1933-11-22	3면	譯詩集『失香의 花園』十二月初 詩文學社에서 發行[文壇消息]
6	1933-12-06	3면	異河潤 著 失香의 花園 ; 京城 詩文學社 發行
7	1933-12-06	3면	『失香의 花園』京城 詩文學社 發行
8	1933-12-15	3면	月刊 純文藝誌「文學」創刊號 二十日頃 出來, 積善洞 詩文學社에서 發行
9	1933-12-21	5면	劇藝術(第二號) ; 京城 詩文學社 發行
10	1933-12-27	5면	文學(第一號) ; 京城 詩文學社 發行
11	1934-04-01	5면	文學(四月號) ; 京城府 積善洞 詩文學社 發行
12	1934-04-20	4면	劇藝術(創刊號) ; 劇藝術硏究會機關誌 ; 京城詩文學社 發行
13	1935-11-06	4면	鄭芝溶 詩集과 永郎 詩集 刊行 近日 詩文學社로부터

자료제공 : 동아일보 독자정보자료실

나오며

지금까지 살펴본 바와 같이 1988년 지방자치법이 제정된 이후부터는 문화 복지 기능을 담당하는 각종 박물관이나 도서관, 문학관 등 문화시설이 속속 건립되기 시작하였다. 특히 최근에는 기존의 문학관 개념을 탈피하여 문학 촌·문학테마파크·문학테마타운 등의 복합문화공간적인 특성을 가진 문학관의 건립이 활발하게 추진되고 있다.

이러한 현상은 지방자치단체가 지역의 정체성 확립과 지역 문화예술의 활성화라는 당면과제를, 지역의 정서를 가장 많이 표현한 그 지역 출신 문인들에게서 찾고자 하는 바람직한 현상이라고 본다. 이는 지방분권의 시대, 각 지방에서는 그 지역을 대표할 수 있는 비교우위의 문화·예술의 구심점 찾기라고 볼 수도 있다. 이 같은 현상은 서울 중심의 문화·예술행사와 그 누림이 지방으로 분산된다는 의미에서도 환영할 만한 일이다.

그러나 질적인 측면, 요컨대 전문적인 프로그램 운용이나 독창적인 콘텐츠의 개발, 그리고 지속적인 홍보 등에 있어서는 아직 미흡한 부분이 많은 것이 사실이다. 특히 국내 문학관들의 문학기록관리나 프로그램은 경우에 따라 전무하거나 설령 있다 하더라도 지극히 미흡한 실정이다.

본 연구에서는 다양한 가치를 지니고 있는 문학자료 관리에 대한 필요성을 문학 자료의 정의와 범위, 문학 자료의 유형과 특성, 그리고 강진군 시문학파기념관의 운영사례를 예로 들어 밝혔다.

문학자료 관리의 필요성에 대해 몇 가지로 요약하자면 다음과 같다. 첫째, 문학 자료에는 문학적 가치가 존재하고 나아가 역사적, 예술적, 사회적 가치를 포함하고 있으며 둘째, 유네스코 문화통계프레임워크에서 밝힌 6개 문화영역의 사례를 들어 문학은 문화유산으로서의 가치를 밝혔다. 셋째, 체계적인 수집과 문학자료 관리를 통하여 문학관의 공공성을 확보할 것을 제시하였다.

이와 함께 문학적 성과를 아카이브로 구축하여 문학교육의 자료로 활용하고 있는 강진군 시문학파기념관의 아카이브를 예로 들어 문학자료 관리에 대한 새로운 방향성을 제시하였다. 시문학파기념관의 아카이브 콘텐츠인 시문학파와 동인에 대한 ▲아호와 본명 ▲생몰연대 ▲출생지 ▲문단활동 ▲저작물 ▲작품세계 ▲작품 연표 ▲작가 연보 ▲대표작 ▲연구물 목록(석·박사 논문 및 학회지 논문) 등을 집적화한 것은 좋은 사례라 할 수 있다.

본 연구는 다양한 가치를 지니고 있는 문학 자료의 중요성으로 인해, 국가적인 차원에서 관리 및 보존하고 서비스할 수 있는 문학 아카이브 설립에 앞서, 개별 문학관의 문학기록을 체계적으로 관리하기 위한 방안을 제시하였다. 이는 공공기록물에서 제외된 문학예술 분야에 대한 기록관리의 이론적 토대를 마련했다는 점에서 의미가 있을 것이다. ■

10

한국의 문학테마파크와 발전 전략

들어가며

1988년 지방자치법이 제정된 이후부터 문화 복지를 담당하는 문학공간이 속속 건립되고 있다. 최근에는 기존의 시설물 개념을 탈피하여 문학촌·문학테마파크·문학테마타운 등의 복합문화공간적인 특성을 가진 문학 공간 건립사업이 활발하게 전개되어 문학공간은 양적으로 괄목할만한 성장을 이루었다고 할 수 있다.[1)]

2017년 7월 말 현재 한국 문학관협회에 가입된 회원 문학관은 82개에 이른다.[2)] 하지만 이 가운데 명실상부하게 문학관으로서의 규모를 갖추고 운영하고 있는 곳이 있는가 하면, 대중의 관심을 받지 못하는 유명무실한 곳도 있다. 심지어 생가에 문패만 붙여놓은 채 방치된 작은 문학관들도 적지 않다.

많은 지자체들이 문화에 대한 깊은 고민 없이 돈이 된다는 생각에 앞 다투어 문학관을 지어 왔다. 이러다 보니 조그마한 인연만으로 각 지자체 간 연고권을 주장하는 사례도 쉽지 않게 볼 수 있다.

우후죽순으로 생겨나는 문학관이 모두 성공하는 것은 아니다. 문학관은 주민들이 함께 누릴 수 있는 문화적 인프라여야만 한다. 문화에 대한 확고한 철학 없이 관광객을 유치하여 수익을 올리려는 경제적 동기만을 앞세워서는 낭패를 보기 십상이다. 로컬리티(지역성)와 조화를 이루며 지역주민이 함께 참여할 수 있는 다양한 프로그램을 개발하고, 알찬 기획 전시를 준비하는 문학관들만이 성공할 수 있다.

아무튼, 문학관에 대한 공과를 떠나서 우리 사회는 수많은 문학적 자산을 축적해왔다. 문학텍스트를 이해하는 데 필요한 다양한 문학적 능력도 길러왔다. 이러한 문학적 자산과 능력을 실용적으로 활용하는 데는 두 가지 관점이 있을 수 있다. 하나는 사람끼리 문화적으로 서로 돕고 의지하고 협력하면서 살아가는 문화적인 삶 공동체 구축에 활용하려는 관점이고, 다른 하나는 국가나 지방자치단체의 경쟁력 강화와 경제 활성화를 위해 활용하려는 관점이다.[3] 전자는 개인들의 문화적 실천을 중시하는 생활 문화적 접근이며, 후자는 문화산업의 성장·발전을 이룩하여 경제적 수익 구조를 창출하려는 경제적 접근이다.

최근 들어 여러 지역에서 활발하게 추진되고 있는 문학관 혹은 문학마을 사업들은 주로 후자에 많은 비중을 두고 있다. 즉 경제 활성화를 통한 지역 경쟁력 강화를 목표로 하는 경우가 많다. 문학적 자산과 역량을 경제 활성화에 활용하기 위해서는 보다 선명한 전략적 접근이 필요하다. 그러한 방법으로 문학적 테마를 활용하는 문학테마파크를 생각해 볼 수 있다.

본 연구는 문학 작품을 활용한 테마파크의 설립과 운영을 위한 전략적 방안은 무엇이며, 그러한 전략에 부합하는 테마는 어떤 과정을 통하여 기획되어지는가에 초점이 맞춰졌다. 본 연구가 문학 작품을 테마파크로 재구조화하는 과정과 방법론의 일단을 확인할 수 있는 계기가 되길 바란다.

테마파크의 이론적 배경

■ 테마파크의 개념

테마파크Theme Park에 대한 개념은 시대와 상황과 지역에 따라 다양하게 정해져 왔다. 성공적인 테마파크의 처음이라 할 수 있는 곳은 1955년 디즈니랜드이다. 이곳은 기존의 놀이동산들과 차별화된 주제로 모든 가족들이 일상에서 벗어나 즐길 수 있는 대규모의 시설을 설치 운영하여 시장에서 크게 성공하였다. 이후 기존의 어뮤즈먼트 파크Amusement Park들도 변화를 시도하여 다양한 개념의 테마파크가 등장하였다.

이러한 테마파크에 대한 기존의 정의를 보면, J. Cameron(1981)은 주제공원이란 방문객 유치사업에 포함되는 몇몇 주요시설 중의 하나로서 일정지역에 만국박람회로부터 위락공원, 지역박람회, 박물관이나 동물원 같은 문화적이거나 기타 비영리적 시설물까지 포함하는 관광산업The-Visitor-Attraction Industry이라 정의[4)]하였고, Andy Milmen(1993)은 테마파크는 다른 공간과 시간의 분위기를 창출해 내고 건축물과 경치, 훈련된 종사원, 탑승물, 식음료 그리고 상품들이 선정된 테마에 맞게 조화됨으로써 지배적인 분위기를 집중 시킨다.[5)]고 하였다.

또 H. vogel(1991)은 단순히 놀이시설 티켓이나 음료수를 판매하는 사업이 아닌 즐거움 혹은 흥미를 유발하여 경험을 판매하는 사업이 테마파크로 정의[6)]였고, R. K. Lyon(1993)은 깨끗하고 높은 수준의 경관과 탑승시설물뿐만 아니라 테마가 있는 구역들로 이루어진 건물을 테마파크로 규정하고 있다.

그리고 미국 부동산 연구단체The Urban Land Institute에서는 특별하게 창출된 환경과 분위기 속에서 운영되는 가족 위주의 놀이공원으로 그 속에서는 독특한 역사적 배경물, 역사 속의 형태로 복원된 마을, 유서 깊은 철길, 전문 박물관과 전문 쇼핑센터 등을 소재로 특별한 주제를 창출한 놀이공원을 일컫고 있다.

일본 경제산업성에서는 특정한 비일상적인 테마(주제)하에 시설 전체의 환경을 만들어 공간 전체를 연출해 고객에게 오락을 제공하고 있는 사업체중 상설 또는 유료의 탑승물과 관람물을 갖춘 업체라고 정의하였다.

또한 국내 학자들의 테마파크 정의를 살펴보면, 이연택(1994)은 테마파크는 깨끗하고 청결한 분위기 속에서 스릴과 환상과 테마에 바탕을 두며 건전한 위락을 제공하는 곳[7)]이라고 밝혔고, 정재선은 테마파크는 기존놀이, 위락시설에 보다 나은 흥미를 위하여 일정한 주제를 가미한 것으로 현대인의 여가 및 관광욕구를 가장 충실하게 만족시키고 있다.[8])고 하였다.

이러한 정의 속에 최근의 테마파크는 실질 소득의 증가와 여가생활에 대한 관심이 높아지면서 테마파크를 방문하고자 하는 사람들이 많아지고 있다. 테마파크가 활성화되기 전까지의 여가생활은 동물원, 박물관, 공원, 유원지, 기타 간단한 놀이시설을 찾는 것이 전부였으나 점차 복합적이고 개성화되어 변화하는 고객의 욕구와 가치관에 맞추어 오늘날의 테마파크도 종합성을 띤 테마파크로 변화하고 있다.[9])

아울러 테마파크는 모든 레저와 리조트시설의 중심 역할로서, 새로운 인구의 유입과 더불어 고용기회를 창출하고 세수 증대와 지역경제를 활성화시키는 효과로 각광받는 지역 개발 수단이 되고 있다.

■ 테마파크의 유형

테마파크의 유형은 성격, 형태, 주제, 목적 등의 기준에 따라 다양하게 나눌 수 있다. 성격에 따른 테마파크 유형으로는 리조트형, 관광형, 위락형 테마파크가 있다. 형태에 따른 테마파크는 환경재현형, 정보전시형, 문화관광형, 자연공원형, 체험시뮬레이션형, 이벤트형 테마파크로 나누어진다. 주제에 따른 테마파크 유형으로는 역사·민속·사회, 생물, 산업, 예술, 놀이, 환상적 창조물, 과학, 자연자원 테마파크 등이 있다. 목적에 따른 테마파크 유형으로는 오락형, 환경형, 교육형, 도시형 등이 있다. 테마파크 유형을 간단히 정리하면 <표 1>과 같다.

| 표 1 | 분류 기준에 따른 테마파크 유형[10)]

분류 기준	기준에 따른 유형
성격에 따른 테마파크의 유형	리조트형 테마파크
	관광형 테마파크
	위락형 테마파크
형태에 따른 테마파크의 유형	환경재현형 테마파크
	정보전시형 테마파크
	문화관광형 테마파크
	자연공원형 테마파크
	체험시뮬레이션형 테마파크
	이벤트형 테마파크
주제에 따른 테마파크의 유형	역사·민속·사회형 테마파크
	생물형 테마파크
	산업형 테마파크
	예술형 테마파크
	놀이형 테마파크
	환상적 창조물형 테마파크
	과학형 테마파크
	자연자원형 테마파크
목적에 따른 테마파크의 유형	오락형 테마파크
	환경형 테마파크
	교육형 테마파크
	도시형 테마파크

이처럼 테마파크의 유형은 매우 다양하기 때문에 어떤 하나가 절대적인 기준이 될 수 없으며, 특정한 하나의 테마파크가 다양한 기준에 부합하는 것이 일반적이다. 예를 들어 본 연구에서 중점적으로 다루는 '황순원 문학테마파크'를 테마별 분류에 의해 구분할 경

우 「소나기」를 테마로 설정하면 '황순원 문학테마파크'는 '예술형 테마파크'에 부합하며, 목적에 따른 테마파크 유형에 따를 경우 '교육과 학습형 테마파크'에 속한다. 또한 「소나기」를 주제로 한 영화, 만화영화, 드라마, 게임 등에 등장하는 캐릭터를 테마로 설정할 경우 '오락형 테마파크'에도 속할 수 있다.

■ 테마파크의 구성 요소

테마파크가 일반 위락시설과 다른 것은 분명한 테마와 비일상적인 공간을 창조하고 통일된 이미지를 갖추어야 집객력에 성공할 수 있다. 테마파크의 구성요소는 다음과 같다.

첫째, 관람시설이다. 관람시설은 스크린이나 시뮬레이션, 기타의 장소에 나타나는 영상 및 이에 준하는 시각적 효과를 관람하거나 참여, 체험하여 즐길 수 있는 시설을 총칭한다. 둘째, 탑승시설이다. 탑승물은 스피드, 비행감을 느끼거나 주변의 경관과 테마의 전경 관람을 위하여 이동, 회전, 선회하는 시설을 총칭하며, 어린이들의 건강, 체력향상을 위한 놀이시설을 탑승시설로 규정한다.

셋째, 상품 및 게임시설이다. 특정 테마파크의 친근감은 물론 차별화된 이미지를 구축하기 위하여 제작된 캐릭터, 기념품을 포함하여 방문객들에게 만족을 느끼게 하는 게임시설 및 장소를 말한다. 넷째, 공연시설이다. 공연시설은 캐릭터, 배역 등이 출연하여 주제에 합당한 퍼레이드, 연주와 이벤트 쇼, 각종 퍼포먼스를 통하여 생동감 있는 테마파크를 만드는 행위 및 공간을 가리킨다.

다섯째, 식·음시설이다. 단지 유형시설로서의 요리나 음료를 제공하는 것뿐만 아니라 다양한 서비스를 통하여 고객만족 및 무형의 가치를 창출하려는 노력이 뒤따라야 하며, 이 때문에 푸드 서비스 산업으로 표현하기도 한다. 여섯째, 고객편의 시설이다. 이것은 그 테마파크를 방문한 고객에게 하루를 편안하고 재미있게 즐길 수 있도록 편의와 안전을 제공하기 위한 시설을 가리킨다.

■ 테마파크의 특성

테마파크는 '특정한 테마를 종합적으로 표현하는 공간'으로서, 놀이시설 중심의 어뮤즈먼트 파크amusement park나 일반 공원과 다른 몇 가지 특성을 가지고 있다. 즉 테마파크는 여타 놀이시설이나 단순한 휴양공간과 달리 '테마를 표출하는 공간'이라는 개념에서 도출되는 테마성, 비일상성, 통일성, 배타성, 레저성, 독창성, 종합성이라는 본질적 특성을 갖는다.[11] 테마파크의 특성을 표로 정리하면 <표 2>와 같다.

• 테마성

테마란 테마파크의 모든 구성요소에 영향을 미치는 하나의 큰 주제나 콘셉트로, 테마를 효과적으로 구현한 테마파크를 테마성이 높다고 말한다. 테마파크는 하나의 중심적 테마 또는 연속성을 가지는 몇 개의 테마들이 결합하여 구성되는 것이므로 테마성은 테마파크의 핵심이라 할 수 있다. 이를 위해 각각의 공간과 건물, 주된 놀이기구 및 전시 등의 각종 시설들이 핵심 테마를 구체적으로 실현할 수 있도록 디자인 되어야 한다.

테마성이 가장 잘 실현된 곳으로는 디즈니랜드가 꼽힌다. 월트디즈니는 디즈니랜드를 만들면서 "나는 사람들이 디즈니에 있는 동안 그들이 살고 있는 현실 세계를 보는 것을 원치 않는다."라고 강조한 바 있다.[12] 테마성을 잘 구현하기 위해서는 각종 장치물과 공연 등의 이벤트가 동일한 의도를 가지고 배치되고 운영되도록 갖출 필요가 있고, 테마와 어울리지 않는 요소들은 모조리 빼버리는 배타성이 요구된다.

• 비일상성

비일상성은 현실에서는 경험할 수 없는 인위적이고 환상적인 환경으로 인해 이용자가 자기 자신과 일상적 현실을 잊고 몰입할 수 있도록 하는 속성을 말한다. 테마파크는 대규모의 비일상적인 공간이다. 테마파크는 현실과 단절된 세계이고, 이용자는 현실의 자기 자신을 잊고 동화속의 주인공이 된다. 이때 쇼맨은 이용자를 주인공으로 만들어주는 친절한 조연 역할을 한다.

테마파크를 디자인 할 때는 지나치기 쉬운 작은 부분에까지 비일상성을 개입시켜야 몰입도와 흡입력을 높일 수 있다. 건축물과 화려한 퍼레이드뿐만 아니라 미묘한 소품까지 이용자가 현재 현실세계와 동떨어진 다른 세계에 있다는 사실을 끊임없이 주입시켜야 하는 것이다. 무형적인 요소인 조명이나 BGM[back ground music], 냄새 등은 이용자가 비일상적이고 환상적인 분위기를 느낄 수 있도록 하는 가장 중요한 부분이다.

• 통일성

테마파크는 주어진 테마에 의한 건축양식, 조경, 위락의 내용, 등장인물에서 메뉴, 판매상품, 유니폼, 휴지통의 모양과 색깔에 이르기까지 통일된 이미지를 형성하기 위해 고안된다. 이러한 모든 요소가 균형 있는 조화를 이루는 또 하나의 세계가 창출되는 것이다.

• 체험성

체험성은 단순한 관람과는 달리 오감을 통해 직접 체험함으로써 즐거움과 감동을 느낄 수 있도록 하는 것이다. 디즈니랜드는 TV나 영화의 애니메이션으로만 접해 왔던 디즈니의 세계 속으로 직접 들어가 오감을 동원해 체험해 볼 수 있다는 데서 몰입과 감동을 가지고 온다. 테마파크 안에서는 직접 보고, 듣고, 냄새를 맡고, 맛보고, 만져보면서 체험할 수 있는데 그러한 분위기는 그 테마파크 안에 있을 때만 느낄 수 있는 것이기에 특별하다. 디지털매체가 일방적인 속성을 지닌 것과는 달리 테마파크에서는 상호작용이 가능하다는 것도 체험성이 배가되는 요인이다.

테마파크는 모든 사람을 즐겁게 하는 대중오락이다. 특별한 지식을 갖추거나 연습을 하지 않고 앉아 있는 것만으로도 즐길 수 있는 오락인 것이다. 어린이와 어른, 노인, 또 몸이 부자유한 사람과 외국인들, 호기심 많은 사람이나 만사를 귀찮아하는 사람들도 모두 즐길 수 있다.[13]

• 복합성

현대 테마파크의 추세는 테마가 연속성을 가지면서 통일성을 유지하도록 하여 가족단위나 남녀노소가 공유하는 공간으로서, 놀이·휴양·체험교육을 종합적으로 추구하는 복합리조트형 어뮤즈먼트 파크이다. 따라서 시설을 근간으로 하는 하드웨어부분과 테마를 살리는 여러 가지 소프트웨어의 개발이 테마와 연관성을 가지고 종합적으로 결합되어야 한다.

표 2 테마파크의 기본 특성

테 마 성	차별화된 콘셉트와 스토리를 바탕으로 한 단일, 복합적인 주제의 구성
비일상성	현실에서 벗어난 꿈과 환상의 세계를 제시하여 비일상적 공간을 창출함
통 일 성	테마파크 안에 있는 모든 환경과 시설물, 프로그램 등이 산만하지 않고 통일된 이미지를 구축함
체 험 성	단순 관람에서 벗어나 오감을 통해 직접 체험함으로써 즐거움과 감동을 느낄 수 있도록 함
복 합 성	창조적 유희공간으로서의 기능과 함께 오락, 여가 문화 및 정보, 교육 등의 요소들이 복합적으로 구성되어 다양화된 소비자의 욕구를 충족시킴

국내 문학테마파크의 동향

■ 남원 「춘향전」 테마파크

고소설 「춘향전」의 작품 배경지 전북 남원에 춘향 테마파크가 조성되었다. 「춘향전」 속 장면 장면을 그대로 옮겨 놓은 듯한 이곳에서는 아직 「춘향전」을 읽지 않은 어린아이들도 춘향과 이몽룡의 애절한 사랑 이야기를 만나볼 수 있다.

춘향 테마파크는 「춘향전」의 이야기 흐름에 따라 '만남의 장', '맹약의 장', '사랑과 이별의 장', '시련의 장' 등의 테마로 이루어져 있다. 각 테마 마다 문학 작품 속의 장면을 재연해 놓아 아이들이 「춘향전」을 더욱 쉽게 이해할 수 있다. 더불어 실제로 성춘향과 이몽룡이 되어 볼 수 있는 의복체험, 사물놀이, 판소리, 공예, 활쏘기 등의 체험 프로그램도 마련되어 더욱 즐겁게 고전 문학을 만나볼 수 있다.

춘향 테마파크에서 춘향교를 건너면 몽룡이 그네 타는 춘향이를 보고 첫 눈에 반했다는 이야기가 전해지는 광한루원을 마주할 수 있다. 조선 4대 누각 중 하나인 광한루원에는 월매집, 오작교, 삼신섬 등이 자리 잡고 있다.

춘향 테마파크 이용안내

- 위　　치 : 전북 남원시 양림길 14-9
- 개방시간 : 하절기 09:00~22:00 / 동절기 09:00~21:00
- 입 장 료 : 어른 3,000원 / 청소년 2,500원 / 어린이 2,000원
- 문　　의 : 063) 620-6836

■ 장성 「홍길동전」 테마파크

허균의 소설 『홍길동전』에 등장하는 홍길동을 알리기 위하여 전남 장성군이 홍길동 테마파크를 조성하였다. 『조선왕조실록』 등의 문헌을 살펴보면, 홍길동은 활빈당을 이끌고 오키나와로 건너가 사회정의를 구현하는 민권 운동을 계속해 온 실존 인물이란 것을 확인할 수 있다.

장성군은 홍길동의 생가와 전시관, 활빈당의 요새인 산채를 재연해 놓은 체험장, 야영장, 청백한옥 등의 다양한 볼거리를 묶어 홍길동 테마파크라고 명명하였다. 특히 홍길동 생가에는 다양한 캐릭터, 입체 영상물 등의 홍길동 문화 콘텐츠를 체험할 수 있다. 이 외에도 4D 영상관에서는 '홍길동 2084', 'Lets go 활빈당'과 같은 애니메이션을 상영하고 있어 재밌게 홍길동을 만나볼 수 있다.

홍길동 테마파크 이용안내

- 위　　치 : 전남 장성군 황룡면 홍길동로 431
- 개방시간 : 하절기 09:00~22:00 / 동절기 09:00~21:00
- 입 장 료 : 무료
- 문　　의 : 061) 394-7240

■ 부여 「서동요」 테마파크

「서동요」는 백제의 마를 캐는 아이 서동이 신라에서 아이들에게 마를 나눠주며 노래를 부르게 하여 신라의 선화공주와 결혼하고 백제 무왕이 된다는 내용이다. 삼국시대를 배경으로 한 이 이야기는 지금까지도 많은 사람들의 입을 통해 전해진다. 드라마로도 만들어져 많은 인기를 끌었던 「서동요」를 직접 체험할 수 있는 곳이 충남 부여에 있다.

드라마 「서동요」를 찍기 위해 지어진 서동요 테마파크는 충남 부여 가화저수지 주변에 위치하고 있다. 약 1만여 평의 넓은 대지 위에 조성된 오픈세트장은 태학사와 너와지붕이 인상적인 하늘재 마을, 왕이 되어 볼 수 있는 백제왕궁, 왕궁마을, 왕비 처소 등으로 구성되어 있다. 드라마 「서동요」의 배경으로 사용된 이후에도 계백, 대풍수 같은 사극 촬영지로 사용되었다.

서동요 테마파크는 많은 드라마와 영화 속 배경이 된 공간으로 다른 곳보다 더욱 실제에 가까운 역사 속 모습을 만나볼 수 있는 곳이다. 따라서 역사 속 주인공은 물론이고 드라마 속 주인공이 되어보는 이색적인 기분도 느낄 수 있다. 서동과 선화공주가 입었을법한 백제 복식체험, 굴렁쇠 놀이, 활쏘기, 옥사체험 등의 다양한 체험을 통해 시간을 뛰어넘어 치열했던 삼국시대의 백제를 느껴볼 수 있다.

서동요 테마파크 이용안내

- 위　　치 : 충남 부여군 충화면 충신로 616
- 개방시간 : 하절기 09:00~18:00 / 동절기 09:00~17:00
  (매주 월요일 휴관)
- 입 장 료 : 어른 2,000원 / 청소년·군인 1,500원 /
  어린이 1,000원
- 문　　의 : 041) 830-2862

■ **강진 세계모란공원(영랑테마파크)**

전남 강진 영랑생가 뒤편에는 김영랑의 시 「모란이 피기까지는」을 모티프로 한 세계모란공원이 2017년 4월 개장하였다. 모란을 소재로 한 국내 유일의 세계모란공원은 1만5000m² 규모의 한국을 비롯해 중국, 프랑스, 네덜란드, 독일, 영국, 미국, 일본 등 8개국이 원산지인

50여 종의 모란 2,700그루가 심어져 있다. 공원 내 비닐온실(119m²)과 유리온실(647m²)에서는 사계절 내내 모란을 볼 수 있다. 149m² 규모의 저온저장고에 보관된 모란 종자를 온실에 옮겨심기 때문에 날씨나 계절에 상관없이 모란의 생장 과정을 관찰할 수 있다.

특히 '한국 모란 왕'으로 불리고 있는 모란은 폭과 키가 2m에 이르고 수령이 350년이나 되어 명물이다. 모란공원은 밤에 더 화려하다. 영랑생가 옆 시문학파기념관을 지나 세계모란공원으로 향하는 입구 쪽 대나무 숲을 은은한 조명이 비춘다. 전망대 쪽에는 반딧불이를 연상케 하는 조명을 설치해 신비로운 분위기를 더한다. 모란조형물에는 하늘로 향하는 레이저 빛을 쏜다. 모란공원은 연중 개방하며 관람료는 무료다.

세계모란공원(영랑문학테마파크) 이용안내

- 위　　치 : 전남 강진군 영랑생가길 15
- 개방시간 : 24시간 연중무휴
- 입 장 료 : 무료
- 문　　의 : 061) 430-3188

■ 장흥 천관산 문학테마파크

전남 장흥군은 2010년 천관산 문학공원을 조성하였다. 천관산 문학테마파크는 문학테마공원과 문예관(전시실, 박물관), 체험관(녹차 체험관, 도자기 체험관, 엿 체험관), 국내 유명작가의 자료를 전시하는 전시관, 산책로 등이 들어섰다.

천관산 기슭에는 문탑 1기와 문학비 54개가 산책로를 따라 주변의 풍광과 조화를 이루고 있다. 문탑은 탑산사 주차장 위쪽에 높이 15m, 폭 9m의 7층 석탑으로 조경석 축조방식으로 만들어졌고 국내 유명문인 39명(시인 19명, 소설가 13명, 수필 · 평론 · 희곡 7명)의 작품과 육필원고, 연보를 캡슐로 제작, 보관하고 있다

문탑 주변의 문학비는 문탑에 보관된 문인들의 육필원고 중 대표작품을 선정, 천관산에서 나는 자연석에 글씨를 새겨 넣은 것으로, 한승원·이청준·송기숙·김영남 등 장흥 출신의 문인을 비롯해 문병란·안병욱·박범신·구상 등 한국문단을 대표하는 시인·소설가·수필가·평론가·아동문학가 등의 주옥같은 글들이 새겨져있다.

천관산 문학테마파크 이용안내

- 위　　치 : 전남 장흥군 대덕읍 연지리 109-102
- 개방시간 : 24시간 연중무휴
- 입 장 료 : 무료
- 문　　의 : 061) 860-0457

■ 춘천 김유정 문학촌

김유정 문학촌은 한국의 대표적인 단편문학 작가 김유정(1908~1937)의 문학적 업적을 알리고, 그의 문학정신을 계승하기 위하여 고향인 실레마을에 조성한 문학공간이다. 김유정 문학촌이 위치한 춘천시 신동면 실레마을은 그의 처녀작 「산골나그네」를 비롯한 「봄·봄」, 「동백꽃」 등 그의 소설 대부분이 이곳에서 구상되었고, 등

장인물, 지명 등도 실제에 기초한 것이다. 실레마을 그 자체가 작품의 산실이며 그 현장이라 할 수 있다.

춘천시는 소설가 김유정의 문학정신을 기리기 위해 생가를 복원하고 전시관, 문학 산책로 등을 조성하여 2002년 8월 6일 문학관을 개관하였다. 김유정 문학촌을 들어서면 일제 강점기 농촌의 삶이 묻어나는 소설로 실존인물을 배경으로 한 「봄·봄」을 펼친 책이 조형물로 중앙에 자리하고 있으며, 김유정 선생의 생애와 작품, 관련 유물이 일목요연하게 정리되어 있었다.

김유정 문학촌 이용안내

- 위 치 : 강원도 춘천시 신동면 실레길 25지
- 개방시간 : 하절기 09:00~17:00 / 동절기 09:30~17:00
(매주 월요일 휴관)
- 입 장 료 : 2,000원
- 문 의 : 033) 261-4650

국내 문학테마파크의 문제점과 발전 전략

■ 국내 문학테마파크의 문제점

1990년대 이후 지역 연고 문인이나 그들의 문학 작품을 내세운 지역 문학관(또는 문화마을) 건립이 크게 늘어났다. 문학관 수가 증가함에 따라 2004년에는 전국의 문학관들이 '한국 문학관협회'를 결성하여 상호 협력과 공동 발전 방향을 모색하기 시작하였다. 지자체들은 이런 문화 시설에 재정적 지원을 함으로써, 지역 정체성 확립과 관광객 유치를 통한 지역 경제 활성화를 기대하고 있으며, 나아가 지역 주민의 정서적 통합에도 한 몫 해주기를 바란다.

하지만 지역적 연고에 기반 하는 문학관 류의 문화공간들이 지자체들이 기대하고 홍보하는 것처럼, 그와 같은 역할을 충분히 해 줄지 의문이다. 특히 지역경제의 활성화에 대한 기대는 그 가능성이 더욱 의심스럽지 않을 수 없다.[14)]

현재 문학관 운영의 바람직한 모델을 제공한다고 여겨지는 <김유정 문학촌>이나 <이효석 문학관> 등의 경우도 지역의 경제 활성화에 큰 역할을 한다고 보기 어렵다. <이효석 문학관>은 각종 문화행사와 산과 호수가 잘 어울린 자연환경을 입지로 활용하여 문화도시를 지향하는 평창군의 발전 방향과 연계할 수 있는 모델임에도 불구하고 여전히 운영비 확보의 어려움과 운영 수익의 부재라는 문제점에 직면해 있다.

<김유정 문학촌> 역시 실레마을[15)]을 어떻게 상징화하면서 마을 전체를 하나의 문화공간으로 엮어내고 더 나아가 춘천의 풍부하고 역동적인 문화 환경과 연계시키는 방안이 무엇인지 모색되고 있다. 이는 문학관을 문화마을로 확대 운영하고, 다시 좀 더 넓은 범위의 지역의 복합문화공간으로 기능하게 한다는 복안인 셈이다. 그러나 문학관이 중심이 되는 복합문화 공간, 혹은 복합문화공간의 한 축으로서의 문학관이 지역 경제 활성화를 위한 관광객 유치에 얼마만큼 효과를 가져 올지는 여전히 미지수인 상태이다.

그리고 최근 들어 <황순원 소나기마을>이 '문학관 <소나기마을>

복합문화 공간'의 확장 틀 속에서 관광객 유치를 통한 군민 소득 증대에 기여하는 것을 목표로 문학테마파크 개발에 큰 관심을 보이고 있다. 2007년부터 계획된 이 프로젝트는, 「소나기」를 테마로 하는 문화 관광지로 개발함으로써 양평군의 문화적 위상을 범국민적 차원에서 홍보하고, 완공 시 연간 5백만 명 이상의 방문객을 유치하여 궁극적으로 군민의 소득 증대에 기여할 것으로 기대하고 있다.[16] 그런데 양평군이 예상하고 있는 것처럼, 양평의 소나기마을 조성사업이 지역 경제 활성화에 얼마만큼의 실질적인 도움이 될 수 있을지는, 앞의 춘천시와 평창군의 사례에서 크게 벗어나지 않을 것이란 추측을 쉽게 할 수 있다.

뿐만 아니라 앞에서 살펴본 남원 춘향테마파크를 비롯한 장성 홍길동테마파크, 부여 서동요테마파크, 강진 영랑테마파크(세계모란공원), 장흥 천관산 문학테마파크의 경우도 사정은 비슷할 것으로 여겨진다.

문학관과 문학마을 조성 사업은 지역민이 일상에서 문화적 생활을 향유하는, 그리고 그를 통해 그들이 문화적으로 고양된 삶을 누리기 위한 토대 구축사업으로 그 성격을 분명히 해야 한다. 그렇게 되었을 때 사업 성격이 분명해지고 사업성과도 기대할 수 있을 것이다.

■ 문학테마파크의 발전 전략

문학테마파크는 여러 가지 측면에서 문학적 자산의 경제적 활용을 위한 유용한 대안이다. 테마파크는 그 자체로서 방문객 유입 효과를 가지고 있기 때문이다. 테마파크는 새로운 환상이나 짜릿한 재미를 통해 반복되는 일상생활의 지루함에서 벗어나고자 하는 현대인의 심리를 자극한다. 이것이 지속적이고 반복적으로 방문객을 끌어들이는 요인이 된다.[17)]

테마파크가 발전하기 위해서는 독특한 테마로 조성하고 지속적인 투자와 함께 수익을 낼 수 있는 매출 구조를 만드는 것이 중요하다. 한범수 경기대 관광종합연구소장의 말에 따르면, "최근 들어 테마파크는 놀이동산, 놀이공원의 형태로 안주하지 않고 도시 전체에 테마를 부여하거나, 단위시설 하나에도 테마를 부여하는 등 많은 변화가 이루어지고 있다. 우주를 테마로 한 시설, 바다를 테마로 한 시설, 과학을 테마로 한 시설 등이 한 예다. 아쿠아리움의 경우 오키나와의 추라우미는 고래상어를 상징으로 거대한 바다를 체험하도록 하고 있고, 프랑스 볼로뉴의 노지카는 빛과 음향을 테마로 설정하고 있다. 카지노의 도시 라스베이거스는 컨벤션의 도시로 테마를 바꿔가고 있고, 마카오는 라스베이거스를 능가하는 카지노 도시로 변화를 도모하고 있다."고 하였다.

우리나라에서도 어린이와 연인 중심에서 모든 계층이 즐길 수 있는 종합적인 테마파크를 개발해야한다. 소득수준 향상과 여가시간 확대, 또한 노인인구 증가에 따른 가족단위의 레저 활동을 대비해야 한다. 그리고 가장 중요한 독특한 캐릭터, 무형의 콘텐츠를 개발해야한다. 한국의 '미키마우스'를 만들어야 살아남을 수 있을 것이다. 이것이 제조업과 다르게 서비스산업으로서 극복해야 할 과제라고 생각한다. 이를 위하여 몇 가지 전략적 방안을 제안하고자 한다.

첫째, 주제 중심의 중소형테마파크 개발이다. 우리나라 인구 규모를 고려해볼 때 연간 1천만 명 이상의 방문객을 유입할 수 있는 대규모 테마파크 개발 보다는, 연간 3백만~4백만 명 정도를 받아들일 수 있는 중대형 규모로 지리적 다각화를 꾀해야 한다고 본다. 지리적 다각화는 지역주민과의 공존·공생의 문제가 있고, 테마파크 경영자의 입장에서는 지역적인 상권의 한계에 대응할 수 있는 규모경제를 실현할 수 있기 때문이다.

둘째, 가족 중심의 테마파크 조성이다. 우리 사회는 소득수준 향상과 여가 시간의 확대 등으로 가족단위의 레저 활동이 보편화되었다. 특히 의학기술의 발달로 평균수명 연장 등으로 이미 2000년에 고령화 사회로 진입, 건강하고 경제력 있는 고령층이 향후 주요 수요층을 형성할 전망이다. 이것은 향후 개발할 테마파크 시설은 어린이 중심이 아닌 모든 계층을 포함한 종합적이고 체계적인 가족 중심의 테마파크로 개발될 필요가 있음을 시사하고 있다.

셋째, 민관 공동의 테마파크 개발이다. 지역개발 모델로서의 문학테마파크 개발이 성공적으로 추진되기 위해서는 민간기업과 정부(지자체), 지역민 등이 각각의 장점을 살려 상호 협력하여야 한다. 즉, 정부(지자체)의 공공행정력, 민간의 경영 효율성, 지역민의 수준 높은 노동력과 서비스가 적절히 조화를 이루어야 한다. 이때 정부(지자체) 차원에서는 지역균형개발과 세수의 확대, 지역민은 소득증대, 기업은 시간과 비용을 절감하는 효과를 동시에 달성 가능하게 될 것이다.

넷째, 지역형 테마파크 개발이다. 문학테마파크는 주변 지역민을 주요 방문객으로 하는 지역산업이다. 지역형 테마파크의 성공은 해당 지역의 역사와 문화, 민속이나 생활풍습 그리고 지역민의 정서와 지역 환경의 고유성에 착안한 테마를 발굴한 후, 그에 관한 관광시설과 놀이 프로그램, 캐릭터 등을 전문적으로 개발해 지역민과 관광객에게 감동을 줄 수 있느냐에 달려있다.[18] 특히 타 지역 테마파크와의 경쟁에서 우위를 확보하기 위해서는 철저히 지역문화자원 및 자연자원을 활용한 차별화된 테마파크의 개발이 필요하다.

다섯째, 복합형 테마파크 개발이다. 테마파크가 성장 · 발전으로 연결되기 위해서는 복합화 추진이 불가피하다는 점을 강조한다. 복합화는 테마파크산업의 직간접적으로 시너지 효과를 줄 수 있는 호텔, 스포츠시설, 유통시설 등의 입지공유가 필요한 서비스분야에서 판촉에 기여할 수 있는 영화, 캐릭터산업, 출판사업 등의 상품 비즈니스까지 전개할 수 있다. 아울러 관광인식의 변화에 따라 새로 개발하는 테마파크는 재미와 흥미 그리고 교육과 문화성을 동시에 추구해야 할 것이다.

나오며

지금까지 문학을 활용한 테마파크의 설립과 운영을 위한 전략적 방안은 무엇이며, 그러한 전략에 부합하는 테마는 어떤 과정을 통하여 기획되는가에 대해 살펴보았다. 주지하시시피, 문학테마파크는 사람들의 상상력과 꿈을 실현시켜주는 장소이다. 따라서 그 어느 사업보다도 상상력과 창의성을 필요로 한다. 기획에서부터 설계, 디자인, 건축, 디스플레이, 서비스 등 모든 분야에서 다른 사업과는 다른 창의성과 창조성이 필요하다.

본 연구의 목적 실현을 위해서는 몇 가지 전제조건이 뒤따라야 한다. 첫째, 주제 중심의 중소형테마파크 개발이다. 우리나라 인구 규모를 고려해볼 때 연간 1천만 명 이상의 방문객을 유입할 수 있는 대규모 테마파크 개발 보다는, 연간 3백만~4백만 명 정도를 받아들일 수 있는 중대형 규모로 지리적 다각화를 꾀해야 한다고 본다.

둘째, 가족 중심의 테마파크 조성이다. 우리 사회는 소득수준 향상과 여가 시간의 확대 등으로 가족단위의 레저 활동이 보편화되었다. 이것은 향후 개발할 테마파크 시설은 어린이 중심이 아닌 모든 계층을 포함한 종합적이고 체계적인 가족 중심의 테마파크로 개발될 필요가 있음을 시사하고 있다.

셋째, 민관 공동의 테마파크 개발이다. 지역개발 모델로서의 테마파크 개발이 성공적으로 추진되기 위해서는 민간기업과 정부(지자체), 지역민 등이 각각의 장점을 살려 상호 협력하여야 한다. 즉, 정부(지자체)의 공공행정력, 민간의 경영 효율성, 지역민의 수준 높은 노동력과 서비스가 적절히 조화를 이루어야 한다.

넷째, 지역형 테마파크 개발이다. 지역형 테마파크의 성공은 해당 지역의 역사와 문화, 민속이나 생활풍습 그리고 지역민의 정서와 지역 환경의 고유성에 착안한 테마를 발굴한 후, 그에 관한 관광시설과 놀이 프로그램, 캐릭터 등을 전문적으로 개발해 지역민과 관광객에게 감동을 줄 수 있느냐에 달려있을 것이다.

다섯째, 복합형 테마파크 개발이다. 테마파크 복합화는 직간접적으로 시너지 효과를 줄 수 있는 호텔, 스포츠시설, 유통시설 등의 입지공유가 필요한 서비스분야에서 판촉에 기여할 수 있는 영화, 캐릭터산업, 출판사업 등의 상품 비즈니스까지 전개할 수 있다. 아울러 관광인식의 변화에 따라 새로 개발하는 문학테마파크는 재미와 흥미 그리고 교육과 문화성을 동시에 추구해야 할 것이다.

아무쪼록 본 연구물이 문학작품을 테마파크로 재구조화하는 과정과 방법론의 일단을 확인할 수 있는 계기가 되길 바란다. ■

참고문헌

주

참고문헌

■ 단행본

C. 노버그 슐츠, 민경호 외 옮김, 『장소의 혼』, 태림문화사, 2002.

C. 노버그 슐츠, 이정국 옮김, 『건축의 의미와 장소성』, 미건사, 1994.

C. 노버그 슐츠, 곽광수 옮김, 『공간의 시학』, 민음사, 1990.

강대석, 『김남주 평전』, 한얼미디어, 2004.

강현구, 『문화콘텐츠의 서사전략과 인문학적 상상력』, 글누림, 2008.

권영민, 『한국 현대문학사』, 민음사, 2000.

권영민, 『한국문학사 1』, 민음사, 2002.

김남주, 『나와 함께 모든 노래가 사라진다면』, 창작과비평, 1995, 유고시집.

______, 『나의 칼 나의 피』, 인동, 1988.

______, 『사상의 거처』, 창작과비평, 1991.

______, 『솔직히 말하자』, 풀빛, 1989.

______, 『이 좋은 세상에』, 한길사, 1992.

______, 『조국은 하나다』, 남풍, 1988.

______, 『진혼가』, 청사, 1984.

김선기, 『남도 현대 시문학의 산책』, 전남대출판부, 2007.

______, 『시문학 공간과 문화콘텐츠』, 전남대출판부, 2013

김선태, 『강진문화기행』, 도서출판 작가, 2006.

______, 『김현구 시 연구』, 국학자료원, 1997.

김수복 외, 『한국문학 공간과 문화콘텐츠』, 청동거울, 2005.

김용직, 『한국 현대시 연구』, 일지사, 1978.

김종 외, 『광주문학사』, 한림, 1994.

김종길 외, 『김영랑의 시와 사상-남도의 황홀한 달빛』, 우리글, 2008.

김종회·최혜실 편, 『황순원 '소나기마을'의 OSMU & 스토리텔링』, 랜덤하우스, 2006.

김준오, 『시론』, 삼지원, 2000.

김창수, 『테마파크의 이해』, 대왕사, 2007.

김학동, 『김영랑 평전』, 문학세계사, 2000.

김현철, 『아버지 그립고야』, 동아일보사, 2009.

_____, 『제1회 영랑문학제 특강 자료집』, 영랑기념사업회, 2006.
김후란 외, 한국문학관협회, 『문향을 따라가다-전국 문학관 찾아가기』, 2006.
김희진, 『일본 테마파크의 사례와 전략』, 커뮤니케이션북스, 2007.
네모토 유우지, 박석희 역, 『포스트 테마파크』, 일신사, 2000.
노버그 슐츠, 민경호 외 옮김, 『장소의 혼』, 태림문화사, 2002.
들뢰즈·가타리, 최명희 옮김, 『앙띠 오이디푸스』, 민음사, 1994.
류복현, 『용아 박용철의 예술과 삶 上·下』, 광산문화원, 2005.
문병일, 『康津郡政 50年史』, 전일실업출판국, 1992.
박용철, 『박용철 전집』, 시문학사, 1939.
박준규, 『호남시단의 연구』, 전남대학교출판부, 1998.
박형철 역음, 『광주·전남 문학동인사』, 한림, 2005.
손광은 외, 『우리시대의 시인연구』, 시와사람, 2001.
손광은 편저, 『전남의 문학』, 향토문화총서, 1987.
송광룡 외, 『광주 문학지도』, 광주·전남민족문학작가회의, 심미안, 2005 여름호.
신덕룡 편저, 『우리시대의 시인읽기』, 시와사람, 2002.
우정권 편, 『한국문학콘텐츠』, 청동거울, 2005.
윤여탁·이은봉, 『시와 리얼리즘 논쟁』, 소명, 2001.
이성교, 『現代詩의 摸索』, 맥밀란, 1982.
이숭원, 『영랑을 만나다』, 태학사, 2009.
이승훈, 『한국 현대시의 이해』, 집문당, 1999.
이영진, 『공간과 문화』, 민속원, 2007.
이은봉, 『진실의 시학』, 태학사, 1998.
이지엽 외, 『광주·전남 현대시문학 지도』, 시와사람, 2001.
이-푸 투안, 구동회 옮김, 『공간과 장소』, 도서출판 대윤, 1995.
임종국, 『친일문학론』, 평화출판사, 1996.
임환모, 『한국 현대시의 형상성과 풍경의 깊이』, 전남대출판부, 2007.
장선희·정경운, 『호남문학기행』, 박이정, 2000.
장일구, 『경계와 이행의 서사공간』, 서강대출판부, 2011.
조성면, 『한국문학 대중문학 문화콘텐츠』, 소명출판사, 2002.
차부진, 『강진 3·1운동사』, 문성인쇄공업사, 1976.
채만묵 외, 『호남문학연구』, 이당 채만묵선생 정년기념논총간행위원회, 2001.
최수웅, 『문학공간, 공간의 스토리텔링』, 한국기술정보, 2006.

한국기록학회, 『기록학 용어사전』, 역사비평사, 2008.
함복희, 『한국문학의 문화콘텐츠화 방안』, 북스힐, 2007.
허형만, 『영랑 김윤식 연구』, 국학자료원, 1996.
허형만·김종 엮음, 『문병란 시 연구』, 시와사람, 2002.
황하택 외, 『전남문학변천사』, 전남문학백년사업추진위원회, 한림, 1997.

■ 논 문

간복균, 「문학공간 연구를 위한 현장 답사의 방법과 실제」, 『우리문학연구』 21, 2006.
강현아, 「문학 기록관 설립 방안 연구」, 한양대학교 석사논문, 2010
강형철, 「대지의 삶 대지의 노래」, 『실천문학』, 1994, 봄.
고영직, 「전투적 저항에서 새로운 '길'찾기까지」, 『시와사회』, 1994, 봄.
권정희, 「지역의 문학기념사업을 통한 문학 확장의 의미 연구」, 『지방사와 지방문화』 12권 1호, 2008.
김덕수, 「문화산업으로서의 문학산업」, 『현대문학 이론 연구』 25, 2005.
김동근, 「1930년대 시의 담론체계연구」, 전남대학교 박사논문, 1996.
_____, 「영랑시의 기호체계와 통화 모형」, 『한국문학이론과 비평』 27, 2005.
_____, 「영랑시의 단론주체와 언술 특성」, 『한국언어문학』 37, 1996.
_____, 「정지용 시의 공간체계와 텍스트 의미」, 『한국문학이론과 비평』 22, 2004.
김명준, 「문학공간분석 기술방법」, 『한국문학공간과 문화산업』, 한국문화기술연구소 제1회 전국학술세미나, 2004.
김사인, 「김남주 시에 대한 몇 가지 생각」, 『창작과비평』, 1993, 봄.
김선기, 「국내 문학관 콘텐츠 개발 방안 연구」, 전남대 인문학연구소, 2013.
_____, 「문학아카이브의 구축과 활용 방안」, 국립중앙도서관, 2014.
_____, 「김남주 시 연구」, 전남대학교 석사 논문, 2005.
_____, 「김영랑의 삶과 작품에 나타난 앙가주망성 연구」, 『어문논총』 제21호, 전남대학교 한국어문학연구소, 2010.
_____, 「김영랑의 시문학 공간 연구」, 『어문논총』 제22호, 전남대학교 한국어문학연구소, 2011.

______, 「시문학 공간의 문화콘텐츠화 연구 : 김영랑·김현구 시를 중심으로」, 전남대학교 박사논문, 2012.
김선태, 「김현구 시 연구」, 원광대학교 박사논문, 1995.
김영신, 「김남주 시의 서정성 연구」, 동국대학교 문화예술대학원 석사논문, 2001.
김윤근, 「홍길동 테마파크 활성화 방안」, 전남대학교 석사논문, 2012.
김윤태, 「지혜와 열정의 통일」, 『사상의 거처』, 창작과비평, 1991.
김재홍, 「'추석 무렵' 해설」, 『현장 비평가가 뽑은 올해의 좋은 시』, 현대문학, 1994.
김준태, 「다시 읽는 김남주론」, 『문학과비평』, 2003, 봄.
______, 「혁명성·전투성·역동성·순결성」, 『김남주론』, 광주, 1988.
김지하, 「풍자냐 자살이냐」, 『민족의 노래, 민중의 노래』, 동광, 1984.
김진경, 「예언 정신과 선언 정신」, 『진혼가』, 청사, 1984.
김창호, 「문학공간의 문화콘텐츠화 연구」, 전남대학교 박사논문, 2010.
김학동, 「현구 김현구론」, 『현구 김현구 전집』, 중앙인쇄, 2002.
김현석, 「형님, 지금도 강물이 몹시도 퍼렇습니다」, 『현구시집』, 문예사, 1970.
김형수, 「김남주의 전투적 애국주의를 옹호함」, 『한길문학』, 1990, 5월호.
김혜림, 「개인 아카이브의 구축 방안 연구-이승만 기록 통합 검색을 위한 디지털 아카이브에 대한 제안」, 명지대학교 석사논문, 2010,
류보선, 「이상과 현실의 거리, 그리고 그 거리 좁힘」, 『함께 가자 우리 이 길을』, 미래사, 1991.
문익환, 「너무 뜨겁게 사랑한 사람」, 『진혼가』, 청사, 1984.
민 영, 「삶의 진실과 시의 진실」, 『창작과비평』, 1992, 봄.
박광숙, 「기다림의 공포」, 『시와시학』, 1995, 겨울.
박덕규, 「문학관 조성과 문화산업」, 『문학관과 문화산업』, 한국문화기술연구소, 단국대출판부, 2007.
박미숙, 「김남주 시 연구」, 원광대학교 교육대학원 석사 논문, 1998.
박석무, 「김남주 시인의 데뷔 무렵」, 『진혼가』, 청사, 1984.
박진향, 「김남주 시 연구」, 경희대학교 교육대학원 석사 논문, 2001.
박태순, 「시인과 농부의 순결한 대지」, 『한길문학』, 1990, 5월.
박형진, 「슐츠의 실존적 공간론을 기반으로 한 현대건축 실내공간의 장소성에 관한 연구」, 건국대학교 건축전문대학원 박사논문, 2008.
박혜영, 「문학과 공간, 이론적 접근 1」, 『덕성여대 논문집』 25, 2005.

신재령, 「테마파크 환경연출 특성에 관한 연구」, 홍익대 석사논문, 2003.
양서희, 「지역문학관 활성화를 위한 문학기록관리 방안에 관한 연구」, 명지대학교 석사논문, 2011
염무웅, 「사회 인식과 시적 표현의 변증법」, 『창작과비평』, 1988, 8월.
원지영, 「문학작품에 나타난 용궁 모티프를 활용한 테마파크 조성 방안」, 한국외국어대학교 석사논문, 2007.
위기철, 「단호함의 시 정신」, 『김남주론』, 광주, 1998.
유성호, 「노래로서의 서정시 그리고 계몽적 열정」, 『시와시학』, 1995, 겨울.
유승우, 「시문학파 연구」, 한양대학교 박사논문, 1988.
유은지, 「문학관을 활용한 문학 진흥 방안 연구」, 단국대학교 석사논문, 2007.
윤순열, 「지역 테마파크산업의 활성화 방안」, 경원대학교 석사논문, 2008.
이강서, 「테마파크의 경쟁력에 관한 연구」, 인하대학교 석사논문, 2010.
이광웅, 「내가 아는 김남주 시인」, 『나의 칼, 나의 피』, 인동, 1987.
이상관, 「테마파크 개발시 접근 방향에 관한 연구」, 경운대학교 석사논문, 2003.
이상원, 「서사구조특성에 근거한 테마파크 디자인에 관한 연구 : 테마파크의 서사유형 분류와 서사 체험 구조 파악을 중심으로」, 한국과학기술원 석사논문, 2001.
이석철, 「김남주 시 연구」, 국민대학교 석사 논문, 2002.
이순열, 「지역 테마파크산업의 활성화 방안」, 경원대학교 석사논문, 2008.
이은화, 「아카이브즈 개인 기록 컬렉션 관리에 관한 연구」, 홍익대학교 석사논문, 2009
임규찬, 「'이 좋은 세상'을 향한 사랑과 증오의 미학」, 『이 좋은 세상에』, 한길사, 1992.
임동확, 「그는 인류에게 불을 선사한 프로메테우스이길 원했다」, 『민족현실과 문학 운동』, 광주, 1989.
임선영, 「김남주 시 연구」, 『대전어문학 12』, 대전대학교 국어국문학회, 1995.
임영상, 「문화콘텐츠 개발과 인문학」, 『인문콘텐츠』 6, 2005.
임학순, 「문화원형 디지털콘텐츠 창작소재 활성화를 위한 정책 모델 연구」, 『인문콘텐츠』 6, 2006.
임환모, 「피로 쓰여진 언어의 화살」, 『제9주기 김남주 추모문집』, 광주·전남민족문학작가회의, 2002.
장노현, 「「소나기」와 문학 활용 테마파크」, 국제어문학회, 2007.

정경운, 「서사공간의 문화 기호 읽기와 스토리텔링 전략 1」, 『한국문학이론과 비평』 26, 2004.
_____, 「서사적 공간의 상징적 기획」, 『한국언어문학』 58, 2006.
_____, 「영화의 서사적 공간」, 『한국문학이론과 비평』 22, 2004.
_____, 「우리시대의 영원한 혁명가」, 『우리시대의 시인연구』, 시와사람, 2001.
_____, 한국문학콘텐츠의 활성화 방안 연구-국내 문학관 프로그램 운영방식을 중심으로」, 『현대문학 이론 연구』 25, 2005.
정과리, 「시문학파의 미의식」, 『시문학파기념관 개관기념 학술대회 자료집』, 2012.
정재선, 「우리나라 주제공원의 개황 및 발전방향」, 한국관광공사, 1995.
정희선, 「문학공간을 활용한 장소마케팅 : 종로지역 사례로」, 『대한지리학회 학술대회 논문집』, 2006.
차부진, 「내가 아는 현구 시인」, 『현구시집』, 문예사, 1970.
최승권, 「광주·전남지역의 현대시에 나타난 문화적 특질」, 『시와사람』 2007.
최영주, 「대학기록관의 개인기록관리 방안」, 명지대학교 석사논문, 2008.
최원식, 「이념적인 것과 현실적인 것」, 『사상문예운동』, 1989 겨울.
최원식 외, 「민족문학, 80년대와 90년대」, 『한길문학』, 1990.
최혜실, 「문학작품의 테마파크와 과정 연구」, 한국어문교육연구회, 2004.
하정일, 「탈식민 시인」, 『시와사람』, 2001 여름.
한원규, 「문학과 공간, 그 이론적 모색」, 『한국문학공간과 문화산업』, 한국문화기술연구소 제1회 전국학술세미나, 2004.

■ 전국 주요 문학관 홈페이지

강진군 시문학파기념관 : http://www.simunhak.or.kr
동리목월문학관 : http://www.dmgyeongju.com
브리태그커 인터넷 사전(http://enc.daum.net)
이육사문학관 : http://www.264.or.kr
이효석문학관 : http://www.hyoseok.org
한국문학관협회 : http://munhakwan.com

주(註)

「남도 시문학의 문학사적 위상과 가치」

1) 손광은, 「현대시문학 변천사」, 『전남문학변천사』, 전남문인협회 편집실, 1997. 133쪽.
2) 손광은, 위의 책, 133쪽.
3) 김선기, 『남도 현대 시문학의 산책』, 전남대출판부, 2007, 10쪽.
4) 손광은, 앞의 책, 134쪽.
5) 「전남문단의 어제와 오늘과 내일」, 『전남문단』, 1984.
6) 김선기, 위의 책, 12쪽.
7) 박용철, 『박용철 전집』 제2권, 현대사, 1982, 6쪽.
8) 김선기, 위의 책, 78쪽.
9) 박용철, 위의 책, 326쪽.
10) 김선기, 앞의 책, 79쪽.
11) 박용철, 위의 책, 319쪽.
12) 변영로 『조선의 마음』, 평문관, 1924.
변영로는 이 시집에서 「봄비」, 「논개」 등의 낭만주의적 순수 서정시를 보여 주었으며, 그 부록에 「상징적으로 살자」(61쪽), 「애욕과 예술욕」(79쪽), 「시인·예술가·철학자여」(106쪽), 「쉘리란 누구인가」(97쪽) 등의 산문을 실어 낭만주의적 순수 시관을 피력했다.
13) 손광은, 「광주·전남동인사」, 『광주·전남문학동인사』, 한림, 2005, 25쪽.
14) 손광은, 위의 책, 26쪽.
15) 오세영, 「왜 시문학파인가?」, 『시문학파기념관 개관 기념 학술대회 자료집』, 시문학파기념관 학예연구실 편, 2012, 5쪽.
16) 오세영, 위의 책, 6쪽.
17) 김 현, 「찬란한 슬픔의 봄」, 『韓國現代文學大系·7』, 지식산업사, 1994, 167쪽.
18) 김선태, 『김현구 시 연구』, 국학자료원, 1997, 32쪽.
19) 김 종, 「광주시문학사」, 『광주문학사』, 한림, 1994.
20) 손광은, 앞의 책, 135쪽.
21) 오세영, 앞의 책, 8쪽.

「영랑 김윤식과 1930년대 시문학파」

1) 「시와 감상」(1938)에서 정지용은 영랑의 시를 통하여 비로소 전라도 사투리가 매우 곡선적이고, 감각적이고, 정서적인 사실을 깨닫게 되었다고 술회한 바 있다.
2) 영랑은 훗날 「여문백답」(1940)에서 피아노와 바이올린을 배우고 싶다는 점, 자기 지방의 소리에는 자신도 있다는 점 등을 밝히고 있는 것을 보면 음악에 대한 그의 관심은 지속적이었던 것 같다.
3) 영랑은 1932년과 1936년에도 야학을 개설한 것으로 되어 있는데 이것을 보면 당대 어두운 식민지 상황하에서도 지속적으로 사회 계몽 운동을 시도한 것 같다.
4) 국민운동 단체로 이승만 중심의 독립촉성중앙협의회와 김구를 중심으로 한 신탁통치반대국민총동원중앙위원회가 통합하여 발족하였다. 이 단체는 범국민적인 반탁 운동, 미소공동위원회의 활동 반대, 좌익 운동의 봉쇄 등이 행동 목표였던 대표적인 우익 진영 단체였다.

「김영랑의 시문학 공간 고찰」

1) 박형진, 「슐츠의 실존적 공간론을 기반으로 한 현대건축 실내공간의 장소성에 관한 연구」, 건국대 건축전문대학원 박사논문, 2008.
2) 에드워드 렐프, 『장소와 장소상실』, 논형, 2005, 25쪽.
3) 김수복, 「현대시와 지형학적 상상력」, 『한국문학공간과 문화콘텐츠』, 청동거울, 2005, 132~133쪽.
4) 거기에는 뜻있게 살다간 사람들의 살을 베어내는 아픔과 그 아픔 속에서 키워낸 진주 같은 유형의 문화유산이 있고, 저항과 항쟁과 유배의 땅에 서려 있는 역사의 체취가 살아 있으며, 이름 없는 도공 이름 없는 농투성이들이 지금도 그렇게 살아가는 꿋꿋함과 애잔함이 동시에 느껴지는 향토의 흙내음이 있으며 무엇보다도 조국강산의 아름다움을 가장 극명하게 보여주는 산과 바다와 들판이 있기에 나는 주저 없이 '일 번지'라는 제목을 내걸고 있는 것이다.
5) 김용성, 『모란이 피기까지는』의 작가 해설, 삼중당, 1975, 120쪽.
6) 신석정, 『현구시집』 서문, 문예출판사, 1970, 12쪽.
7) 김 훈, 「도망칠 수 없는 여름」, 『풍경과 상처』, 문학동네, 1994, 62쪽.
8) 네덜란드의 선원(?~1692). 동인도 회사 소속 상선을 타고 일본 나가사키로 가다가 폭풍으로 파선하여 조선 효종 4년(1653)에 일행과 함께 우리나라에 들어와 14년 동안 억류 생활을 하고 귀국하였다. 자신의 경험을 담은 『하멜 표류기』를 저술하여 조선의 지리, 풍속, 정치 따위를 유럽에 처음으로 소개하였다.
9) 13세기 초 무신혁명에 의해 정권을 장악한 최씨의 무신정권은 그들의 지배 이

념을 뒷받침할 사상의 강화 내지는 재정비 작업에 착수하게 되는데, 이에 대한 불교계의 반발 움직임이 이른바 결사운동(結社運動)이다. 고려 후기 불교결사운동을 대표하는 백련사는 수선결사와는 달리 참회와 정토를 강조하면서 일반 민중을 구제 대상으로 하고 있었다. 즉 백련결사운동은 수선결사운동이 무신정권과 결탁하여 정치 세력화한 것에 대해 반발한 순수불교운동이었고, 당시의 정치·사회적인 혼란의 와중에서 민중을 구도하기 위한 민중불교 운동이었다. 따라서 백련사 불교결사운동은 역사적으로나 문화사적으로 매우 큰 의미를 갖고 있다.

10) 김선태, 『강진문화기행』, 도서출판 작가, 2006, 226쪽.

11) 「新 택리지 - '한국답사 1번지' 남도 제일의 역사 문화의 고을, 강진」 경향신문」, 2011. 7. 21.

12) 김 현, 「찬란한 슬픔의 봄」, 『韓國現代文學大系·7』, 지식산업사, 167쪽.

13) 김선태, 『김현구 시 연구』, 국학자료원, 1997, 32쪽.

14) 박용철, 『박용철 전진』 제2권, 현대사, 1982, 6쪽.

15) 영랑과 용아는 일본 청산학원 중학부에 같이 다녔다.

16) 김선태, 앞의 책, 78쪽.

17) 김영랑, 「인간 박용철」, 『조광』 5권 12호, 1039, 318쪽.

18) ______, 위의 책, 같은 쪽.

19) 박용철, 앞의 책, 326쪽(영랑에게 보낸 편지에서)

20) 김선태, 앞의 책, 79쪽.

21) ______, 위의 책 319쪽.

22) 변영로는 『조선의 마음』 (평문관, 1924)이란 시집에서 '봄비 ·논개' 등의 낭만주의적 순수 서정시를 보여 주었으며, 그 부록에 '상징적으로 살자'(61쪽), '애욕과 예술욕'(79쪽), '시인·예술가·철학자여'(106쪽), '쉘리란 누구인가'(97쪽) 등의 산문을 실어 낭만주의적 순수시간을 피력했다.

23) 박용철, 앞의 책, 319쪽.

24) ______, 위의 책, 372쪽.

25) 이하윤, 「박용철의 면모」, 『현대문학』, 1962. 12, 231쪽.

26) 김영랑, 「인간 박용철」, 『조광』 제5권 12호, 조광사, 1939, 318쪽.

27) 김용직, 「시문학파 연구」, 『현대시인 연구』, 일지사, 1982, 205쪽.

28) 『시문학』 2호 편집후기, 시문학사, 1930.5. 47쪽.

29) 박용철, 앞의 책, 같은 쪽.

30) 김영랑, 앞의 책, 319쪽.

31) 새로운 창작시의 생산을 영랑과 용아의 핵심적 과제였다.

32) 용아의 이러한 심정은 영랑에게 보낸 편지에서 잘 나타나 있다.

'정말 나는 봄 以後 한 편 없네 묵은 것도 하나 내고 싶지는 않네'(박용철, 앞의 책, 같은 쪽.)

33) 김선태, 앞의 책, 98쪽.

34) 『김영랑과 시문학파』 가이드북, 영랑·현구문학관 학예연구실 편, 2011, 7쪽.

35) 김현철(영랑 3남)의 증언(2008년 12월부터 2011년 6월까지 영랑문학관 관장으로 재직)

「김영랑의 삶과 작품에 나타난 앙가주망성」

1) 김선태, 「김영랑의 중기 시에 나타난 현실인식-저항의식을 중심으로」, 『현대문학이론연구』 제31집, 신아출판사, 2007.

2) 1932년에 일본이 중국 동북부 및 네이멍구자치구(內蒙古自治區) 북동부에 세웠던 괴뢰국가. 청나라의 마지막 황제 선통제(宣統帝) 푸이(溥儀)를 집정(執政)으로 맞아들이고 신징(新京)을 수도로 하여 건국하였다. 일본의 군사기지로서 관동군이 무단 통치하였으나 일본이 제2차 세계대전에서 패배하자 소멸하였다.

3) 송민호, 『일제말 암흑기문학연구』, 새문사, 1991, 10쪽.

4) 권영민, 『한국문학사 1』, 민음사, 2002, 443쪽.

5) 출처: 『다음 백화사전(http://enc.daum.net)』

6) 차부진, 『강진 3·1운동사』, 문성인쇄공업사, 1976, 203~207쪽.

7) 김현철, 『아버지 그립고야』, 동아일보사, 2009, 79~80쪽.

8) 김학동, 『김영랑 평전』, 문학세계사, 2000, 177쪽.

9) 김현철, 「나의 아버지 영랑 김윤식」, 제1회 영랑문학제 특강 자료집, 2006.4.29 (강진문화회관).

10) 임종국, 『친일문학론』, 평화출판사, 1996, 467쪽.

11) 조창환, 「김영랑 시의 운율적 위상」, 『남도의 황홀한 달빛』, 우리글, 2009, 111쪽.

12) 오세영, 「김영랑의 시와 사상-금관문화훈장 추서 기념 학술세미나」 자료, 2008.11.14 (한국프레스센터 20층 국제회의장).

13) 이숭원, 『영랑을 만나다』, 태학사, 2009, 30쪽.

14) 임환모, 「남도 순수 서정의 세계-김영랑론」, 『한국 현대시의 형상성과 풍경의 깊이』, 전남대출판부, 2007, 69쪽.

15) 오세영, 「저항정신으로 본 김영랑의 시」, 『김영랑의 시와 사상-남도의 황홀한 달빛』, 한국시인협회·한국시학회 편, 우리글, 2008, 46쪽.

16) 장선희·정경운, 『호남문학기행』, 박이정, 2000, 195쪽.

17) 이숭원, 『영랑을 만나다』, 태학사, 2009, 236쪽.

18) 이성교, 『現代詩의 摸索』, 맥밀란, 1982, 283쪽.

「시문학파 김현구의 시 세계」

1) 장일구, 「서사적 공간론의 이론과 실제」, 『서강어문』, 서강어문학회, 1997, 204쪽.
2) 김선기, 「강진 시문학 공간의 문화콘텐츠화 연구-김영랑·김현구의 작품을 중심으로」, 전남대학교 박사논문, 2012. 12쪽.
3) 김선태, 「김현구 시 연구」, 원광대학교 박사논문, 1995, 13쪽.
4) 김선기, 앞의 논문, 27쪽.
5) 13세기 초 무신혁명에 의해 정권을 장악한 최씨의 무신정권은 그들의 지배 이념을 뒷받침할 사상의 강화 내지는 재정비 작업에 착수하게 되는데, 이에 대한 불교계의 반발 움직임이 이른바 결사운동(結社運動)이다. 고려 후기 불교결사운동을 대표하는 백련사는 수선결사와는 달리 참회와 정토를 강조하면서 일반 민중을 구제 대상으로 하고 있었다. 즉 백련결사운동은 수선결사운동이 무신정권과 결탁하여 정치 세력화한 것에 대해 반발한 순수불교운동이었고, 당시의 정치·사회적인 혼란의 와중에서 민중을 구도하기 위한 민중불교 운동이었다. 따라서 백련사 불교결사운동은 역사적으로나 문화사적으로 매우 큰 의미를 갖고 있다. (김선기, 「김영랑의 시문학 공간 연구」, 『어문논총』 제22호, 전남대학교 한국어문학연구소, 7쪽 재인용)
6) 거기에는 뜻있게 살다간 사람들의 살을 베어내는 아픔과 그 아픔 속에서 키워낸 진주 같은 유형의 문화유산이 있고, 저항과 항쟁과 유배의 땅에 서려 있는 역사의 체취가 살아 있으며, 이름 없는 도공 이름 없는 농투성이들이 지금도 그렇게 살아가는 꿋꿋함과 애잔함이 동시에 느껴지는 향토의 흙 내음이 있으며 무엇보다도 조국강산의 아름다움을 가장 극명하게 보여주는 산과 바다와 들판이 있기에 나는 주저 없이 '일 번지'라는 제목을 내걸고 있는 것이다.
7) 김용성, 『「모란이 피기까지는」의 작가 해설』, 삼중당, 1975, 120쪽.
8) 신석정, 「서문」, 『현구시집』, 문예출판사, 1970, 12쪽.
9) 김 훈, 「도망칠 수 없는 여름」, 『풍경과 상처』, 문학동네, 1994, 62쪽.
10) 이-푸 투안, 구동회·심승희 옮김, 『공간과 장소』, 대윤, 2007, 23쪽.
11) 김선기, 앞의 논문, 30쪽.
12) 이 사실은 타계한 차부진의 증언과 허형만의 박사학위 논문에서 밝혀짐.
13) 오세영, 「왜 시문학파인가?」, 『시문학파기념관 개관기념 학술대회 자료집』, 2012. 6쪽.
14) 김 현, 「찬란한 슬픔의 봄」, 『韓國現代文學大系·7』, 지식산업사, 1994, 167쪽.
15) 김선태, 『김현구 시 연구』, 국학자료원, 1997, 32쪽.
16) 「시문학 편집후기」, 『시문학』 2호, 시문학사, 1930, 47쪽.
17) 김선기, 앞의 논문, 38쪽.
18) 『시문학』 창간호 후기, 시문학사, 1930. 3. 39쪽.

19) 『시문학』 1-3호 寄稿規定에서 발췌.

20) 박용철, 「詩文學 創刊에 對하야」, 『박용철 전집』 2권, 1935, 143쪽.

21) 우윤식, 「시문학파 연구」, 한양대 박사논문, 1988.

22) 1919년 3·1운동이 지난 뒤 영랑과 현구, 차부진 등 몇 사람이 모여 『靑丘』 라는 동인 집을 간행했음.(허형만, 『영랑 김윤식 연구』, 국학자료원, 1996, 287쪽 재인용.)

23) 김선태, 앞의 책, 84쪽.

24) 박용철, 「영랑에게의 便紙」, 『박용철 전집』 2권, 1939, 347쪽.

25) 김현구, 「현구가 용아에게 보낸 서간문」, 『박용철 유필원고 자료집』, 깊은 샘, 2005, 205~206쪽.

26) 김선태, 앞의 논문, 53쪽.

27) 차부진, 「내가 아는 玄鳩 詩人」, 『현구 시집』, 문예사, 1970, 171쪽.

28) 金炫奭, 「형님! 지금도 강물이 몹시 퍼렇습니다」, 『현구 시집』 문예사, 1970, 177쪽.

29) 문병일, 『강진군정 50년사』, 전일실업출판국, 1992, 33쪽.
강진만은 강진군 도암면과 대구면 사이에 있는 만(灣)으로서, 강진군의 중앙부까지 자리하여 '人'자 모양으로 되었다. 해안선의 길이는 99.5km이며, 만 안에는 유인도 1개와 무인도 8개가 있다. 이 만에는 탐진강·장계천·석문천 등의 하천이 유입된다. 이로 인하여 주위의 해역보다 염도가 낮아 영양염도가 32.30%, 평균 수온이 6.1도로서 해조류 및 어패류 서식에 적합하다. 생산되는 해산물로는 바지락·갯장어·김·새우·대합·고막·굴·낙지·숭어·농어·망둥이 등이 있다. 특히 대합과 새우의 맛이 뛰어났으나 최근 토사의 매몰로 수집이 얕아져 생산이 감소되고 있다. 탐진강 하구는 1970년대의 간척사업으로 농경지화 되었다. 만의 동남쪽에 위치한 마량항구는 수심이 깊고 전면에 고금도가 방파제 구실을 하기 때문에 해상교통의 요지이며 어항으로 발전하고 있다.

30) 정지용, 「시의 감상」, 『여성』 2권 8호, 50쪽.

31) 김학동, 「현구 김현구론」, 『현구 김현구 전집』, 중앙인쇄, 2002, 109쪽.

32) 가스통 바슐라르, 정광수 옮김, 『공간의 시학』, 156쪽.

33) 현구의 시에 등장하는 지명들은 모두 강진 읍내에 있는 실제 지명이며, 'M부인'은 일찍 세상을 뜬 영랑의 첫 부인을 말한다.

34) 김문배, 「아버님을 추억하며」, 『김현구 시 연구』, 국학자료원, 1997, 13쪽.

「김남주 시의 미학적 본질과 가치」

1) 염무웅, 「사회인식과 시적 표현의 변증법」, 『창작과 비평』 1988년 여름호, 103쪽.

2) 염무웅, 위의 책, 103쪽.

3) 박태순, 「자유실천문인협의회 문예운동 연재 3」, 『내일을 여는 작가』, 민족문학작가회의, 1997, 5·6월호.

4) "내 시의 정서가 너무 전투적이라는 독자의 역겨운 반응에 대한 나의 대답은 그렇다. 80년대는 '피와 살의 연대'였고, 나는 그 연대에 '인간성의 공동묘지'인 파쇼의 감옥에 있었다고, 일부의 시인을 의심스러운 눈으로 바라보고 있다. 오늘의 현실이 어제와는 다르다고 해서 어제의 역사적인 실천과 그것의 문학적 대응을 오늘의 잣대로 잰다는 것은 무책임할 뿐"이라는 옥중 시전집 「머리말」에 쓰고 있다.

5) 김남주는 『불씨 하나가 광야를 태우리라』에 발표된 문학에세이 「시의 길 시인의 길」에서 "내가 시에서 무기로써 사용하고자 하는 서정성은 일하는 사람들의 서정성 중에서 진보적인 것, 전투적인 것, 혁명적인 것입니다. 나는 시라는 것을 내가 헤쳐가야 할 길을 위한 무기 이외의 것으로 생각해 본 적이 없습니다. 그래서 나는 가능하면 내 시에서 소위 서정성을 빼버리려고 의식적으로 애를 쓰기도 합니다."라고 밝힌 적 있다.

6) 염무웅, 앞의 책 99쪽.

7) 『진혼가』(청사, 1984), 『나의 칼 나의 피』(인동, 1987), 『조국은 하나다』(1988, 남풍), 『솔직히 말하자』(풀빛, 1989), 『사상의 거처』(창작과 비평, 1991), 『이 좋은 세상에』(한길사, 1992)

8) 이영진, 「출옥 직후의 근황」, 『문예중앙』, 1989, 봄호.
김사인, 「김남주 시에 대한 몇 가지 생각」, 『창작과 비평』, 1993, 제21권 1호.
강형철, 「대지의 삶, 대지의 노래」, 『실천문학』, 1994, 봄호.
김영현, 「김남주, 그 의연한 또 하나의 싸움」, 『월간 말』, 1994, 제91호.
황지우, 「그대, 뇌성 번개치는 사랑의 이 적막한 뒤끝」, 『실천문학』 1994, 봄호.
김진경, 「당신은 우리와 같이」, 『실천문학』 1994, 봄호.
김선출, 「한반도의 '체 게바라'」, 『내가 만난 김남주』, 이룸, 1994.
문병란, 「우리 세대에게 김남주는 누구인가」, 『내가 만남 김남주』, 이룸, 1994.
박석률, 「전사 김남주를 말한다」, 『정세연구』 1994, 3월호.
이영진, 「내 기억 속의 김남주」, 『월간 말』, 1995, 105호.
임동확, 「정직성과 죽음의 시학」, 『내가 만난 김남주』, 이룸, 2000.

9) 박태순, 「시인과 농부의 순결한 대지」, 『한길문학』 1990, 5월호.
임동확, 「그는 인류에게 불을 선사한 프로메테우스이길 원했다」, 『민족현실과 문학운동』 광주, 1989, 3월호.

10) 김사인, 「김남주 시에 대한 몇 가지 생각」, 『진혼가』, 연구사, 1984.
김윤태, 「지혜와 열정의 통일」, 『사상의 거처』, 창작과 비평, 1991.
김진경, 「예언정신과 선언정신」, 『진혼가』, 연구사, 1984.
김형수, 「그는 스러져 가는 나무에서 말라죽어 가는 잎사귀이기를 거부하였다」, 『나와 함께 모든 노래가 사라진다면』, 창작과 비평, 1995.

류보선, 「이상과 현실의 거리, 그리고 그 거리 좁힘」, 『함께 가자 우리 이 길을』, 미래사, 1991.

문익환, 「너무 뜨겁게 진실한 사람」, 『진혼가』, 연구사, 1984.

박석무, 「김남주 시인의 데뷔 무렵」, 『진혼가』, 연구사, 1984

이관웅, 「내가 아는 김남주 시인」, 『나의 칼 나의 피』, 인동, 1987.

이 강, 「함성에서 남민전까지」, 『조국은 하나다』, 남풍, 1988.

임규찬, 「'이 좋은 세상'을 향한 사랑과 증오의 미학」, 『이 좋은 세상에』, 한길사, 1992.

임헌영, 「김남주의 시 세계」, 『솔직히 말하자』, 풀빛, 1989.

황석영, 「우리들의 십년」, 『조국은 하나다』, 남풍, 1988.

11) 염무웅, 「사회인식과 시적 표현의 변증법」, 『창작과 비평』, 188, 여름호.
윤지관, 「풍자정신과 투쟁적 리얼리즘」, 『실천문학』, 1989, 가을호.
이동순, 「김남주 시와 '구체적 싸움'의 진정성」, 『신동아』, 1989, 3월호.

12) 고영직, 「전투적 저항에서 새로운 '길'찾기까지」, 『시와 사회』, 1994, 봄호.
김준태, 「혁명성·전투성·역동성·순결성」, 『김남주론』, 광주 1988.
김형수, 「김남주의 전투적 애국주의를 옹호함」, 『한길문학』, 1990, 5월호.
위기철, 「단호함의 시정신」, 『김남주론』, 광주, 1988.
유성호, 「김남주론-노래로서의 서성시 그리고 계몽적 열정」, 『한국 현대시의 형상과 논리』, 국학자료원, 1996.
장영우, 「중용의 글쓰기」, 깊은 샘, 1997.
임환모, 「김남주론」, 『땅끝문학』, 2002, 창간호.

13) 임선영, 「김남주 시 연구」, 『대전 어문학 12』, 대전대학교 국어국문학회, 1995.
박미숙, 「김남주 시 연구」, 원광대학교 교육대학원 석사학위 논문, 1998.
김영신, 「김남주 시의 서정성 연구」, 동국대학교 문화예술대학원 석사학위 논문, 2001.
박진향, 「김남주 시 연구」, 경희대학교 교육대학원 석사학위 논문, 2001.
이석철, 「김남주 시 연구」, 국민대학교 대학원 석사학위 논문, 2002.

14) 김진경, 앞의 책, 119~129쪽.

15) 염무웅, 「사회 인식과 시적 표현의 변증법」, 『창작과 비평』, 1988, 여름호.

16) 김준태, 『피여, 꽃이여, 이름이여』, 시와 사회사, 1994, 144쪽.

17) 윤지관, 앞의 책, 346쪽.

18) 유성호, 『한국 현대시의 형상과 논리』, 국학자료원, 1997, 331쪽.

19) 초기시= 1974~1979까지 발표된 시, 옥중시= 옥중에서 10여 년간 생활하면서 쓴 시, 후기시= 출옥 후 쓴 시로 구분함.

20) 유성호, 앞의 책, 340쪽.

21) 박미숙, 「김남주 시 연구」, 원광대 교육대학원 석사학위 논문, 1998.

22) 임선영, 「김남주 시 연구」, 『대전어문학 12집』, 대전대학교 국어국문학회, 1995.
23) 김영신, 「김남주 시의 서정성 연구」, 동국대학교 예술대학원 석사학위 논문, 2001.
24) 김영신, 앞의 논문, 28쪽 ; 그는 김남주의 민중적 서정은 인간의 존엄성을 지향한 민중의 삶과 정서를 고취시키며 노동의 대가를 수탈당하는 부당한 처우와 분단 극복의 문제를 민족 공동체적 역사 의식으로 극복하고자 했다면서 의미를 부여하고 있다. 그러나 이런 의미는 앞서 제시한 투쟁적 서정이나 후에 이야기되는 풍자적 서정과는 연결되지 않는가? 그렇지 않기 때문에 그의 네 가지 서정성의 분류는 투쟁이라는 말의 변형으로밖에 느껴지지 않고 김남주 시의 학문적 성과를 나타내지 못하게 된다.
25) 박진향, 「김남주 시 연구」, 경희대학교 교육대학원 석사학위 논문, 2001.
26) 이석철, 「김남주 시 연구」, 국민대학교 대학원 석사학위 논문, 2002.
27) 이상섭, 『문학연구 방법』, 탐구당, 1985.
28) 김준태, 「김남주론」,『김남주론』, 도서출판 광주, 1988, 54쪽
29) 프로이트는 프로메테우스 신화를 정신분석학적 시각으로 해석한 논문 『불의 입수와 지배』에서 프로메테우스가 하늘의 불을 훔쳐 인간에게 가져다주기 위해 이용한 속이 빈 회향풀 줄기를 남성 성기로 보고 이 신화 속에 숨어있는 요도 에로티시즘을 지적한 바 있다. 아울러 이 신화를 불을 끄기 위해 오줌을 싸는 아이들의 야뇨증과 결부시키면서 성적욕망의 해소와 관련하여 물/불 이미지가 전도되어 나타나고 있음을 밝혀내고 있다.
30) 최원식 외, 「민족문학, 80년대와 90년대」, 『한길문학』, 1990.
31) 임환모, 「김남주론」, 『피로 쓰여진 언어의 화살』, 광주전남민족문학작가회의 편, 2003.
32) 정지창, 「서정시를 쓰기 힘든 시대의 사람들」, 『독일어 문학』 제11집 목원대학교, 1999, 209~226쪽.
33) 임규찬, 「'이 좋은 세상'을 향한 사랑과 증오의 미학」, 『이 좋은 세상에』
34) 김남주, 「시와 변혁운동」, 『오늘의 시』, 현암사, 1898 상반기.

「국내 문학관의 콘텐츠 개발 방안*」

* 이 글은 『2012 한국문학관 현황』에 게재한 「문학관 프로그램 개발 방안에 관한 연구」(2012.11.23)를 수정·보완한 것임을 밝혀둔다.

1) 유은지, 「문학관을 활용한 문학 진흥 방안 연구」, 단국대 석사논문, 2007, 49쪽.
2) 박덕규, 「문학과 문화산업」, 『문학관과 문화산업』, 단국대 부설 한국문화기술연구소 학술세미나 자료집, 2006, 10쪽.
3) 정경운, 「한국문화콘텐츠의 활성화 방안 연구-국내 문학관 프로그램 운영방식

을 중심으로」, 『현대문학이론연구 25집』, 현대문학이론학회, 2005, 30쪽.

4) 김선기, 「강진 시문학 공간의 문화콘텐츠화 연구」, 전남대 박사논문, 2012. 87쪽.

5) 강진군 시문학파기념관에서는 2012년 3월 5일 개관한 이래 2012년 11월까지 매달 '이달의 시문학파 동인' 프로그램을 운영하고 있다. 이 행사에는 김영랑 시인의 유가족을 비롯해 용아 박용철, 정지용, 위당 정인보, 수주 변영로, 신석정, 김현구 시인의 유가족 및 제자들이 참여해 시인에 대한 숨은 일화를 소개함으로써 프로그램의 독창성을 확보했다는 평가를 받았다.

6) 김윤환, 「문학관 활성화 방안-문학치료실 및 자료실을 중심으로」, 『문학관과 문학산업』, 한국문화기술연구소, 182쪽.

7) 「강진시문학파기념관 벤치마킹 롤 모델 부상」, 『연합뉴스』, 2012. 9. 20.
기사 내용은 다음과 같다.
전남 강진군 강진읍 탑동마을 영랑 김윤식 생가 입구에 자리한 시문학파기념관이 전국 문학관 운영의 롤 모델로 부상하고 있어 화제다. 강진시문학파기념관은 지난 3월 개관 이래 참신한 기획력과 다양한 프로그램으로 지역민은 물론 문단과 학계를 폭넓게 수용하면서 복합문화공간으로 자리매김했다는 평가를 받고 있다.
… <중략>…
특히 시문학파기념관이 기획한 「이달의 시문학파 동인」과 「화요일 밤의 초대 손님」은 참신한 기획력으로 높은 평가를 받고 있다. 「이달의 시문학파 동인」은 9인의 시문학파 동인 중 매월 한 명을 선정 시인의 삶과 예술세계는 물론 유가족들로 하여금 문단에 알려지지 않은 시인에 얽힌 일화를 소개하는 프로그램으로 지금까지 박용철, 김영랑, 정지용, 신석정, 정인보, 김현구 시인을 조명했다.
그리고 「화요일 밤의 초대 손님」은 지역 문화계에서 처음 시도한 문학토크 프로그램으로 매월 마지막 주 화요일 밤 7시에 진행되고 있다. 작가 선정기준은 강진군에 주소를 둔 현지 거주자를 원칙으로 해 문단의 변방에 있는 지역작가들에게 자긍심과 창작의욕을 고취시키는데 한몫을 하고 있다.
…<중략>…
그동안 프로그램은 시인중심의 진행되었으나 이 달부터 문화예술계와 다문화가정으로까지 폭을 넓혀 운영할 방침이다. 오는 25일 밤 7시 시문학파기념관 세미나실에서 개최할 여섯 번째 초대 손님은 국악인 고일석씨(52세, 제1회 국창대회 판소리 고법부문 명인상 수상)가 무대에 오른다.

8) 정경운, 앞의 논문, 36쪽.

9) 김선기, 앞의 논문, 14쪽.

「문학아카이브의 자료적 개념과 효용성*」

* 이 글은 국립중앙도서관 『주제 전문사서 기초(문학)』 과정 강의자료 「문학아카

이브의 구축과 활용방안」(2014.10.14)을 수정·보완한 것임을 밝힌다.

1) 양서희, 「지역문학관 활성화를 위한 문학기록관리 방안에 관한 연구」, 명지대학교 석사논문, 2011, 8쪽.

2) 김혜림, 「개인 아카이브의 구축 방안 연구-이승만 기록 통합 검색을 위한 디지털 아카이브에 대한 제안」명지대학교 석사논문, 2010, 20쪽.

3) 「세계문화 및 자연유산 보호에 관한 협약」, 1972.

4) 6개의 범주로 문화·자연유산(Cultural and Natural heritage) 영역, 행위와 행사(Performance and Celebration) 영역, 시각예술과 공예(Visual arts and crafts) 영역, 책과 신문·잡지(Books and Press) 영역, 오디오-비주얼과 상호작용 매체(Audio-visual and interactive media) 영역, 디자인과 창의적 서비스(Design and creative service) 영역, 그리고 무형문화유산의 영역으로 나누어 설명하고 있다.

5) 아카이브즈(Archives, 보존 기록관)는 개인이나 조직이 사적으로 또는 공적으로 생산하거나 접수한 기록 중에서 역사적으로 보존할 가치가 있거나 증거로서 보존할 필요가 있다고 평가·선별된 영구 보존 기록을 전문적으로 보존하는 조직 혹은 이를 위한 시설 및 장소를 말한다.

6) 한국기록학회, 『기록학 용어사전』, 역사비평사, 2008, 50쪽.

7) 매뉴스크립트란 손으로 쓰였으며, 역사적이거나 문학적 가치를 지닌 기록 정보, 미출간한 문헌, 저자가 단행본이나 논문, 기타 저작물 출판을 위해 제출한 원고, 어떤 기준이나 의도에 따라 다양한 원천으로부터 모은 인위적인 기록 집합체 등으로 정의할 수 있다.

8) 디딤돌편집위원회 엮음, 「문학의 본질」, 『문학(상)』, 2010, 14쪽.

9) James M O Toole, Understanding Archives and Manuscripts, 이승억 역, 『기록의 이해』, 진리탐구, 2004, 30쪽.

10) 강현아, 「문학 기록관 설립 방안 연구」, 한양대학교 석사논문, 2-10, 11쪽.

11) 양서희, 앞의 논문, 18쪽

12) 최영주, 「대학기록관의 개인기록관리방안」, 명지대학교 석사논문, 2005, 14~15쪽.

13) 이은화, 「아카이브즈 개인 기록 컬렉션 관리에 관한 연구 : 배민수 컬렉션 분석을 중심으로」, 명지대학교 석사논문, 2009, 83쪽.

14) 양서희, 앞의 논문, 24쪽.

15) 『2012 한국문학관 현황』, 한국문학관협회, 169쪽.

16) 김수복, 『문학관과 문화산업』, 한국문화기술연구소, 단국대학교출판부, 2007, 5쪽.

17) 김선기, 「문학관 프로그램 개발 방안에 관한 연구」, 『2012 한국문학관 현황』, 한국문학관협회, 2012, 158쪽.

18) 시문학파는 1930년 3월 5일 창간한 『시문학』지를 중심으로 활동했던 시인을 말한다. 『시문학』 창간호(1930.3.5)에 김영랑, 박용철, 정지용, 이하윤, 정인보

등에 이어, 그해 5월 20일 발행된 2호에 김현구와 변영로가 참여했고, 1931년 10월 10일 간행한 3호에 신석정과 허보가 참여함으로서 모두 9명이다.

19) 김선기, 「문학관 운영의 실천적 방안에 관한 연구」, 『용봉 인문논총 제43집』, 전남대학교 인문학연구소, 2013. 8, 107쪽.

20) 동인지 운동의 효시 『창조』(1919)를 시작으로 퇴폐적 상징주의를 지향한 『폐허』(1920)~감상적 낭만주의 『백조』(1922)~사회적 리얼리즘 '신경향파(카프)'(1925~1935)~민족문학의 부흥을 주창한 '국민문학파'(1920년대 중후반)~순수시 운동의 선구 『해외문학』(1927)~언어의 미의식울 추구한 『시문학』(1930)~문명비평과 주지적 태도를 취한 '모더니즘'(1930년대 초)~생명현상과 본질을 탐구한 '생명파'(1930년대 후반)~자연의 재발견에 천착한 '청록파' (1940년대 중반) 등을 「시문학파의 아카이브」 콘텐츠에 소개하였다.

21) 시문학파가 형성된 1930년은 일제의 문화통치(1920년대)에서 무단통치로의 전환기이다. 따라서 국내의 문단 상황은 일제에 대한 저항이라는 목적의식은 같았지만, 사회주의식 문학운동과 순수민족문학운동간 심각한 대립 양상을 보였다. 이것이 곧 1925년을 기점으로 1935년까지 10년 간 지속된 프로문학파와 민족문학파간의 대립이다.

이러한 1920년대의 문단현실에 1927년부터 해외문학파가 순수문학론을 들고 나옴으로써 문학논쟁은 한층 가열되는 계기를 맞았다. 해외문학파에서 발아된 순수문학 운동은 시문학파에 이르러 구체화 되었고, 이후 구인회와 모더니스트, 그리고 『시원』과 『시인부락』으로 이어지면서 1930년대 한국 현대시의 맥을 형성하였다.

22) 시문학파는 조선프롤레타리아 예술가동맹(KAPF)의 정치적 경향 시에 반발하여 문학에서 정치성이나 사상성을 배제한 순수 서정시를 지향하고자 한 점이 가장 중요한 특색이다. 1920년대의 감상적 낭만주의 시나 민요시 또는 KAPF의 경향시가 모두 자유시의 특성에 대한 자각을 보여주지 못했던 데에 반해, 『시문학』에 실린 김영랑, 정지용, 박용철 등의 작품에서는 내용과 형식의 유기적 조화에 의한 자유시가 씌어지고 있음을 확인할 수 있다. 특히 시에서 언어의 조탁이라는 면에 그들이 의식적인 노력을 경주하였다는 것은 주목할 만하다.

또 다른 중요한 특색으로 시문학파의 시에서 은유와 심상이 비로소 제 기능을 발휘하고 있다는 사실을 들 수 있다. 물론 1920년대의 시에도 은유나 심상이 없는 것은 아니지만, 시문학파의 그것과는 근본적이고 질적인 차이를 보이고 있다. 즉, 1920년대 은유나 심상은 자연발생적인 것이 대부분인데 비하여, 시문학파의 은유나 심상에는 의식적으로 활용하고자 한 흔적이 뚜렷하게 나타나고 있다.

23) 『시문학』지는 1930년 3월 5일 창간하여 그해 5월 20일 제2호, 1931년 10월 10일 제3호를 끝으로 종간되었지만, 당대를 풍미했던 카프계열의 프로문학과 감상적 낭만주의 사조에서 벗어나 이 땅에 본격적인 순수문학의 뿌리를 내리게

한 모태가 되었다.

시문학파의 문학사적 의의는 첫째 1920년대의 이데올로기 문학의 근본적 결함을 극복하고 시의 자율성을 확보한 점, 둘째 시적 기교와 전통적인 가락을 통해 순수시의 새 경지를 개척한 점, 셋째 1920년대와 1930년대 시문학의 분획 점으로서 현대시의 분수령을 이룬 점 등을 꼽을 수 있다.

24) 다음은 『시문학』 각 권의 편집구성과 특색이다.
1930년 3월 5일에 발간된 『시문학』 창간호의 구성은 창작 시, 번역시, 편집 후기, 투고 규정으로 이루어져 있다. 창작 시는 24편 수록되어 있는데, 이 중 김영랑의 시 13편, 박용철의 시 5편, 정지용의 시 4편, 이하윤의 시 2편이다. 그리고 번역시는 정인보 1편, 이하윤 2편, 박용철 2편 등 모두 5편이 수록되어 있으며, 이는 외국 시집의 시를 번역한 것들이다.

1930년 5월 20일에 발간된 『시문학』 제2호의 편집구성은 창간호와 마찬가지로 창작 시, 번역시, 편집후기, 투고규정으로 이루어져 있다. 창작 시는 25편 수록되어 있는데, 김영랑의 시 9편, 박용철의 시 4편, 정지용의 시 7편, 변영로의 시 1편, 김현구의 시 4편이다. 그리고 번역시 18편은 정인보 2편, 정지용 2편, 이하윤 3편, 박용철 11편으로 외국 시집에 발표된 시를 번역한 작품들이다.

1931년 10월 10일에 발간된 『시문학』 제3호의 구성은 창작 시와 번역시, 시인의 말, 편집 후기로 이루어져 있다. 투고 규정이 없고, 대신 「시인의 말」을 수록한 점이 창간호·제2호와 다르다. 창작 시는 20편 수록되어 있는데, 김영랑의 시 7편, 박용철의 시 2편, 정지용의 시 4편, 김현구의 시 4편, 허보의 시 2편, 신석정의 시 1편이다. 그리고 번역시 12편은 이하윤 2편, 박용철 10편으로 외국 시집의 시들을 번역한 것들이다.

「한국의 문학테마파크와 발전 전략」

1) 김선기, 「시문학 공간과 문화콘텐츠」, 전남대출판부, 2013, 15쪽.
2) 한국문학관협회 홈페이지(www.munhakwan.com) 참고.
3) 장노현, 「'소나기'와 문학활용 테마파크」, 『국제어문』, 국제어문학회, 2007, 212쪽.
4) J. Cameron(1981), Wonderland Through the Looking Class ; Politice, Culture and Planning, intemational Recreation, Ontario, Canada : Belsten Pubishing
5) Andy Milmen(1993), "Market Indentification of a New Theme Park". An Example from Central Florida, Journal of Travel Research.
6) H. vogel(1991), "Outlook for Theme Parks." Washington D.C : U.S. Travel Data Center
7) 이연택, 『관광학 연구의 이해』, 일신사, 1994.
8) 정재선, 「우리나라 주제공원의 개황 및 발전방향」, 『관광정보』, 한국관광공사,

1995.

9) 이강서, 「테마파크의 경쟁력에 관한 연구」, 인하대학교 석사논문, 2010, 8쪽.

10) 김창수, 『테마파크의 이해』, 대왕사, 2007, 26~28쪽.

11) 김희진, 『일본 테마파크의 사례와 전략』, 커뮤니케이션북스, 2007, 5쪽.

12) 이상원, 「서사구조특성에 근거한 테마파크 디자인에 관한 연구 : 테마파크의 서사유형 분류와 서사체험구조 파악을 중심으로」, 한국과학기술원 석사학위논문, 2001, 31쪽.

13) 네모토 유우지, 박석희 역, 『포스트 테마파크』, 일신사, 2000, 100쪽.

14) 장노현, 앞의 논문, 190쪽.

15) 춘천시 남내 이작면 중리 실레 마을은 김유정이 1908년 1월 11일 태어난 곳으로 김유정 문학의 산실이다. 그의 대부분의 작품들이 농촌을 배경으로 하고 있는데, 「봄봄」, 「동백꽃」, 「산골나그네」, 「만무방」 등은 모두 실레 마을의 풍경과 인물들을 배경으로 하고 있다.

16) 김종회·최혜실 편, 『황순원 '소나기마을'의 OSMU & 스토리텔링』, 랜덤하우스, 2006, 10쪽.

17) 장노현, 앞의 논문, 195쪽.

18) 이순열, 「지역 테마파크산업의 활성화 방안」, 경원대학교 석사학위논문, 2008, 53쪽.